WISSENSCHAFTLICHE BEITRÄGE AUS DEM TECTUM VERLAG

Reihe Rechtswissenschaften

WISSENSCHAFTLICHE BEITRÄGE
AUS DEM TECTUM VERLAG

Reihe Rechtswissenschaften

Band 101

Matthias Soppa

Die Strafbarkeit des Whistleblowers

Tectum Verlag

Matthias Soppa

Die Strafbarkeit des Whistleblowers
Wissenschaftliche Beiträge aus dem Tectum Verlag:
Reihe: Rechtswissenschaften; Bd. 101

Zugl. Diss. Eberhard Karls Universität Tübingen 2017
D 21
ISBN: 978-3-8288-3986-1
E-Book: 978-3-8288-6831-1
ISSN: 1861-7875

Printed in Germany

Besuchen Sie uns im Internet
www.tectum-verlag.de

Bibliografische Informationen der Deutschen Nationalbibliothek
Die Deutsche Nationalbibliothek verzeichnet diese Publikation in der Deutschen Nationalbibliografie; detaillierte bibliografische Angaben sind im Internet über http://dnb.d-nb.de abrufbar.

Für meinen Großvater Marian Wieczorek

Danksagung

Mein Dank gilt Prof. Dr. Bernd Heinrich für die Übernahme der Betreuung des bei Prof. Dr. Hans-Ludwig Günther begonnenen Promotionsvorhabens und für die rasche Erstellung des Erstgutachtens. Ich danke Prof. Dr. Ulrike Schittenhelm für wertvolle und hilfreiche Hinweise sowie für die Erstellung des Zweitgutachtens.

Dank gilt ebenfalls Rechtsanwalt und Notar Prof. Dr. Thomas Reith, Württ. Notariatsassessor Wolfgang Gehweiler und Rechtsanwalt Dr. Ulrich Lambrecht für nützliche Anregungen, die zum Gelingen dieser Arbeit beigetragen haben.

Auch meinen Freunden, insbesondere Rechtsanwalt Dr. Christoph Bentele, Radu Jordan, Rechtsanwalt Christian Schade, Rechtsanwalt Florian Stark, Thomas Hepp und Mario Raič, danke ich für ihre Diskussions- und Hilfsbereitschaft.

Besonders bedanken möchte ich mich bei Dr. Kristin Währisch und Aleksandar Milutinović-Währisch, die mir in den letzten Zügen der Dissertation die Möglichkeit gegeben haben, mehrere Wochen in Berlin zu wohnen.

Großer Dank gebührt meinen Eltern und meiner Familie, die mich auf meinem Weg durch das Studium begleitet und mir immer wieder Kraft gegeben haben sowie mich in meinem Promotionsvorhaben fortwährend bestärkt haben.

Besonders herzlicher Dank gilt schließlich meiner Freundin Franziska de Veer für die unendliche Geduld und jeden wertvollen und unterstützenden Beistand während der Erstellung der Dissertation.

Inhaltsübersicht

Inhaltsverzeichnis

A. Einleitung

„Von Freunden gemieden, vom Recht verfolgt – das ist das gewöhnliche Schicksal dessen, der sich im Interesse von Frieden, Umwelt oder anderen höchstrangigen Rechtsgütern zum Bruch der Verschwiegenheit entschließt."
Dr. Jürgen Kühling[1]

„Mut auf dem Schlachtfelde ist bei uns Gemeingut, aber Sie werden nicht selten finden, dass es ganz achtbaren Leuten an Zivilcourage fehlt."
Otto von Bismarck[2]

„Proditionem amo, sed proditores non laudo [Den Verrat liebe ich, aber die Verräter lobe ich nicht]."
Gaius Julius Cäsar[3]

„Wer die Wahrheit ausspricht, begeht kein Verbrechen."
Edward Snowden[4]

I. Einführung

In jüngster Zeit taucht der Begriff des „Whistleblowings" in den Medien immer wieder auf. Obwohl es für diesen Begriff im deutschen

1 Diese Worte sagte *Dr. Jürgen Kühling*, ehemaliger Richter des Bundesverfassungsgerichts, anlässlich der Verleihung des ersten Whistleblower-Preises im Jahre 1999 an Alexander Nikitin, einen russischen Ex-Marine-Kapitän, der auf den desolaten Zustand der russischen Flotte hingewiesen hat, in: *Kühling*, Geleitwort Nikitin, abzurufen unter www.vdw-ev.de/images/stories/vdwdokumente/whistleblower/geleitwort-nikitin.pdf (letzter Zugriff: 20. Februar 2016); vgl. auch *Nordmann*, PH 2006, 49, 50.

2 Reichskanzler *Otto von Bismarck*, nachzulesen in: *Korfkamp*, Das ist doch keine Kunst!, 228, 229.

3 *Gaius Julius Cäsar* (100 – 44 v. Chr.), römischer Feldherr und Staatsmann soll diese Worte gesagt haben; nachzulesen in: *Dolata*, Compliance contra Wirtschaftskriminalität, S. 87 und daher so im Volksmund: „Man liebt den Verrat, aber nicht den Verräter", vgl. *Schemmel/Ruhmannseder/Witzigmann*, Hinweisgebersysteme, Kapitel 4 Rn. 4.

4 *Edward Snowden* am 1. November 2013 in Moskau, in: Der Spiegel 45/2013, Titelseite.

Sprachgebrauch (noch) keine entsprechende Übersetzung gibt, geschweige denn eine gesetzliche Definition[5], ist er durch seine ständige mediale Präsenz mittlerweile Jedermann geläufig[6]. Spricht man von Whistleblowern, fällt zunächst der Name des wohl bekanntesten US-amerikanischen Whistleblowers *Edward Snowden*. Im selben Atemzug fällt auch der Name *Bradley Manning* (jetzt *Chelsea Manning*) und *Julian Assange*, der die Enthüllungsplattform WikiLeaks[7] gegründet hat und über die *Chelsea Manning* und *Edward Snowden* geheime Dokumente – beispielsweise über den Irak-Krieg – der Öffentlichkeit zugänglich gemacht haben. Auch einige in Deutschland bekannt gewordene Skandale, wie beispielsweise die BSE-Affäre (aufgedeckt durch die Tierärztin *Dr. Margrit Herbst*), der „Gammelfleischskandal" (aufgedeckt durch den LKW-Fahrer *Miroslaw Strecker*) oder aber die Affäre um Missstände in einer Berliner Altenpflegeanstalt (aufgedeckt durch die Altenpflegerin *Brigitte Heinisch*), die im Jahre 2011 vor dem Europäischen Gerichtshof für Menschenrechte in Straßburg (EGMR)[8] verhandelt wurde, kamen nur ans Tageslicht, weil diese Whistleblower auf sie aufmerksam gemacht haben. Dies hat in Deutschland nicht nur die Diskussion über die offen gelegten Missstände, sondern vor allen Dingen auch über das Thema Whistleblowing und den Umgang mit diesem Thema aus juristischer Sicht erheblich in Gang gebracht.

Bisher wurde diese Thematik vorwiegend aus arbeitsrechtlicher Sicht diskutiert[9]. So wurde beispielsweise am 4. Juni 2008 vor dem Deutschen Bundestag in einer öffentlichen Anhörung im Ausschuss für Ernährung, Landwirtschaft und Verbraucherschutz darüber debattiert, ob eine Regelung des Informantenschutzes für Arbeitnehmer im Wege der Neufassung des § 612 a n.F. BGB, eingeführt werden sollte[10].

---

5 Vgl. *Leisinger*, Whistleblowing und Corporate Reputation Management, S. 20; *Transparency International*, Länderbericht Deutschland, S. 5.

6 Vgl. Rotsch/*Rotsch*/*Wagner*, Criminal Compliance, § 34 C Rn. 1.

7 Vgl. www.wikileaks.org. Das Motto von WikiLeaks auf Twitter lautet „*We open governments*", Online im Internet: URL: https://twitter.com/wikileaks (letzter Zugriff: 20. Februar 2016).

8 EGMR, NJW 2011, 3501 ff.

9 Vgl. auch *Engländer*/*Zimmermann*, NZWiSt 2012, 328.

10 *Stoffels*, Beck Community Online II, URL: http://blog.beck.de/2009/01/27/whistleb lowing-gesetzesanderung-auf-eis-gelegt (letzter Zugriff: 20. Februar 2016).

Nach einer Kleinen Anfrage[11] von Abgeordneten der Fraktion BÜNDNIS 90/DIE GRÜNEN im September 2011, unter anderem auf die Frage hin, ob die Bundesregierung einen Gesetzesentwurf zum Schutz von Hinweisgebern plane, entgegnete diese[12], dass in Bezug auf Arbeitnehmer ein hinreichender Schutz durch die allgemeinen kündigungsrechtlichen Vorschriften (§ 626 BGB), das arbeitsrechtliche Maßregelungsverbot (§ 612 a BGB) sowie durch verfassungsrechtliche Vorgaben in Verbindung mit der Rechtsprechung des Bundesverfassungsgerichts gewährleistet sei. Der Entwurf wurde damit nie Gesetz[13]. Auch weitere Gesetzesänderungsvorhaben von der SPD und den Grünen, auf die im Laufe dieser Arbeit eingegangen wird, wurden nicht realisiert, da auch hier ein Schutzbedürfnis nicht gesehen wurde[14]. Bisher kaum aufgeworfen wurde der strafrechtliche Aspekt des Whistleblowings[15].

Nichtsdestotrotz führten die Debatten und Diskussionen um das Whistleblowing zu diesem Zeitpunkt – also vor der Aufdeckung des NSA-Abhörskandals durch *Edward Snowden* – noch ein Schattendasein. Von der Debatte im Bundestag über den Schutz von Whistleblowern nahmen die Medien sowie die Öffentlichkeit kaum Kenntnis.

In den USA haftet dem Begriff des „Whistleblowers" schon seit Jahrzehnten eine überaus positive Konnotation an[16]. Dort wurde das Jahr 2002 vom Nachrichtenmagazin TIME zum „Year of the Whistle-Blowers" ausgerufen[17]. Die drei Whistleblower *Cynthia Cooper* (WorldCom), *Coleen Rowley* (FBI) und *Sherron Watkins* (Enron) wur-

---

11 BT-Drucks. 17/6902.

12 BT-Drucks. 17/7053.

13 Vgl. dazu *Forst*, NJW 2011, 3477; *Haußmann/Kaufmann*, ArbRAktuell 2011, 186, 188.

14 BT-Drucks. 17/8567 (SPD) und BT-Drucks. 17/9782 (Grüne); vgl. auch Thüsing/*Forst*, Beschäftigtendatenschutz, § 6 Rn. 9.

15 Bisher z.B. *Engländer/Zimmermann*, NZWiSt 2012, 328 ff.; *v. Pelchrzim*, CCZ 2009, 25 ff.; *Koch*, ZIS 2008, 500 ff.

16 *Becker*, Whistleblowing, S. 18 f.; *Müller*, NZA 2002, 424, 425; *Pittroff*, Whistle-Blowing-Systeme, S. 12; *Berndt/Hoppler*, BB 2005, 2623.

17 *Deiseroth*, Betrifft Justiz 2004, 296; *Deiseroth*, Zivilcourage lernen, S. 124; *Aldoney Ramírez*, Geschäfts- und Betriebsgeheimnisse, S. 352; *Hefendehl*, FS-Amelung, 617.

den zu den „Persons of the Year" ernannt[18]. In Deutschland hingegen wird der Begriff auch häufig mit „verpfeifen", „verpetzen", „Illoyalität" und „Denunziation" in Verbindung gebracht, so dass diesem oftmals noch immer negative Assoziationen anhaften[19].

II. Whistleblower-Preis

Seit 1999 wird allerdings alle zwei Jahre der mit EUR 3.000,00 dotierte „Whistleblower-Preis" von der Vereinigung Deutscher Wissenschaftler e.V. (VDW), der Deutschen Sektion der International Association of Lawyers Against Nuclear Arms (IALANA) und der Ethikschutz-Initiative des International Network of Engineers and Scientists to Promote and Protect Ethical Engagement (INESPE) verliehen[20]. Zu den Preisträgern zählte unter anderem *Alexander Nikitin* (Preisträger 1999), der auf den desolaten Zustand der russischen Nordmeerflotte hingewiesen hat. Nachdem er verhaftet und juristisch verfolgt worden ist, wurde er endgültig freigesprochen, als sich nach dem Untergang des russischen U-Bootes Kursk seine Warnungen und Anschuldigungen als wahr erwiesen hatten[21].

Im Jahre 2001 erhielt die Tierärztin *Dr. Margrit Herbst* den Whistleblower-Preis. Sie hatte Anfang der 1990er Jahre BSE-verdächtige Rinder in Schleswig-Holstein entdeckt und diesen Verdacht nach außen getragen, nachdem interne Abhilfeversuche gescheitert sind[22].

Auch *Brigitte Heinisch* erhielt im Jahre 2007 den Whistleblowerpreis. Sie war Altenpflegerin in einer Berliner Einrichtung und kriti-

---

18 *Kelly*, TIME Magazine Online, URL: http://content.time.com/time/magazine/article/0,9171,402010,00.html (letzter Zugriff: 20. Februar 2016); Deiseroth/Falter/*Leyendecker*, Whistleblowerpreis 2003, S. 37; *Deiseroth*, Betrifft Justiz 2004, 296; *Deiseroth*, Zivilcourage lernen, S. 124; *Hefendehl*, FS-Amelung, 617; *Altenburg*, BLJ 2008, 3, 4.

19 *Busekist/Fahrig*, BB 2013, 119, 120; *Müller*, NZA 2002, 424, 425; vgl. auch *Aldoney Ramírez*, Geschäfts- und Betriebsgeheimnisse, S. 352; *Berndt/Hoppler*, BB 2005, 2623; *Koch*, ZIS 2008, 500; *Pittroff*, Whistle-Blowing-Systeme, S. 2.

20 Vgl. *Deiseroth*, Zivilcourage lernen, S. 124; *Deiseroth*, Betrifft Justiz 2004, 296; *Strack*, Whistleblowing in Deutschland, S. 11.

21 Vgl. dazu www.ialana.de/files/pdf/arbeitsfelder/whistleblowerpreis/1999-nikitin/laudatio_nikitin.pdf (letzter Zugriff: 20. Februar 2016).

22 Siehe hierzu unter Abschnitt B. III.

sierte die dortigen mangelhaften Zustände. Nachdem sie ihren Arbeitgeber angezeigt hatte, wurde sie entlassen. In dieser Sache erging das bereits oben angesprochene Urteil des EGMR aus dem Jahre 2011, das für das Arbeitsrecht entscheidende Bedeutung hatte[23].

Durch den Whistleblower-Preis sollen Personen geehrt werden, die auf schwerwiegende Missstände aufmerksam gemacht haben und dadurch große Gefahren für Gesellschaft, Menschen, Umwelt und Frieden verhindern konnten[24]. Gerade die breite mediale Berichterstattung der Jahre 2013/2014 und die damit einhergehende Diskussion um *Edward Snowden* sowie die NSA-Affäre haben dazu geführt, dass die deutsche Bevölkerung hinsichtlich des Begriffes „Whistleblowing" sensibilisiert worden ist und den Whistleblower nunmehr weniger als Denunzianten, sondern vielmehr als einen Skandalaufdecker sieht[25].

III. WikiLeaks

Eine Möglichkeit für Whistleblower, ihre Entdeckungen publik zu machen, stellen spezielle Whistleblower-Plattformen dar. So stellten zum Beispiel *Chelsea Manning* und *Edward Snowden* Dokumente, unter anderem bei WikiLeaks, online. Bei WikiLeaks handelt sich um eine solche spezielle Whistleblower-Plattform, auch Leaking-Plattform genannt, die vertrauliche und geheime Dokumente der breiten Öffentlichkeit zugänglich machen soll. Die dort hochgeladenen Dokumente können wirtschaftliche, politische oder militärische Informationen enthalten. Plattformen wie WikiLeaks dienen als Mittlerin zwischen dem Informanten und der Öffentlichkeit. Der Informant selbst läuft dabei regelmäßig kaum Gefahr, als Verräter enttarnt zu werden, da er anonym bleibt[26]. Die Informationen werden der Plattform zugespielt,

23 Siehe hierzu unter Abschnitt D. I. 3. a).

24 http://www.vdw-ev.de/index.php/de-DE/component/content/article/14-arbeitsfelder-der-vdw/whistleblower/57-whistleblower-preisverleihung (letzter Zugriff: 20. Februar 2016); Deiseroth/Falter/*Deiseroth/Falter*, Whistleblowerpreis 2003, S. 5.

25 Der Spiegel, 45/2013, S. 22: „In Deutschland mehren sich die Forderungen, Edward Snowden nicht nur als Zeugen zu befragen, sondern ihm einen gesicherten Aufenthalt in der Bundesrepublik zu ermöglichen".

26 *Domscheit-Berg*, Inside WikiLeaks, S. 14.

die Betreiber der Plattform selbst werden nicht investigativ tätig[27]. Das Bestehen solcher Plattformen deutet darauf hin, dass der Umgang mit innerbetrieblichen oder -behördlichen Missständen aus Sicht potenzieller Whistleblower nicht immer zufriedenstellend gelöst wird[28].

IV. Problemaufriss

Doch trotz der immer größer werdenden Bekanntheit und Akzeptanz von Whistleblowing und Whistleblowern wird übersehen, dass sich diese durch die Mitteilung von Interna Strafbarkeitsrisiken aussetzen können[29]. Diese Thematik führt sowohl in Rechtsprechung als auch in Literatur ein Schattendasein. Es gibt bisher noch keine speziellen rechtlichen Regelungen, die den Whistleblower vor zivilrechtlichen oder strafrechtlichen Konsequenzen schützen[30].

Die folgende Arbeit befasst sich mit den strafrechtlichen Aspekten und vor allem mit den Strafbarkeitsrisiken für Whistleblower aus materieller Sicht. Der Fokus beim Thema Whistleblowing wurde bisher überwiegend auf das Arbeitsrecht gerichtet und insbesondere auf die Frage, ob (außerordentliche) Kündigungen der Arbeitsverhältnisse von Whistleblowern gerechtfertigt sind[31]. Nicht nur das Bundesarbeitsgericht, sondern auch das Bundesverfassungsgericht[32] und der Europäische Gerichtshof für Menschenrechte[33] haben sich bisher mit deut-

---

27 Vorwort der Website WikiLeaks: „WikiLeaks is a not-for-profit media organisation. Our goal is to bring important news and information to the public. We provide an innovative, secure and anonymous way for sources to leak information to our journalists (our electronic drop box). One of our most important activities is to publish original source material alongside our news stories so readers and historians alike can see evidence of the truth." (https://wikileaks.org/About.html; letzter Zugriff: 20. Februar 2016).

28 Vgl. dazu *Strack*, Stellungnahme zu BT-Drucks. 17/649, S. 7.

29 Vgl. auch HWSt-*Rotsch*, 1. Teil, 4. Kapitel Rn. 62.

30 Vgl. auch HWSt-*Rotsch*, 1. Teil, 4. Kapitel Rn. 63; *Schemmel/Ruhmannseder/Witzigmann*, Hinweisgebersysteme, Kapitel 1 Rn. 4.

31 So z.B. schon das BAG NJW 1961, 44, 45, damals noch freilich ohne die Bezeichnung „Whistleblower"; vgl. auch BAG NJW 2004, 1547 ff.; 2007, 2204 ff.; vgl. auch *Koch*, ZIS 2008, 500.

32 BVerfG NJW 2001, 3474.

33 EGMR NJW 2011, 3501 ff. – *Heinisch-Entscheidung*.

schem Whistleblowing auseinandergesetzt[34], aber im Rahmen des Arbeitsrechts keine stabile Rechtslage herbeigeführt[35]. Auch im Bereich des öffentlichen Dienstes wurden Diskussionen geführt[36], jedoch wurde die Diskussion auf der Ebene des Strafrechts bislang recht stiefmütterlich behandelt[37]. Zudem existieren keine ausdrücklichen allgemeingültigen gesetzlichen Regelungen im Hinblick auf die Frage, ob und unter welchen Voraussetzungen Whistleblowing rechtmäßig ist[38].

Dass Whistleblowing auch strafrechtliche Konsequenzen haben kann, wird nur am Rande wahrgenommen[39]. Ein erstes Bewusstsein – auch für die strafrechtliche Problematik – kam durch die „Liechtensteiner Steueraffäre" auf[40]. Dabei kommen als Delikte neben diversen Geheimnisschutzvorschriften beispielhaft Ehrschutzdelikte sowie die falsche Verdächtigung in Betracht. Die Erörterung der in Frage kommenden Straftaten und deren Rechtfertigungsmöglichkeiten sind der Schwerpunkt dieser Arbeit, verbunden mit der Untersuchung, ob ein Whistleblower sich sofort an die breite mediale Öffentlichkeit wenden darf oder ob er zunächst interne Stellen konsultieren muss, um eine interne Abhilfe zu ermöglichen. Insoweit besteht für den Whistleblower im Bereich des Strafrechts eine hohe Unsicherheit; auch ist in diesem Rahmen noch nicht eindeutig geklärt, inwiefern eine Rechtfertigung aufgrund eines Notstandes nach § 34 StGB greifen könnte[41].

34 Vgl. auch Thüsing/*Forst*, Beschäftigtendatenschutz, § 6 Rn. 3.

35 Vgl. HWSt-*Rotsch*, 1. Teil, 4. Kapitel Rn. 63.

36 *Prantl*, Süddeutsche Zeitung Online, URL: http://www.sueddeutsche.de/politik/whistleblower-im-oeffentlichen-dienst-pfeifenverboten-1.2085623 (letzter Zugriff: 20. Februar 2016).

37 Siehe dazu allerdings *Lutterbach*, Whistleblowing, S. 1 ff. und *Koch*, ZIS 2008, 500 ff. sowie *Zimmermann*, ArbRAktuell 2012, 58 ff.

38 Vgl. Rotsch/*Rotsch*/*Wagner*, Criminal Compliance, § 34 C Rn. 21.

39 *Engländer*/*Zimmermann*, NZWiSt 2012, 328, 329; *v. Pelchrzim*, CCZ 2009, 25 ff.; *Koch*, ZIS 2008, 500 ff.

40 *Koch*, ZIS 2008, 500; vgl. dazu *Sieber*, NJW 2008, 881 ff. und *Trüg*/*Habetha*, NJW 2008, 887 ff.

41 Vgl. *Koch*, ZIS 2008, 500, 502 ff.; HWSt-*Rotsch*, 1. Teil, 4. Kapitel Rn. 63 f.

V. Criminal Compliance und Kriminologie

Dabei kann Whistleblowing innerhalb einer Organisation bei der Durchsetzung betriebsinterner Regeln (*Compliance*)[42] von großem Wert sein. Verstöße können erst dann organisationsintern verhindert und sanktioniert werden, wenn die zuständigen Stellen hiervon Kenntnis erlangen[43]. Aber auch aus kriminologischer Sicht kann Whistleblowing ein wünschenswertes Phänomen sein, da kaum aufzudeckende Delikte oder „opferlose" Delikte wie Korruption, Kartellabsprachen oder Steuerhinterziehung effizienter und schneller ans Tageslicht kommen können[44]. Es kann sich dabei um eine hilfreiche und effiziente Methode zur Aufdeckung von rügewürdigen Verhaltensweisen, Missständen und Straftaten handeln, die von außen gar nicht oder zumindest schwer aufzudecken sind. So ist die Aufklärung und Verhinderung von Straftaten ohne Beteiligung von intern agierenden Personen kaum denkbar. Grund dafür ist, dass Wirtschaftskriminalität von sogenannten Kontrolldelikten geprägt ist. Hier besteht eine hohe Dunkelziffer[45]. Delikte können größtenteils nur von innen aus der Organisation heraus durch Organisationsinsider ans Tageslicht und damit in das Hellfeld der Kriminalität gelangen, weshalb auf organisationsinterne Personen bei der Bekämpfung von Wirtschaftsdelinquenz zu setzen ist[46]. Im Vergleich dazu werden in etwa 95% der Fälle der allgemeinen Kriminalität die Strafverfolgungsbehörden aufgrund Anzeigen aus der Bevölkerung tätig. Nicht die Polizei, sondern das Anzeigeverhalten der Bevölkerung entscheidet mittelbar über die Wahrnehmung der Kriminalität[47]. Dasselbe gilt für Missstände innerhalb einer Organisation.

Die Gesellschaft und die Strafverfolgungsbehörden bedürfen solcher Informationen, um die Aufklärung organisationsinterner Krimi-

42 *Koch*, ZIS 2008, 500, 501; vgl. auch *Bock*, Criminal Compliance, S. 732.

43 Rotsch/*Rotsch*/*Wagner*, Criminal Compliance, § 34 C Rn. 1.

44 *Engländer*/*Zimmermann*, NZWiSt 2012, 328, 329; vgl. auch *Bussmann*/*Werle*, BJC 46 (2008), 1128, 1134 f.

45 PKS 2014 des Bundeskriminalamtes, S. 11; vgl. *Hefendehl*, FS-Amelung, 617, 621; vgl. auch *Berndt*/*Hoppler*, BB 2005, 2623, 2626; *Abraham*, ZRP 2012, 11.

46 *Hefendehl*, FS-Amelung, 617, 621.

47 *Koch*, NJW 2005, 943; *Koch*, ZIS 2008, 500, 501; *Kaiser*, Kriminologie, § 50 Rn. 13; *Eisenberg*, Kriminologie, § 26 Rn. 19 ff.; *Kürzinger*, Private Strafanzeige und polizeiliche Reaktion, S. 15; *Bussmann*/*Werle*, BJC 46 (2008), 1128, 1134.

nalität zu ermöglichen. Die restlichen – von den Organisationsinsidern nicht gemeldeten – Straftaten verbleiben zumeist im Dunkelfeld und werden nicht aufgedeckt und tauchen damit in keinen Kriminalitätsstatistiken auf. Ein Grund hierfür ist, dass es sich bei organisationsinterner Kriminalität um Straftaten handelt, die sich nicht gegen Privatpersonen richten oder weil es sich um sogenannte „opferlose Heimlichkeitsdelikte“ handelt – wie beispielsweise Korruption – bei denen eine Anzeige durch eine Privatperson kaum denkbar ist[48].

Im Falle von Korruptionsdelikten ist das Dunkelfeld besonders hoch, da hier beide Beteiligten – sowohl der Geber als auch der Nehmer – Vorteile aus einer Korruptionstat ziehen und die Opfer des Delikts nicht zu identifizieren oder personifizieren sind[49]. In der modernen Wirtschaft ist davon auszugehen, dass Missstände und Fehlverhalten aufgrund kaum überschaubarer Komplexität nur noch durch Insiderwissen aufgedeckt werden können[50]. Beschäftigte innerhalb eines Unternehmens oder einer Behörde sind zumeist die ersten und einzigen Personen, die Gesetzesverstöße entdecken und oftmals die einzigen, die Zugang zu damit zusammenhängenden Informationen haben[51].

Es besteht also auch ein gesellschaftliches Interesse daran, couragierte hinweisgebende Personen vor strafrechtlichen Konsequenzen und persönlichen Repressalien zu schützen und zur Bekämpfung organisationsinterner Kriminalität eine Steigerung der Hinweisrate zu erreichen[52].

Diese Personen setzen sich jedoch Risiken aus, die sich im Verlust der Arbeits- oder Dienststelle oder Einbußen im persönlichen Bereich anhand von beispielsweise Mobbing realisieren können. Befürworter des Whistleblowings sehen darin die Notwendigkeit, Anreize für organisationsinterne Personen zu schaffen, damit diese gefahrlos auf Miss-

48 *Schwind*, Kriminologie, § 2 Rn. 53 a; *Engländer/Zimmermann*, NZWiSt 2012, 328, 329; *Altenburg*, BLJ 2008, 3; HWSt-*Rotsch*, 1. Teil, 4. Kapitel Rn. 62; *Bannenberg*, Korruption in Deutschland, S. 382; Wabnitz/Janovsky/*Bannenberg*, WStR, Kap. 12 Rn. 118.

49 *Altenburg*, BLJ 2008, 3; *Bannenberg*, Korruption in Deutschland, S. 376 f.; vgl. auch *Berndt/Hoppler*, BB 2005, 2623, 2626; *Hefendehl*, ZStW 119 [2007], 816, 819 f.

50 Vgl. *Király*, ZRP 2011, 146.

51 Vgl. *Gutjahr*, Whistleblowing im öffentlichen Sektor, S. 15.

52 *Bannenberg*, Korruption in Deutschland, S. 382 ff.; *Altenburg*, BLJ 2008, 3.

stände hinweisen können. Ein solcher Anreiz ist beispielsweise die Schaffung und Integration von Whistleblowing-Systemen innerhalb von Organisationen[53].

VI. Kritische Sichtweise in Deutschland

In Deutschland besteht aufgrund der jüngsten Geschichte (Regime der Nationalsozialisten im Dritten Reich; Stasi-System in der DDR) eine große Abneigung gegenüber Verrätern und Denunzianten[54]. Die oben bereits angesprochene positive Konnotation des Begriffs „Whistleblowing" in den Vereinigten Staaten hat ihre Gründe darin, dass in den USA eine länger andauernde und ausgereiftere Kultur des Whistleblowings besteht[55]. Im Laufe dieser Arbeit soll zunächst geprüft werden, ob Whistleblower in Deutschland mit Denunzianten oder Verrätern – wie sie oft bezeichnet werden – überhaupt zu vergleichen sind[56] oder ob es sich bei ihnen um Personen handelt, die vielmehr präventiv oder repressiv zum Schutz von Allgemeingütern, weniger aufgrund einer falsch verstandenen Form der Loyalität[57], handeln.

VII. Gang der Untersuchung

All dies vorangestellt, werden zunächst einige bedeutsame Fälle des Whistleblowings dargestellt, die international oder in Deutschland besonderes Aufsehen erregt haben. Sodann werden geläufige Definitionen des Whistleblowings dargestellt sowie eine zusammenfassende Definition entwickelt, die im Laufe dieser Arbeit verwendet werden soll. Weiter wird die Rechtslage in Deutschland überblickartig aus verfassungsrechtlicher Sicht sowie aus arbeitsrechtlicher Sicht betrachtet und die dazu ergangenen Urteile analysiert und mit der Rechtslage in den Vereinigten Staaten und Großbritannien verglichen.

53 *Hefendehl*, FS-Amelung, 617, 621.
54 *Strack*, Whistleblowing in Deutschland, S. 1.
55 *Eschenfelder*, Licht ins Dunkel, 18.
56 Siehe dazu Abschnitt C. I. 3. a).
57 Vgl. dazu Löhr/Burkatzki/*Leisinger*, Wirtschaftskriminalität und Ethik, 171, 178.

Den Schwerpunkt dieser Arbeit bildet die Untersuchung der Strafbarkeit des Whistleblowers. Hier werden die in Betracht kommenden Straftatbestände sowie die in Frage kommenden Rechtfertigungsgründe eingehend geprüft.

Zu guter Letzt werden Überlegungen dahingehend angestellt, wie mit Whistleblowingsituationen umgegangen werden soll und wie eine unter Umständen einhergehende Strafbarkeit des Whistleblowers präventiv abgewendet werden kann und ob es eines Reformvorschlags de lege ferenda bedarf. Bedeutsam ist hier auch die Frage, ob es sowohl für den Whistleblower als auch für die betroffene Organisation sinnvoll ist, ein Whistleblower-System zu implementieren.

B. Fallbeispiele für Whistleblowing

Alle Whistleblower begeben sich, bevor sie sich entscheiden, mit ihrer Mitteilung an die Öffentlichkeit zu gehen, in einen Gewissenskonflikt. Soll man sich bei der Beobachtung von Missständen, Straftaten oder bei Gefahren für Allgemeingüter ruhig verhalten und sich nicht anmerken lassen, dass man Missstände beobachtet hat? In solch einem Fall gaukelt man zwar falsche Loyalität vor, hat aber die Sicherheit, dass man keine arbeitsrechtlichen oder strafrechtlichen Konsequenzen fürchten muss. Auf der anderen Seite kann sich – sofern man sich entscheidet, zu schweigen – ein belastender Gewissenskonflikt ergeben.

Meldet man hingegen Missstände, so verhält man sich loyal gegenüber der Gesellschaft, hat aber unter Umständen mit einschneidenden persönlichen Konsequenzen zu kämpfen, die zumeist im Verlust der Arbeitsstelle enden und unter Umständen sogar strafrechtliche Konsequenzen nach sich ziehen können. Weitere (außerrechtliche) Konsequenzen sind Repressalien in Form von sozialer Abgrenzung bis hin zum Mobbing[58] und die Darstellung als „Denunziant" oder „Verräter". Die Konsequenzen eines Whistleblowings sind meist unkalkulierbar[59]. Oftmals gleicht die Meldung von Missständen an die Presse einem sozialen Suizid[60]. Nach einer Studie von *Grace* und *Cohen* verlieren viele Whistleblower ihre Arbeitsstelle, werden juristisch verfolgt, ihre Ehe zerbricht oder sie verlieren sich im Alkoholkonsum[61].

---

58 Vgl. dazu auch *Zimmermann*, ArbRAktuell 2012, 58; *Busekist/Fahrig*, BB 2013, 119, 120; *Bannenberg*, Korruption in Deutschland, S. 377 f.

59 *Deiseroth/Derleder*, ZRP 2008, 248, 249; *Göpfert/Landauer*, NZA-Beil. 2011, 16, 21.

60 Die forensische Psychiaterin *Dr. Hanna Ziegert* verglich in der ARD-Sendung „Beckmann" vom 22. Mai 2014 (Thema: „Whistleblower – Skandale aufdecken, Missstände anprangern") die sozialen Konsequenzen für *Edward Snowden* mit „sozialem Suizid". Online im Internet: URL: https://www.youtube.com/watch?v=V9KeH8aIvDc (letzter Zugriff: 20. Februar 2016).

61 *Grace/Cohen*, Business Ethics, S. 216; vgl. dazu auch *Leisinger*, Whistleblowing und Corporate Reputation Management, S. 5.

Der folgende Abschnitt stellt einige besonders in den Medien zur Sprache gekommenen Fälle in chronologischer Reihenfolge dar, die sich international oder in Deutschland ereignet haben und Aufmerksamkeit erregt haben, vor allen Dingen, weil durch die Hinweise öffentliche Debatten und Diskussionen entflammt sind.

I. *Daniel Ellsberg* – Pentagon Papers

Das Phänomen des Whistleblowing ist keine Erscheinung der letzten Jahre. Bereits im Jahre 1971 spielte der US-Amerikaner *Daniel Ellsberg* die sogenannten „Pentagon Papers“ der New York Times zu. Es handelte sich dabei um von ihm zusammengestellte und kopierte Geheimdokumente, welche belegen sollten, dass der Vietnamkrieg mit nichts zu rechtfertigen und für die Vereinigten Staaten nicht zu gewinnen war. *Ellsberg* wurde zunächst wegen Spionage angeklagt und schließlich freigesprochen[62].

Er erhielt für seine Zivilcourage im Jahre 2003 den Whistleblowerpreis[63].

II. *Roger Boisjoly* – Challenger-Katastrophe

Am 28. Januar 1986 kam die gesamte siebenköpfige Besatzung der US-Weltraumfähre Challenger ums Leben, nachdem diese 73 Sekunden nach dem Start explodierte. Die Untersuchungen ergaben, dass Undichtigkeiten an den Dichtungsringen der Trägerrakete hierfür ursächlich waren. Es stellte sich auch heraus, dass sowohl die NASA als auch der Hersteller der Antriebsrakete der Weltraumfähre, Morton Thiokol Inc., dieses Risiko sehr wohl kannten[64]. Im Vorfeld warnte der Inge-

62 Zitat von Henry Kissinger aus dem Jahr 1971, dem ehemaligen Außenminister des US-Präsidenten Richard Nixon: „Daniel Ellsberg ist der gefährlichste Mann in Amerika. Er muss – koste es, was es wolle – gestoppt werden“, nachzulesen in Deiseroth/Falter/*Deiseroth*, Whistleblowerpreis 2003, S. 17.

63 *Borchers* in: Die Wurzeln von WikiLeaks, S. 55; Deiseroth/Falter/*Mahnkopf*, Whistleblowerpreis 2003, S. 15.

64 *Boisjoly, Curtis, Mellican*, Journal of Business Ethics 1989, 217.

nieur *Roger Boisjoly* und einige seiner Kollegen ihre Vorgesetzten bei Morton Thiokol, dass die synthetischen Dichtungsringe zwischen Treibstofftank und Antriebsrakete bei niedrigen Außentemperaturen nicht haltbar und stabil genug sein könnten. Er stieß jedoch dahingehend auf taube Ohren, mutmaßlich weil die NASA bei diesem Projekt unter zeitlichem Druck stand[65].

In der Nacht vor dem Start des Shuttles kam es in Florida zu einem Kälteeinbruch. Eine Konferenz zwischen der NASA und Morton Thiokol wurde daraufhin einberufen und es wurde – trotz der Bedenken von *Boisjoly* – entschieden, dass der Start stattfinden sollte[66]. Die Aufnahmen des Unglücks lassen erkennen[67], dass sich wenige Sekunden vor der Explosion an der Antriebsrakete ein Leck bildet, aus dem Rauch und Flammen schlagen, bis die Raumfähre explodiert.

Roger Boisjoly blieb nach diesem Unglück zunächst bei Morton Thiokol, doch wurde ihm auferlegt, vor dem Untersuchungsausschuss im Kongress keinerlei Angaben darüber zu machen, dass dieses Risiko bekannt war[68]. *Boisjoly* wurde daraufhin bei Morton Thiokol kaum noch Verantwortung zugesprochen. Auch durfte er nicht mehr mit der NASA interagieren. Nach einer posttraumatischen Belastungsstörung meldete er sich im Juni 1986 krank und bekam schließlich ab Januar 1987 eine längerfristige Erwerbsunfähigkeitsrente[69].

Diese Katastrophe hätte verhindert werden können, wenn man dem Ingenieur intern Gehör geschenkt hätte, allerdings standen Termindruck und betriebswirtschaftliche Erwägungen im Vordergrund[70], so dass trotz aller Warnungen ein Start nicht verhindert werden wollte und konnte. *Boisjoly* hielt in diesem Fall den Dienstweg ein. Erst nachdem das Unglück sich ereignet hatte und vor dem Untersuchungsausschuss die Wahrheit ans Tageslicht kam, wurde die Öffentlichkeit hierüber informiert.

65 Vgl. dazu *Zimmer/Seebacher*, CCZ 2013, 31; *Müller*, NZA 2002, 424, 425.

66 *Pennisi*, The Scientist Online, URL: www.the-scientist.com/?articles.view/articleNo/10849/title/Challenger-s-Whistle-Blower-Hero-And-Outcast/ (letzter Zugriff: 20. Februar 2016); *Schulz*, Whistleblowing, S. 30.

67 https://www.youtube.com/watch?v=j4JOjcDFtBE (letzter Zugriff: 20. Februar 2016).

68 *Deiseroth*, Zivilcourage lernen, S. 125 f.

69 *Pennisi*, The Scientist Online (siehe Fußnote 66); *Schulz*, Whistleblowing, S. 30.

70 *Boisjoly, Curtis, Mellican*, Journal of Business Ethics 1989, 217, 222.

Es handelt sich hier um einen typischen Fall, in dem interne Meldesysteme bzw. Dienstwege versagen und Abhilfe nur möglich ist, sobald der interne Dienstweg verlassen wird oder sogar die Öffentlichkeit von Missständen oder Fehlverhalten informiert wird[71]. Wäre dies geschehen, wäre die Besatzung der Challenger womöglich noch am Leben.

III. *Dr. Margrit Herbst* – BSE-Affäre

Die Tierärztin *Dr. Margrit Herbst* war im Fleischhygieneamt des Kreises Bad Segeberg als Stallveterinärin angestellt und mit der Aufgabe betraut, auf Schlachthöfen den Gesundheitszustand von Rindern zu prüfen, bevor diese geschlachtet und auf dem Markt zum Verkauf angeboten werden konnten[72]. Sie entdeckte erstmals im Jahre 1990 bei Rindern auf einem Schlachthof in Bad Bramstedt die Krankheit BSE (Bovine spongiforme Enzephalopathie – im Volksmund auch „Rinderwahnsinn" genannt)[73].

Deutschland galt zu dem Zeitpunkt als frei von BSE; es handelte sich um eine Krankheit, die bis dahin nur bei Rindern in Großbritannien diagnostiziert wurde. Auslöser von BSE war die Fütterung von Rindern mit zermahlenen Schafskadavern, die diese Seuche auf die Rinder übertrugen[74]. *Dr. Herbst* setzte ihre Vorgesetzten in Kenntnis, doch diese reagierten nicht auf die Warnungen der Tierärztin und gaben teilweise verdächtige Tiere wieder zur Schlachtung frei, da aus politischer Sicht Deutschland – zumindest mit Wirkung nach Außen – frei von BSE bleiben musste[75]. Nach gescheiterten Versuchen, eine genauere Untersuchung intern zu erwirken, wandte sie sich im Jahre 1994 mit der Aussage an die Öffentlichkeit, dass möglicherweise infi-

---

71 *Leisinger*, Whistleblowing und Corporate Reputation Management, S. 6.

72 Vgl. dazu *Leisinger*, Whistleblowing und Corporate Reputation Management, S. 2 f.; *Strack*, Whistleblowing in Deutschland, S. 4; *Deiseroth/Derleder*, ZRP 2008, 248 ff.

73 *Zimmer/Seebacher*, CCZ 2013, 31.

74 *Adam*, Die Welt Online, URL: www.welt.de/print-wams/article619105/Tieraerztin-warnte-vor-BSE-und-wurde-entlassen.html (letzter Zugriff: 20. Februar 2016).

75 *Goettle*, taz Online, URL: www.taz.de/1/archiv/?dig=2203/06/30/a0150 (letzter Zugriff: 30. März 2015); *Adam*, Die Welt Online (siehe Fußnote 74).

zierte Rinder ohne weitere gründliche Untersuchung in den Einzelhandel kamen[76].

Daraufhin wurde sie im Alter von 54 Jahren vom Kreis Bad Segeberg außerordentlich gekündigt, während der Schlachthofbetreiber gegen sie eine zivilrechtliche Klage anstrebte, welche am Ende allerdings erfolglos blieb. Die Kündigungsschutzklagen von *Dr. Herbst* blieben jedoch auch erfolglos, so dass sie nie wieder als Tierärztin gearbeitet hat und heute von einer bescheidenen Rente lebt[77].

Dr. Herbst wurde 2001 der Whistleblower-Preis verliehen.

IV. *Sherron Watkins* – Der Enron-Skandal

Ende des Jahres 2001 brach der 1985 gegründete und weltgrößte Energiehändler Enron Corp. aus dem texanischen Houston zusammen. Das Unternehmen fuhr mit innovativen Marktstrategien im Bereich des Energiehandels hohe Gewinne ein, bis im Jahr 2001 eine erste ernsthafte Schieflage des Unternehmens verzeichnet wurde, unter anderem durch Konjunkturkrisen und Rückgänge von Energiepreisen. Um trotz allem bilanziell ein hohes Wachstum präsentieren zu können, wurde weiter expandiert und investiert, bis die Gewinne die Kredite nicht mehr decken konnten.

Es wurde bekannt, dass über Jahre hinweg die Erträge des Unternehmens zu hoch ausgewiesen wurden, indem man die Bilanzen „frisierte". In den Jahren 1997 – 2000 gelang es Enron durch unsaubere Buchführung die Erträge um knapp 600 Millionen US-Dollar zu hoch auszuweisen, ohne dass dieses Vorgehen vom Abschlussprüfer Arthur Andersen bemängelt worden wäre[78]. Daraus folgte die „größte Pleite

---

76 *Deiseroth*, Zivilcourage lernen, S. 126; *Pham* u.a., Zeit Online, URL: www.zeit.de/digital/2014-02/whistleblower-skandale-geschichten (letzter Zugriff: 20. Februar 2016).

77 *Adam*, Die Welt Online (siehe Fußnote 74); *Goettle*, taz Online (siehe Fußnote 75); *Pham* u.a., Zeit Online (siehe Fußnote 76); *Deiseroth/Derleder*, ZRP 2008, 248.

78 *Möller/Sigillo*, Der Enron-Andersen-Skandal, S. 1, 5.

seit Gründung der Vereinigten Staaten"[79] bzw. die sogenannte „Mutter aller Skandale"[80].

Sherron Watkins, Vizepräsidentin des „Corporate Development" bei Enron, wandte sich an den Vorstand, *Kenneth Lay*, und wies ihn auf die Missstände hin, zunächst anonym und später unter Angabe ihrer Identität[81]. Erst durch ihre Meldung kam das Ausmaß des gesamten Skandals ans Tageslicht.

V. *Cynthia Cooper* – WorldCom

Nach dem Enron-Skandal folgte kurze Zeit später – im Jahre 2002 – der nächste Bilanzfälschungsskandal. Der US-amerikanische Telekommunikationskonzern WorldCom täuschte Milliardengewinne vor, um einen Kollaps des Unternehmens zu verhindern. Insgesamt wurden die Bücher um insgesamt 11 Milliarden US-Dollar geschönt, indem Geschäftsausgaben, die im gewöhnlichen Geschäftsgang getätigt worden sind, als Investitionen verbucht wurden[82]. Grund hierfür war das Scheitern der Übernahme des konkurrierenden Mobilfunkanbieters Sprint, nachdem die Kartellbehörden im Jahre 2002 die Fusion untersagten. Daraufhin brach die Aktie ein. Um an der Wall Street weiterhin mit guten Zahlen brillieren zu können, beschloss der Vorstand von WorldCom, *Bernie Ebbers*, die Bilanzen zu beschönigen, um einen weiteren Abwärtskurs der WorldCom-Aktien zu verhindern.

Die Konsequenz all dessen war, dass etwa 20.000 Arbeitnehmer entlassen werden mussten und ein Verlust des Anlegervermögens von 150 Milliarden US-Dollar verzeichnet wurde. Wie ebenfalls schon bei

79 *von Frentz*, Manager Magazin Online, URL: http://www.manager-magazin.de/unternehmen/artikel/a-178836.html (letzter Zugriff: 20. Februar 2016).

80 *Möller/Sigillo*, Der Enron-Andersen-Skandal, S. 5.

81 *Hefendehl*, FS-Amelung, 617, 620; vgl. auch *Pellegrini*, TIME Magazine Online, URL: http://content.time.com/time/printout/0,8816,194927,00.html (letzter Zugriff: 20. Februar 2016).

82 *Fleischhauer*, Spiegel Online, URL: www.spiegel.de/spiegel/print/d-23011337.html (letzter Zugriff: 20. Februar 2016); *Sosalla*, Capital Online, URL: www.capital.de/themen/der-worldcom-skandal.html (letzter Zugriff: 20. Februar 2016).

Enron hatten auch in diesem Fall die Wirtschaftsprüfer von Arthur Andersen die Abschlüsse geprüft und ohne Beanstandungen testiert[83].

Cynthia Cooper, Mitarbeiterin von WorldCom, wurde auf die Unregelmäßigkeiten in der Buchführung aufmerksam und meldete diese dem Revisionsausschuss im Jahre 2002.

VI. Siemens – Korruptionsskandal

Der Technologiekonzern Siemens geriet im Jahre 2006 in die Schlagzeilen, nachdem bekannt wurde, dass dieser Schmiergelder in Milliardenhöhe ins Ausland zahlte, um Aufträge zu erlangen. Am 15. November 2006 durchsuchte die Staatsanwaltschaft München mit Hunderten Ermittlern die Geschäftsräume von Siemens. Hieraus entwickelte sich der bisher größte deutsche Korruptionsfall[84].

Mehr als eine Milliarde Euro flossen in schwarze Kassen und wurden im internationalen Geschäftsverkehr als Korruptionsgeld verwendet, um potenzielle Auftraggeber zu bestechen. Insbesondere der Ausbau der Telekommunikationssparte aber auch anderer Aufträge im Ausland, beispielsweise in Griechenland, China, Nigeria, Russland oder in der Karibik sollte durch Heranziehung von Aufträgen durch die Bestechung von Entscheidungsträgern, Beamten und Firmenvertretern ermöglicht werden[85].

Entsprechend wurden in verschiedenen Ländern Verfahren gegen den Konzern eingeleitet sowie die Führung ausgetauscht und eine eigene, etwa 600 Personen starke Compliance-Abteilung aufgebaut, die Korruptionsfälle verhindern soll[86].

---

83 *Fleischhauer*, Spiegel Online (siehe Fußnote 82); *Sosalla*, Capital Online (siehe Fußnote 82).

84 Graeff/Schröder/Wolf/*Wolf*, Korruptionsfall Siemens, S. 9; *Höpner*, Handelsblatt Online, URL: www.handelsblatt.com/unternehmen/industrie/siemens-kampf-der-korruption/5836868.html (letzter Zugriff: 20. Februar 2016).

85 *Schrag*, Deutsche Welle Online, URL: www.dw.de/korruption-in-deutschland-der-fall-siemens/a-4996892 (letzter Zugriff: 20. Februar 2016); Graeff/Schröder/Wolf/*Wolf*, Korruptionsfall Siemens, S. 10.

86 *Höpner*, Handelsblatt Online (siehe Fußnote 84).

Ans Tageslicht kam der Korruptionsskandal wiederum nur, weil angeblich ein anonymer Brief aus der Siemens-Buchhaltung einen Münchener Oberstaatsanwalt erreichte[87].

VII. *Brigitte Heinisch* – Missstände im Vivantes-Pflegeheim

Brigitte Heinisch arbeitete seit 2002 in einem Altenpflegeheim des Klinikkonzerns Vivantes in Berlin-Reinickendorf, der sich im Mehrheitsbesitz des Landes Berlin befindet. Im Jahre 2004 stellte sie gegen ihren Arbeitgeber Strafanzeige bei der Staatsanwaltschaft Berlin wegen besonders schweren Betrugs nach § 263 Abs. 3 StGB. Grund hierfür war, dass das Altenpflegeheim zu wenig Personal hatte, um die rund 100 Heimbewohner ausreichend zu versorgen[88]. Der Medizinische Dienst der Krankenkassen („MDK") bestätigte die mangelnde Versorgung der Patienten durch Personalmangel. Mehrere Mitarbeiter erkrankten oder zeigten an, dass sie überlastet sind. *Heinisch* meldete die Missstände mehrfach ihrem Arbeitgeber, doch dieser reagierte nicht.

Ihre Anzeige enthielt den Vorwurf, dass sich Vivantes bereichere, indem die bezahlte und versprochene hochwertige Versorgung der Patienten aufgrund Personalmangels gar nicht eingehalten werden konnte. Zudem sollten die Mitarbeiter angehalten worden sein, Leistungen zu dokumentieren, welche nicht erbracht worden seien[89]. Nach der Anzeige wurde *Heinisch* mehrfach außerordentlich gekündigt. Die dagegen erhobene Kündigungsschutzklage hatte in der ersten Instanz vor

87 Graeff/Schröder/Wolf/*Nell*, Korruptionsfall Siemens, S. 47; Graeff/Schröder/Wolf/*Wolf*, Korruptionsfall Siemens, S. 9; *Hefendehl*, FS-Amelung, 617, 621.

88 *Stoffels*, Beck Community Online III URL: blog.beck.de/2012/05/28/whistleblowing-was-ist-eigentlich-aus-dem-fall-heinisch-geworden (letzter Zugriff: 20. Februar 2016); *von Leszczynski*, Süddeutsche Zeitung Online, URL: www.sueddeutsche.de/karriere/whistleblower-prozess-gefeuerte-altenpflegerin-bekommt-abfindung-1.1366171 (letzter Zugriff: 20. Februar 2016); *Zimmer/Seebacher*, CCZ 2013, 31.

89 EGMR, NJW 2011, 3501; vgl. auch *Brock*, öAT 2011, 243; *Müller-Neuhof*, Der Tagesspiegel Online, URL: www.tagesspiegel.de/weltspiegel/erfolg-fuer-brigitte-heinisch-altenpflegerin-erhaelt-90-000euro-/6672302.html (letzter Zugriff: 20. Februar 2016).

dem Arbeitsgericht Berlin Erfolg[90] und wurde sodann vom LAG Berlin abgewiesen[91], welches die Revision nicht zuließ[92]. Das BAG bestätigte das vorangegangene Urteil des LAG Berlin[93]. Das Bundesverfassungsgericht lehnte die Annahme einer Verfassungsbeschwerde von *Heinisch* zur Entscheidung ab[94]. Gegen das Urteil des Bundesarbeitsgerichts legte *Heinisch* Beschwerde beim EGMR in Straßburg ein und rügte insbesondere die Verletzung des Rechts auf freie Meinungsäußerung durch die fristlose Kündigung[95]. Deutschland wurde wegen Verletzung der Meinungsfreiheit nach Art. 10 der Europäischen Menschenrechtskonvention (EMRK) verurteilt[96].

Heinisch beantragte nach dem Urteil des EGMR eine Wiederaufnahme des Verfahrens in Deutschland. Vor dem Landesarbeitsgericht Berlin-Brandenburg wurde schließlich ein Vergleich geschlossen. Vivantes musste an *Heinisch* eine Abfindung in Höhe von EUR 90.000,00 zahlen, während diese die ordentliche Kündigung akzeptierte[97].

VIII. *Chelsea Manning* – „Collateral Murder"

Der US-Soldat *Bradley Manning* – nach einer Geschlechtsumwandlung nun *Chelsea Manning* – wurde im August 2013 von einem US-Militärgericht unter anderem wegen Geheimnisverrats zu 35 Jahren Haft verurteilt sowie unehrenhaft aus der US-Armee entlassen. *Manning* hatte der Enthüllungsplattform WikiLeaks im Jahre 2010 über 700.000 vertrauliche Militär- und Diplomatenunterlagen zugespielt. Darunter auch Botschafter-Depeschen der USA, die spöttische Kommentare

90 AG Berlin, Teilurteil vom 3.08.2005 – 39 Ca 4775/05, abzurufen unter BeckRS 2011, 77275.
91 LAG Berlin, Urteil vom 28.03.2006 – 7 Sa 1884/05, abzurufen unter BeckRS 2009, 68064; vgl. *Bauschke*, öAT 2012, 271, 272.
92 Vgl. *Forst*, NJW 2011, 3477.
93 BAG, Beschluss vom 6.06.2007 – 4 AZN 487/06, abzurufen unter BeckRS 2011, 77276.
94 *Forst*, NJW 2011, 3477, 3477 f.
95 EGMR NJW 2011, 3501 ff.
96 Siehe hierzu auch Abschnitt D. I. 3.a).
97 *von Leszczynski*, Süddeutsche Zeitung Online (siehe Fußnote 88).

über Regierungsmitglieder anderer Staaten sowie Dokumente über die Kriege in Afghanistan und dem Irak, enthielten.

Besonderes Aufsehen erregte eine bei WikiLeaks hochgeladene Videoaufnahme aus dem Jahre 2007 – auch bekannt unter dem Namen „*Collateral Murder*"[98] – aufgenommen durch die Bordkamera eines US-Militärhubschraubers in Bagdad. In diesem Video ist zu sehen, wie die Besatzung des Helikopters das Feuer auf eine Gruppe von Zivilisten und Journalisten eröffnet und dabei ihre Opfer – unter anderem zwei getötete Journalisten und zwei verletzte Kinder – verhöhnt[99].

Die Vorwürfe gegen *Manning* umfassten neben Diebstahl von Regierungseigentum und Spionage auch den schweren Vorwurf der Kollaboration mit dem Feind – insgesamt 21 Anklagepunkte[100]. Für die Unterstützung des Feindes kann in den USA im schlimmsten Falle die Todesstrafe verhängt werden. Durch den Verzicht der US-Regierung, *Manning* wegen der Kollaboration mit dem Feind zu bezichtigen, blieb ihr die Todesstrafe allerdings erspart. Die Seite der Ankläger wollte vor allen Dingen eine Abschreckungswirkung für andere Soldaten durch eine harte Strafe erreichen, um zukünftige Preisgaben von Geheiminformationen zu verhindern. Die Verteidigung *Mannings* bezeichnete diese als „idealistischen Humanisten", die durch die Enthüllungen gegen die Kriegsführung der Amerikaner protestieren und „die wahren Kosten des Krieges" zeigen wollte, um eine Debatte über die Außenpolitik der USA anzustoßen[101].

---

98 Abzurufen unter https://www.youtube.com/watch?v=5rXPrfnU3Go (letzter Zugriff: 20. Februar 2016).

99 *Schulte von Drach*, Süddeutsche Zeitung Online, URL: www.sueddeutsche.de/politik/prozess-gegen-wikileaks-informanten-vereinigte-staaten-gegen-bradley-manning-1.1686902 (letzter Zugriff: 20. Februar 2016); *Ehrich*, N-TV Online, URL: www.n-tv.de/politik/Bradley-Manning-der-naive.Verraeter-article11065051.html (letzter Zugriff: 20. Februar 2016).

100 *Ehrich*, N-TV Online (siehe Fußnote 99).

101 *Ross*, FAZ Online, URL: www.faz.net/aktuell/politik/ausland/amerika/prozess-gegen-bradley-manning-ein-leck-fürs-leben-12540142.html (letzter Zugriff: 7. April 2015); *Schulte von Drach*, Süddeutsche Zeitung Online (siehe Fußnote 99); *Ehrich*, N-TV Online (siehe Fußnote 99); *Tate*, Washington Post Online, URL: http://www.washingtonpost.com/world/national-security/judge-to-sentence-bradley-manning-today/2013/08/20/85bee184-09d0-11e3-b87c-476db8ac34cd_story.html (letzter Zugriff: 20. Februar 2016).

IX. *Edward Snowden* – Der NSA-Abhörskandal

Wenige Wochen nach den Anschlägen vom 11. September 2001 auf das World Trade Center in New York verschärften sich die Überwachungspraktiken des US-Amerikanischen Auslandsgeheimdienstes National Security Agency („NSA"). Der Kongress verabschiedete im Oktober 2001 den USA PATRIOT Act[102], welcher den Geheimdiensten weitreichende Befugnisse verlieh. Behörden können seitdem auch ohne die Genehmigung eines Richters die Telekommunikation überwachen[103]. Die verdachtsunabhängige Sammlung von Daten breitete sich nunmehr sowohl auf die gesamte US-Bevölkerung als auch weltweit aus. Mit dem Spähprogramm „Prism" des Geheimdienstes wurde der Internet- und der Telefonverkehr umfassend überwacht[104].

Edward Snowden, ehemaliger Mitarbeiter des US-Geheimdienstes NSA, hatte Zugang zu diversen streng geheimen Dokumenten der Regierung, unter anderem zu solchen, die die globale Überwachung durch die US-Regierung dokumentierten. Als Insider entdeckte er die massenweise und verdachtsunabhängige Ausforschung und Speicherung von Kommunikationsdaten[105]. Nachdem er das Ausmaß der Abhörarbeiten des Geheimdienstes erkannte, verließ er die Vereinigten Staaten und setzte sich am 20. Mai 2013 mit streng geheimen Daten der NSA nach Hongkong ab.

Snowden gab im Juni 2013 zahlreiche Unterlagen über die Praktiken der NSA an die Presse weiter, aus denen hervorgeht, in welchem Ausmaß die digitale Kommunikation durch die US-Geheimdienste

---

102 **U**niting and **S**trengthening **A**merica by **P**roviding **A**ppropriate **T**ools **R**equired to **I**ntercept and **O**bstruct **T**errorism **Act** of 2001; siehe dazu www.justice.gov/archive/II/highlights.htm (letzter Zugriff: 14. April 2015).

103 *Sydow*, Spiegel Online, URL: www.spiegel.de/politik/ausland/whistleblower-edward-snowden-und-bradley-manning-decken-skandale-auf-a-904815.html (letzter Zugriff: 20. Februar 2016).

104 www.spiegel.de/politik/ausland/prism-skandal-us-justiz-beschuldigt-snowden-der-spionage-a-907267.html (letzter Zugriff: 20. Februar 2016).

105 www.vdw-ev.de/index.php/de-DE/component/content/article/14-arbeitsfelder-der-vdw/whistleblower/57-whistleblower-preisverleihung (letzter Zugriff: 20. Februar 2016).

überwacht wird[106]. Nach eigenen Angaben wandte *Snowden* sich nicht wegen eines persönlichen Geltungsbedürfnisses an die Medien oder weil er der US-Regierung oder sonstigen Personen schaden wollte, sondern weil es ihm um Transparenz ging. So kritisierte *Snowden* die Praktiken der US-Regierung, da diese „sich Befugnisse zugesprochen hat, die ihr nicht zustehen“[107].

Nach diesen Enthüllungen wurde *Snowden* über mehrere Tage in Hongkong von *Glenn Greenwald* und *Ewen MacAskill* von der britischen Tageszeitung „The Guardian“ interviewt, wo *Snowden* äußerte, dass er nicht in einer Gesellschaft leben möchte, in der solche weitreichenden Abhörmaßnahmen möglich sind und in der alles was „man tut und sagt, aufgezeichnet wird“[108]. *Snowden* befindet sich seitdem auf der Flucht vor US-Behörden[109]. Ende Juni 2013 verließ *Snowden* Hongkong und flüchtete nach Moskau[110].

Die persönlichen Konsequenzen für *Snowden* waren verheerend. *Snowden* wurde wegen Geheimnisverrats und Spionage angeklagt, auch ein Haftbefehl wurde gegen ihn erlassen.

Ihm wurde im Jahre 2013 der Whistleblowerpreis verliehen[111].

X. Zusammenfassung

Wie im Rahmen dieser Fälle dargestellt, können Whistleblower für Außenstehende auf der einen Seite als mutige Personen mit Zivilcou-

---

106 *Greenwald/MacAskill/Poitras*, The Guardian Online, URL: www.theguardian.com/world/2013/jun/09/edward-snowden-nsa-whistleblower-surveillance (letzter Zugriff: 20. Februar 2016); *Pham* u.a., Zeit Online (siehe Fußnote 76).

107 *Greenwald/MacAskill/Poitras*, The Guardian Online (siehe Fußnote 106).

108 *MacAskill*, The Guardian Online, URL: www.theguardian.com/world/2013/jun/09/nsa-whistleblower-edward-snowden-why (letzter Zugriff: 20. Februar 2016).

109 *Sydow*, Spiegel Online (siehe Fußnote 103).

110 www.spiegel.de/netzwelt/netzpolitik/prism-enthuellung-edward-snowden-fliegt-nach-moskau-a-907372.html (letzter Zugriff: 20. Februar 2016).

111 *Snowden* erhielt den Preis für die Öffentlichmachung der „massenhaften und verdachtsunabhängigen Ausforschung und Speicherung von E-Mails, IP-Adressen sowie von Telefon-und anderen Kommunikationsdaten durch US- und andere westliche Geheimdienste“: https://www.transparency.de/fileadmin/pdfs/Presse/36PM_Whistleblowerpreis_Begruendung_der_Jury_13-07-24.pdf (letzter Zugriff: 20. Februar 2016).

rage erscheinen, die zugunsten der Allgemeinheit für Aufklärung und Transparenz sorgen, auf Missstände oder illegales Verhalten hinweisen und dabei persönliche Einbußen als Konsequenz ihres Handelns in Kauf nehmen müssen. Organisationsinterne Personen auf der anderen Seite sehen Hinweisgeber hingegen häufig als Verräter, Denunzianten oder Nestbeschmutzer, die aus eigennützigen Motiven die Organisation zu schädigen suchen und sich illoyal verhalten[112].

Die Konsequenz dessen ist, dass sie ihren Arbeitsplatz verlieren, von den Kollegen geächtet und gemobbt werden und im schlimmsten Falle – wie bei *Manning* und *Snowden* – strafrechtlich verfolgt werden können. Die bisherigen Fälle des Whistleblowings – selbst wenn das Wort „Whistleblowing" vor allem in den alten Gerichtsentscheidungen noch nicht ausdrücklich als solches bezeichnet worden ist – wurden ausführlich arbeitsrechtlich diskutiert. Die strafrechtlichen Risiken hingegen wurden bisher nur vereinzelt diskutiert. Gerade diese Beispiele zeigen, wie wichtig es ist, sich mit der Frage der Strafbarkeit des Whistleblowers eingehend auseinanderzusetzen.

112 Vgl. nur *Briegel*, Whistleblowing-Systeme, S. 3 f.

C. Begriff, Geschichte, Methoden des Whistleblowings

I. Begriffsdefinition des Whistleblowing

Zunächst ist der Begriff „Whistleblowing“ bzw. „Whistleblower“ zu definieren. Eine gängige deutsche Bezeichnung des Begriffs gibt es bis dato nicht[113]. Es werden im deutschen Sprachgebrauch Begriffe wie Hinweisgeber, Anzeigender, Informant oder Skandalaufdecker entsprechend angewandt, allerdings lässt sich mit keinem dieser Begriffe die tatsächliche Themenstellung hinreichend umschreiben, da die Begriffe zu allgemein sind oder nur Teilaspekte abdecken[114]. Oft wird in diesem Zusammenhang auch die negativ konnotierte Bezeichnung Denunziant oder Verräter verwendet[115]. Da keine dieser Bezeichnungen dem Phänomen gerecht wird, soll im Rahmen dieser Arbeit die englische Bezeichnung „Whistleblower“[116] verwendet werden, die sich bereits durch das hohe mediale Aufkommen auch im deutschsprachigen Raum durchgesetzt hat und deshalb wohl keiner deutschen Übersetzung mehr bedarf. Gleichwohl muss dieser Begriff auf der Bedeutungsebene mit Leben gefüllt werden.

---

113 Vgl. Thüsing/*Forst*, Beschäftigtendatenschutz, § 6 Rn. 1; *Gutjahr*, Whistleblowing im öffentlichen Sektor, S. 11 f.

114 *Becker*, Whistleblowing, S. 18; *Koch*, ZIS 2008, 500; *Bürkle*, DB 2004, 2158; *Müller*, NZA 2002, 424, 426.

115 *Koch*, ZIS 2008, 500; *Gutjahr*, Whistleblowing im öffentlichen Sektor, S. 11 f.

116 Aus Gründen der besseren Lesbarkeit wird Folgenden die männliche Form des Begriffs verwendet.

1. Herleitung des Begriffs

Ursprünglich stammt der Begriff „Whistleblower" aus dem anglo-amerikanischen Sprachraum[117], er wurde Anfang der 1970er Jahre das erste Mal in wissenschaftlichen und öffentlichen Diskussionen verwendet[118]. Mitte der 1990er Jahre tauchte der Begriff erstmals in der deutschen Fachliteratur auf[119].

Aus dem Englischen wörtlich übersetzt bedeutet „to blow a whistle" so viel wie „in die (Triller-)Pfeife pusten"[120], bzw. die „Alarmglocke läuten"[121] oder „Abpfeifen"[122]. Gemeint ist damit der Hinweis auf Missstände oder auf illegales Handeln, ähnlich einem Polizisten oder einem Schiedsrichter, der bei einem Verstoß in die Pfeife bläst[123], der bei einem nicht regelgerechten Spielverlauf das Spiel mit einem Pfiff in die Schiedsrichterpfeife kurzzeitig unterbricht, um die Teilnehmer und die Zuschauer auf den Regelverstoß aufmerksam zu machen. Auf diese Weise mahnt der Whistleblower Verhalten ab, das er als rügenswert empfindet, hat aber im Gegensatz zum Polizisten oder Schiedsrichter nicht die Möglichkeit oder die Macht, dem von ihm monierten Verhalten entgegenzutreten[124].

Eine wörtliche Übersetzung mit dem Wort „verpfeifen"[125] wird dabei dem Begriff „Whistleblowing" nicht gerecht, da es die Assoziationen mit Verrat oder Denunziantentum weckt und damit die Zielset-

117 Aus dem Englischen *to blow the whistle*; auf Deutsch *in die Pfeife blasen.*

118 *Walters*, Harvard Business Review (Vol. 53) 1975, 26ff. sowie 161f., *Briegel*, Whistleblowing-Systeme, S. 14; *Daniel Ellsberg* beschreibt in seiner Dankesrede bei der Verleihung des Whistleblowerpreises 2003, dass vor dem Begriff „Whistleblowing" und „Whistleblower" der Begriff „Leak" oder „Leaker" verwendet worden ist, siehe in Deiseroth/Falter/*Ellsberg*, Whistleblowerpreis 2003, S. 40.

119 *Wendeling-Schröder*, Autonomie im Arbeitsrecht, S. 163; vgl. dazu auch *Schulz*, Whistleblowing, S. 34; *Gach/Rützel*, BB 1997, 1959; *Becker*, Whistleblowing, S. 18.

120 *Busekist/Fahrig*, BB 2013, 119, 120; *Koch*, ZIS 2008, 500; *De George* in: Lexikon der Wirtschaftsethik, S. 1275.

121 *Deiseroth*, Zivilcourage lernen, S. 125; vgl. auch *Pittroff*, Whistle-Blowing-Systeme, S. 9.

122 Thüsing/*Forst*, Beschäftigtendatenschutz, § 6 Rn. 2.

123 *De George* in: Lexikon der Wirtschaftsethik, S. 1275; *Leisinger*, Whistleblowing und Corporate Reputation Management, S. 20.

124 Vgl. dazu Rotsch/*Rotsch*/*Wagner*, Criminal Compliance, § 34 C Fn. 8 zu Rn. 1.

125 Vgl. *De George* in: Lexikon der Wirtschaftsethik, S. 1275; *Engländer*/*Zimmermann*, NZWiSt 2012, 328, 329; vgl. auch *Leisinger*, Whistleblowing und Corporate Re-

zung des Whistleblowings – die Kundgabe von Missständen – aus dem Blick geraten lässt, obwohl Whistleblowing gerade im US-amerikanischen Raum sehr wohl in einem positiven Lichte steht[126].

Als „Whistleblower“ bezeichnet man vereinfacht gesagt Personen, die in einer Organisation – sei es ein Unternehmen oder eine Behörde – eingebunden oder eng mit ihr verknüpft sind und auf interne Probleme oder Missstände in Betrieben oder in Behörden-/ Regierungskreisen hinweisen[127]. Sie beschaffen Informationen und spielen diese einer entsprechenden Plattform zu oder melden diese an entsprechende Stellen und Behörden oder die Presse weiter.

a) Internes und externes Whistleblowing

Unterschieden wird zwischen **internem** und **externem** Whistleblowing.

aa) Internes Whistleblowing

Beim **internen Whistleblowing** werden Missstände an verbandseigene Organe gemeldet, wobei der offizielle Dienstweg, also der normale Befehls- und Berichtsweg zum Vorgesetzten kein Whistleblowing darstellt; vielmehr muss es sich beim Hinweisadressaten um eine Person oder eine Stelle handeln, die in dieselbe Organisation eingebunden ist, innerhalb derer die zu meldenden Missstände aufgetreten sind, wie beispielsweise eine speziell eingesetzte interne Ombudsperson (Syndikusanwalt oder Justiziar) oder eine Whistleblowing-Hotline innerhalb der Organisation[128]. Des Weiteren kommen der Vorstand, der Auf-

putation Management, S. 20; Löhr/Burkatzki/*Leisinger*, Wirtschaftskriminalität und Ethik, 171, 172.

126 *Müller*, NZA 2002, 424, 425; *Berndt/Hoppler*, BB 2005, 2623.

127 Vgl. hierzu z.B. die Begründung des Gesetzentwurfs der Fraktion BÜNDNIS 90/DIE GRÜNEN „zur Förderung von Transparenz und zum Diskriminierungsschutz von Hinweisgeberinnen und Hinweisgebern (Whistleblower-Schutzgesetz)“, BT-Drucks. 17/9782, S. 6; Rotsch/*Rotsch*/*Wagner*, Criminal Compliance, § 34 C Rn. 3 f.

128 *Pittroff*, Whistle-Blowing-Systeme, S. 10 f., S. 104; *Leisinger*, Whistleblowing und Corporate Reputation Management, S. 28; Thüsing/*Forst*, Beschäftigtendatenschutz, § 6 Rn. 14; *Engländer*/ *Zimmermann*, NZWiSt 2012, 328; vgl. auch *Salg*, Forum Wirtschaftsethik 2008, 53; *Weber-Rey*, AG 2006, 406, 407; a.A. Moll/*Den*-

sichtsrat, der Betriebsrat oder eine Compliance-Abteilung in Betracht[129], solange es sich bei all dem um Personen handelt, die außerhalb des Dienstwegs stehen[130].

Ist der Hinweisadressat allerdings von der Organisation unabhängig, so handelt es sich zwar grundlegend und technisch um externes Whistleblowing, allerdings um eine Form, die dem internen Whistleblowing zuzurechnen ist, da solche Stellen von der betroffenen Organisation mit der Entgegennahme von Hinweisen beauftragt worden sind. Es kann sich hierbei um eine externe Ombudsperson, beispielsweise einen Rechtsanwalt, oder ein externes Unternehmen handeln. Diese Person oder Stelle soll gerade auch Hinweise auf Missstände oder illegale Praktiken von organisationsinternen Personen als Hinweisadressat annehmen[131].

Nutzer dieser Systeme können – gegebenenfalls auch – auf anonyme Art und Weise innerhalb der betroffenen Organisation Missstände melden[132].

bb) Externes Whistleblowing

Beim **externen Whistleblowing** befindet sich der Hinweisadressat außerhalb der Organisation. Es muss sich dabei um einen Hinweisadressaten handeln, der von der betroffenen Organisation mit der Entgegennahme von Hinweisen auch nicht beauftragt worden ist[133]. Hier erfolgt die Meldung direkt gegenüber organisationsexternen Dritten, bei-

---

dorfer-MAH-Arbeitsrecht, § 35 Rn. 127; *Simonet*, RdA 2013, 236; *Bürkle*, DB 2004, 2158; HWSt-*Rotsch*, 1. Teil, 4. Kapitel Rn. 63 und Rotsch/*Rotsch*/*Wagner*, Criminal Compliance, § 34 C Rn. 10; *Schemmel*/*Ruhmannseder*/*Witzigmann*, Hinweisgebersysteme, Kapitel 1 Rn. 89, wonach auch die Meldung an einen Vorgesetzten internes Whistleblowing darstellt.

129 Thüsing/*Forst*, Beschäftigtendatenschutz, § 6 Rn. 14; *Schemmel*/*Ruhmannseder*/*Witzigmann*, Hinweisgebersysteme, Kapitel 1 Rn. 90.

130 *Near*/*Miceli*, Journal of Business Ethics 1985, 1, 3 f.; *Berndt*/*Hoppler*, BB 2005, 2623, 2624.

131 *Forst* nennt diese Form des Whistleblowings semiinternes oder semiexternes Whistleblowing: vgl. Thüsing/*Forst*, Beschäftigtendatenschutz, § 6 Rn. 14; *Schemmel*/*Ruhmannseder*/*Witzigmann*, Hinweisgebersysteme, Kapitel 1 Rn. 90.

132 *Hefendehl*, FS-Amelung, 617, 619.

133 Vgl. dazu auch *Casper*, FS-Winter, 77, 78; *Schemmel*/*Ruhmannseder*/*Witzigmann*, Hinweisgebersysteme, Kapitel 1 Rn. 91.

spielsweise gegenüber Strafverfolgungsorganen, (Aufsichts-) Behörden, Nichtregierungsorganisationen („NGO“), Interessengruppen, der Presse oder der Öffentlichkeit[134].

cc) Vor- und Nachteile

Nachteil des internen Whistleblowings ist zweifelsohne die Abhängigkeit des weiteren Schicksals des Hinweises von dem Willen des Hinweisempfängers. Ist dieser nicht gewillt, dem Missstand abzuhelfen, war der Hinweis des Whistleblowers verlorene Liebesmüh. Hinzu kommt die Gefahr, dass dieser von seinen Vorgesetzten und seinen Kollegen als Verräter und Nestbeschmutzer angesehen werden kann, was sich sodann auch zu Mobbing am Arbeitsplatz entwickeln kann[135], um den „Denunzianten“ an den Pranger oder bloß zu stellen[136]. Konsequenzen für den Whistleblower sind im Falle des internen Whistleblowings allerdings nicht zu befürchten, wenn die Anlaufstelle von der Organisationsleitung mit der Annahme entsprechender Hinweise beauftragt worden ist. Dies ist beispielsweise bei einer beauftragten externen Ombudsperson der Fall, welche die ihr mitgeteilten Daten vertraulich behandelt[137].

Das externe Whistleblowing ist vom Abhilfewillen eines organisationsinternen Hinweisempfängers unabhängig. Der externe Hinweisempfänger wird in den meisten Fällen gewillt sein der Information nachzugehen und gegebenenfalls ein behördliches Verfahren oder ein Strafverfahren einzuleiten. Im Falle der Weitergabe an Journalisten ist zu bedenken, dass die mitgeteilten Informationen unter Umständen

134 *Koch*, ZIS 2008, 500; *Hefendehl*, FS-Amelung, 617, 619; vgl. ferner *Leisinger*, Whistleblowing und Corporate Reputation Management, S. 28; Moll/*Dendorfer*-MAH-Arbeitsrecht, § 35 Rn. 127; *Schulz*, BB 2011, 629, 630; HWSt-*Rotsch*, 1. Teil, 4. Kapitel Rn. 63; *Casper*, FS-Winter, 77, 78.

135 *Meschkutat/Stackelbeck/Langenhoff*, Mobbing-Report, S. 19, 23: “Unter Mobbing ist zu verstehen, dass jemand am Arbeitsplatz häufig über einen längeren Zeitraum schikaniert, drangsaliert oder benachteiligt und ausgegrenzt wird“; vgl. auch *Bannenberg*, Korruption in Deutschland, S. 377 f.

136 *Meschkutat/Stackelbeck/Langenhoff*, Mobbing-Report, S. 110 ff.: 60,1 % der Betroffenen nannten als eines der Hauptmotive für Mobbing die Äußerung von unerwünschter Kritik. Durch das Mobbing soll die unerwünschte Kritik sanktioniert werden; vgl. auch *Schulz*, Whistleblowing, S. 57 f.

137 Vgl. hierzu näher Abschnitt F. II. 1. b).

medial ausgeschlachtet werden könnten. Der Hinweisgeber selbst hat in so einem Fall oftmals mit einer außerordentlichen Kündigung zu rechnen[138]. Daneben bestehen möglicherweise auch strafrechtliche Risiken, die eingehend in Abschnitt E. beleuchtet werden.

b) Offenes und anonymes Whistleblowing

Ein Hinweis kann sowohl offen als auch anonym abgegeben werden. Beim **offenen** Whistleblowing ist die Person des Hinweisgebers bekannt, beim **anonymen** Whistleblowing hingegen hält sich der Hinweisgeber bedeckt. Einen Unterfall des offenen Whistleblowings stellt das **vertrauliche** Whistleblowing dar, wonach eine zur Entgegennahme von Hinweisen zuständige Stelle den Hinweis des Whistleblowers entgegennimmt, allerdings verpflichtet ist, die Identität des Whistleblowers geheim zu halten[139].

Anders als im US-amerikanischen Recht, welches durch Section 301 (4) Sarbanes Oxley-Act (nachfolgend auch nur „SOX" genannt) das **anonyme Whistleblowing** ermöglicht, ist ein solches aber nach Möglichkeit zu vermeiden, da trotz allem ein Rückschluss auf die Person aufgrund des verratenen Geheimnisses möglich sein kann[140]. Zudem besteht eine erhöhte Missbrauchsgefahr, da die Schwelle für die Abgabe nicht verifizierter Informationen niedriger ist und es dadurch schneller zu Fehlinformationen und falschen Anschuldigungen kommen kann. Für das anonyme Whistleblowing spricht allerdings zum einen, dass die Ermöglichung einer anonymen Anzeige den potenziellen Whistleblower dazu ermuntern kann, einen Missstand zu melden. Des Weiteren kann sich der Meldende ermutigt fühlen, detailliertere Angaben zu tätigen als bei einer offenen Meldung[141]. Hinzu kommt, dass eine gewisse präventive Abschreckungswirkung in einer Organisation entstehen kann, wenn vermittelt wird, dass auch anonyme An-

138 Siehe dazu exemplarisch den *Heinisch*-Fall in Abschnitt B. VII.

139 Thüsing/*Forst*, Beschäftigtendatenschutz, § 6 Rn. 11.

140 *Bock*; Criminal Compliance, S. 738; Thüsing/*Forst*, Beschäftigtendatenschutz, § 6 Rn. 12.

141 *Leisinger*, Whistleblowing und Corporate Reputation Management, S. 90; vgl. auch *Bock*; Criminal Compliance, S. 738.

zeigen ernst genommen werden und damit die Entdeckungsgefahr unrechtmäßigen Verhaltens steigt[142].

Bei einem anonymen Hinweis besteht allerdings weder die Möglichkeit für den Empfänger des Hinweises zusätzliche Fragen zu stellen, um unter Umständen einen tatsächlichen Missstand näher zu untersuchen. Nichtsdestotrotz sollte grundsätzlich auch anonymen Whistleblowern Schutz zuteilwerden, da es bei der Meldung illegaler Zustände oder interner Missstände nicht auf die Person des Anzeigenden ankommt, sondern vor allem auf die angezeigte Tat. Sollte der anonyme Whistleblower enttarnt werden, so kann ihm die bloße Tatsache, dass er seine Identität nicht offengelegt hat, nicht zum Nachteil gelangen, da die Nichtoffenlegung der Identität meist zum eigenen Schutze oder zum Schutze von Angehörigen des Whistleblowers dienen soll[143].

Offenes Whistleblowing hat mit Sicherheit eine höhere Glaubwürdigkeit als anonymes Whistleblowing[144], kann aber oftmals kontraproduktiv sein, da sich der potenzielle Whistleblower, der zur Preisgabe belastender Informationen an sich bereit ist, genau überlegen wird, ob er Risiken auf sich nehmen möchte und unter Umständen sich den weiteren Karriereweg verbauen will oder mit einer Strafanzeige rechnen möchte. Zudem würde die Versagung des Schutzes von anonymen Whistleblowern dazu führen, dass kaum oder keine Anzeigen und Hinweise von unternehmensinternen Personen mehr getätigt werden würden, was es für Strafverfolgungsbehörden faktisch unmöglich machen würde, Kenntnisse von illegalen Handlungen innerhalb einer Organisation zu erlangen.

Effektiver dagegen sind Whistleblowing-Systeme, bei denen vertrauliche Informationen an eine autorisierte Stelle gegeben werden, die dazu verpflichtet ist, die Identität des Hinweisgebers geheim zu halten und damit die Anonymität zu wahren, die aber dennoch Nachfragen

142 *Bürkle*, DB 2004, 2158, 2161.

143 Vgl. hierzu *Elliston*, Journal of Business Ethics 1982, 167, 172 f.

144 *Salg*, Forum Wirtschaftsethik 2008, 53; vgl. auch *Near/Miceli*, Journal of Business Ethics 1985, 1, 2.

stellen kann und damit auch in der Lage ist, einen mutmaßlich kritischen Sachverhalt aufzuklären[145].

c) Zentrales und dezentrales Whistleblowing

Forst unterscheidet weiter zwischen **zentralem** und **dezentralem** Whistleblowing[146]. Es wäre hierbei präziser von zentralen und dezentralen Whistleblowing-Stellen zu sprechen. Von zentralem Whistleblowing oder besser, von einer zentralen Whistleblowing-Stelle ist dann zu sprechen, wenn diese Stelle jeden Hinweis, unabhängig von ihrer Thematik, annimmt. Dezentrale Whistleblowing-Stellen hingegen sind solche, die in den verschiedenen Bereichen einer Organisation angesiedelt sind und die zu ihrer Organisationseinheit gehörenden Hinweise annehmen[147]. Diese Differenzierung ist für den weiteren Verlauf dieser Arbeit allerdings nicht von Bedeutung, weswegen hierauf nicht weiter eingegangen werden soll.

2. Definitionsansätze

Die oben dargestellten Fälle zeigen, dass Whistleblowing nicht immer nach demselben Schema abläuft, sondern differenziert zu betrachten ist. Um nicht jede Form von Verrat oder Anzeige als Whistleblowing zu bezeichnen, muss eine einheitliche Definition aufgefunden werden. Die oben genannten Vergleiche des Polizisten und des Schiedsrichters, die in die Trillerpfeife blasen, verdeutlichen zunächst, dass es sich beim Whistleblowing nicht um eine heimliche oder stille Anzeige handelt, von der nur derjenige Kenntnis nimmt, der für den Missstand verantwortlich ist, sondern um einen deutlichen Hinweis, von dem Dritte oder Unbeteiligte Kenntnis nehmen können. Zugleich muss es sich bei dem beobachteten Verhalten um ein solches handeln, das nicht regel-

145 So z.B. der Rechtsanwalt, der als externe Ombudsperson beauftragt worden ist, siehe näher hierzu unter Abschnitt F. II. 1. b); vgl. hierzu auch *Bock*; Criminal Compliance, S. 738.

146 Thüsing/*Forst*, Beschäftigtendatenschutz, § 6 Rn. 17 f.

147 Das zentrale und das dezentrale Whistleblowing sind als Unterfall des internen Whistleblowings zu qualifizieren.

konform ist und den Hinweisgeber dazu bewegt, auf diesen Missstand hinzuweisen. Hingegen macht der Vergleich nicht deutlich, welche Eigenschaften der Hinweisgeber selbst aufweisen muss oder aber die Missstände, auf die er hinweisen möchte. Zu klären ist ferner, ob die Motivation des Hinweisgebers Einfluss darauf haben kann, ob es sich bei seinem Hinweis um Whistleblowing handelt und welche Eigenschaften der Adressat dieses Hinweises haben muss.

Nachfolgend werden einige bedeutende Definitionsansätze dargestellt, um im Anschluss eine eigene Definition zu entwickeln, die im weiteren Verlauf dieser Arbeit verwendet wird.

a) Definition von *Janet P. Near* und *Marcia P. Miceli* (1985)

Die wohl am meisten zitierte[148] und bekannteste Definition des „Whistleblowings" stammt von *Janet P. Near* und *Marcia P. Miceli* aus dem Jahre 1985, wonach es sich beim Whistleblowing handelt um

> „the disclosure by organization members (former or current) of illegal, immoral, or illegitimate practices under the control of their employers, to persons or organizations that may be able to effect action"[149].

Vier Elemente sind demnach zur Bejahung von Whistleblowing notwendig:

(1) es muss zunächst eine Person geben, die als potenzieller **Whistleblower** in Betracht kommt;
(2) es bedarf einer **Information**, die preisgegeben wird (der eigentliche Akt des Whistleblowings);
(3) die Information muss sich **an eine Person oder an eine Vereinigung** richten und
(4) der Hinweis muss sich **gegen eine Organisation** richten[150].

---

148 Vgl. etwa *Hefendehl*, FS-Amelung, 617, 618 f.; *Berndt/Hoppler*, BB 2005, 2623, 2624.

149 Übersetzt: "die Bekanntgabe illegaler, unmoralischer oder illegitimer Praktiken durch (ehemalige oder gegenwärtige) Organisationsmitglieder, die unter der Führung ihrer Arbeitgeber vorgenommen wurden, an Personen oder Organisationen, die in der Lage sind, Abhilfe zu schaffen"; vgl. dazu *Near/Miceli*, Journal of Business Ethics 1985, 1, 4; siehe auch *Near/Miceli*, The Academy of Management Review 1995, 679, 680; vgl. ferner *Berndt/Hoppler*, BB 2005, 2623, 2624; *Schulz*, BB 2011, 629, 630.

150 *Near/Miceli*, Journal of Business Ethics 1985, 1, 2.

Der potenzielle Whistleblower (1) muss dabei eine **organisationsinterne Person** sein, also ein Insider[151], auch wenn er die Organisation zum Zeitpunkt des Whistleblowings bereits verlassen hat. In Betracht kommen typischerweise Mitarbeiter oder aber mit der Organisation verbundene Unternehmer, wie beispielsweise Lieferanten[152], also ist der Begriff „organisationsintern" weit gefasst. Es kann sich damit um keinen Dritten oder Außenstehenden handeln, der mit der betreffenden Organisation rein gar nichts zu tun hat, da ein solcher über interne Informationen naturgemäß nicht verfügen kann. Des Weiteren darf er selbst keinen Einfluss auf die Beseitigung/Behebung des Umstandes haben, der ihn zum Whistleblowing bewegt hat. Anonymität schadet hierbei nicht, auch wenn diese die Glaubwürdigkeit der Aussage des Whistleblowers und seiner Person in Frage stellen kann[153]. Anonyme Aussagen können auch dazu führen, dass diese in ihrer Gesamtheit jeglichen Nutzen verlieren und nicht verfolgt werden können, da im Falle der Abgabe eines anonymen Hinweises mit ungenügender Zurverfügungstellung von Beweisen und Beweismitteln weitere Informations- oder Beweisbeschaffung bei der anonymen Person nicht mehr zu erreichen ist[154].

Zu guter Letzt können auch organisationsinterne Personen, die vertraglich dazu verpflichtet sind, Missstände im Unternehmen aufzudecken, Whistleblower sein[155]. Es muss sich also bei dem Akt des Whistleblowings nicht unbedingt um ein vertragsbrüchiges Verhalten handeln.

Die Abgabe des Hinweises – das Whistleblowing (2) selbst – muss sich zwingend auf ein **unrechtmäßiges, unmoralisches oder illegitimes Verhalten der Organisation** angehörender Personen beziehen, wobei zwischen unmoralischen und illegitimen Verhalten keine Unter-

151 Vgl. auch *Hefendehl*, FS-Amelung, 617, 618 f.; *Berndt/Hoppler*, BB 2005, 2623, 2624.

152 *Berndt/Hoppler*, BB 2005, 2623, 2624.

153 Vgl. hierzu *Elliston*, Journal of Business Ethics 1982, 167, 172 f., der unter anderem eine Rechtfertigung der Anonymität des Whistleblowings im eigenen und in dem Schutzinteresse von Angehörigen des Whistleblowers sieht.

154 *Near/Miceli*, Journal of Business Ethics 1985, 1, 2; *Near/Miceli*, The Academy of Management Review 1995, 679, 692.

155 *Near/Miceli*, Journal of Business Ethics 1985, 1, 2 f.

schiede bestehen[156]. Diese Definition ist sehr weit. Dies fußt auf der Tatsache, dass oftmals das Wort Whistleblowing bei Nachlässigkeiten und hierdurch erzeugten Katastrophen in Erscheinung tritt[157]. *Thomas Berndt* und *Ivo Hoppler*[158] merken hierbei an, dass diese weite Definition nicht praktikabel sei, da sich unmoralisches Handeln häufig jeglicher Justiziabilität entziehe, so dass in der Praxis in erster Linie auf illegale Handlungen abzustellen sei. Hierunter fallen auch Verstöße gegen Unternehmensvorschriften. Freilich ist es hierbei ausreichend, dass der Hinweisgeber begründete Zweifel an der Rechtmäßigkeit der Aktivitäten haben soll[159]. Tatsächliche Illegalität muss für die Bejahung des Whistleblowings nicht vorliegen, da eine solche nicht ohne jeden Zweifel von einem Organisationsinsider mit mangelnden rechtlichen Kenntnissen angenommen werden kann. Hingegen kann es sich im Falle des Hinweises auf eine rechtmäßige Handlung oder bei der Streuung von Gerüchten oder Klatsch und Tratsch nach dieser Definition richtigerweise schon gar nicht um Whistleblowing handeln.

Der Hinweis kann sowohl an **organisationsinterne** als auch an **externe Stellen** (3) gerichtet sein. Ausreichend ist schon, dass intern auf einem anderen Wege als dem üblichen Dienstweg ein Hinweis auf verdächtige Aktivitäten abgegeben wird[160]. Teilt der Hinweisgeber seinen Verdacht Kollegen oder dem Vorgesetzten mit, so handelt es sich nicht um Whistleblowing, sondern lediglich um die Beschreitung des üblichen Dienstwegs[161]. Argumentiert wird damit, dass es für die Bejahung von Whistleblowing unerheblich ist, ob eine interne oder externe Stelle konsultiert wird, da die Risiken für ein Unternehmen bei einer internen Anzeige nicht geringer sind. Auch der interne Hinweis deutet darauf hin, dass jemand über verdächtige Aktivitäten des Unterneh-

156 *Near/Miceli*, Journal of Business Ethics 1985, 1, 4; *Berndt/Hoppler*, BB 2005, 2623, 2624; vgl. auch *Pittroff*, Whistle-Blowing-Systeme, S. 10.

157 *Berndt/Hoppler*, BB 2005, 2623, 2624; *Near/Miceli*, The Academy of Management Review 1995, 679; vgl. z.B. den oben genannten Fall der Challenger Rakete.

158 *Berndt/Hoppler*, BB 2005, 2623, 2624.

159 *Berndt/Hoppler*, BB 2005, 2623, 2624.

160 *Near/Miceli*, Journal of Business Ethics 1985, 1, 3 f.; vgl. auch *Leisinger*, Whistleblowing und Corporate Reputation Management, S. 28.

161 *Berndt/Hoppler*, BB 2005, 2623, 2624.

mens Bescheid weiß und nicht abgeneigt ist, dies zu melden bzw. diese Aktivitäten zu verhindern[162].

Der **Empfänger** des Hinweises muss in der Lage sein, auf die gerügten Aktivitäten Einfluss zu nehmen und diese zu unterbinden[163]. Hierzu gehört auch der Weg an die Öffentlichkeit über die Medien[164], auch wenn im Hinblick auf die hierbei entstehenden Reputationsschäden unter allen Umständen ein solcher zu vermeiden ist und alternative Möglichkeiten wahrgenommen werden sollten, falls solche denn bestehen sollten.

Whistleblowing kann sich gegen **jede Organisation** richten (4). Es ist unerheblich, ob es sich um ein privates Unternehmen oder um eine Organisation im öffentlichen Sektor handelt. Auch die Größe der Organisation spielt keine Rolle[165].

Near und *Miceli* beschreiben weiter die Stadien des Whistleblowings. Der Prozess beginnt damit, dass eine organisationsinterne Person eine Beobachtung über eine Aktivität der Organisation oder ihrer Mitglieder macht[166]. Diese Aktivität kann sowohl in einem Tun oder einem Unterlassen bestehen[167]. Der Beobachtende muss diese Aktivität zunächst bewerten und entscheiden, ob es sich um eine illegale, unmoralische oder illegitime Aktivität handelt. In einem zweiten Schritt fällt der Beobachtende die Entscheidung, ob er seine Beobachtung preisgibt oder nicht. Diese Entscheidung hängt davon ab, ob der Beobachtende überhaupt weiß, an wen er sich wenden kann und ob die Aktivität von ihm als ein ernster Verstoß interpretiert wird. Des Weiteren muss der Beobachtende glauben, dass sein Hinweis eine Veränderung herbeiführen wird und dass dies die einzige effektive Möglichkeit ist, den Missstand zu beheben. Auch spielen persönliche – beispielsweise finanzielle – Faktoren bei Hinweisgebern eine wichtige Rolle bei der Entscheidung, ob ein Missstand gemeldet wird oder nicht[168].

---

162 *Near/Miceli*, Journal of Business Ethics 1985, 1, 3 f.

163 Vgl. auch *Leisinger*, Whistleblowing und Corporate Reputation Management, S. 27.

164 *Berndt/Hoppler*, BB 2005, 2623, 2624 f.

165 *Near/Miceli*, Journal of Business Ethics 1985, 1, 4.

166 *Near/Miceli*, Journal of Business Ethics 1985, 1, 4.

167 *Near/Miceli*, The Academy of Management Review 1995, 679, 680.

168 *Near/Miceli*, Journal of Business Ethics 1985, 1, 4 f.

Auf eine Meldung hin folgt die Entscheidung der Organisation, ob die als unrechtmäßig oder als unmoralisch interpretierte Aktivität weitergeführt oder beendet werden soll. Zuletzt entscheidet die Organisation, wie gegenüber dem Hinweisgeber vorgegangen werden soll[169].

b) Definition von *Richard T. De George*

Der Amerikaner und Unternehmensethiker *Richard T. De George* beschreibt Whistleblowing als

> „die Berichterstattung über unethische oder gefährliche Handlungen einer Organisation, eines Unternehmens oder eines ihrer Mitarbeiter durch einen anderen ihrer Mitarbeiter außerhalb des normalen Dienstweges“[170].

Bezeichnend für das interne Whistleblowing ist dabei ebenfalls, wie in der Definition von *Near* und *Miceli*, dass nicht der unmittelbare Vorgesetzte benachrichtigt wird, sondern der Hinweis außerhalb des üblichen Melde- bzw. Dienstweges erfolgt. Das externe Whistleblowing richtet sich an Institutionen außerhalb der Organisation, beispielsweise an Regierungsvertreter oder die Öffentlichkeit über die Medien.

De George unterteilt die Art der Information dahingehend, ob diese den Hinweisgeber direkt betreffen („persönliches Whistleblowing“) oder nicht („unpersönliches Whistleblowing“). Allerdings ist der persönliche Anwendungsbereich nur auf Mitarbeiter einer Organisation begrenzt. Die Definition umfasst dabei keine Personen, die nicht bei der Organisation angestellt sind, aber dennoch eine (vertragliche) Verbindung zum Unternehmen haben, wie zum Beispiel Berater, Lieferanten und Geschäftspartner und damit eine ähnlich enge Verbindung zur Organisation unterhalten, wie organisationsinterne Personen.

c) Definition von *Dieter Deiseroth*

Der Bundesverwaltungsrichter *Dieter Deiseroth*, der sich in Deutschland schon sehr früh mit dem Phänomen des Whistleblowings befass-

169 *Near/Miceli*, Journal of Business Ethics 1985, 1, 5.

170 *De George* in: Lexikon der Wirtschaftsethik, S. 1275; vgl. auch *Leisinger*, Whistleblowing und Corporate Reputation Management, S. 27 f.

te, definiert den Begriff des Whistleblowings anhand von vier Kriterien[171]:

Es muss erstens eine **brisante Enthüllung** vorliegen („*revealing wrongdoing*"). Ein Hinweisgeber deckt hierbei in seinem Arbeitsumfeld oder seiner Organisation schwerwiegendes Fehlverhalten oder Missstände auf, die mit erheblichen Gefahren für Leben, Gesundheit, die nachhaltige Sicherung und Entwicklung von Ökosystemen oder das friedliche Zusammenleben verbunden sind oder sein können. Sodann bedarf das Whistleblowing eines „**Alarmschlagens**" („*going outside*"). Dieses Alarmschlagen kann auch hier zunächst betriebsintern („internes Whistleblowing") oder aber auch gegenüber der Öffentlichkeit, wie beispielsweise (Aufsichts-)Behörden oder Medien („externes Whistleblowing"), erfolgen. Drittens setzt *Deiseroth* primär **altruistische Motive** zugunsten gewichtiger Rechtsgüter voraus („*serving the public interest*"). Der Hinweisgeber soll hierbei keinerlei finanzielle Vorteile erstreben. Letztens soll der Hinweisgeber durch seinen Hinweis erhebliche persönliche oder berufliche **Risiken und Nachteile** (für sich oder seine Angehörigen) in Kauf nehmen („*risking retaliation*")[172].

Deiseroth sieht den Whistleblower primär als sogenannten ethischen Dissidenten[173], der aus altruistischen Motiven und unter Inkaufnahme von Risiken Missstände meldet, um diese zu beenden. Eine Auseinandersetzung mit Motivbündeln – also auch einer etwaigen verwerflichen Gesinnung – wird hier nicht in Betracht gezogen. Infolgedessen wären Personen, die auch aus egoistischen persönlichen Motiven wie beispielsweise Rache handeln, nicht vom Begriff des Whistleblowers umfasst[174].

d) Definition von Transparency International

Eine weitere Definition stellt *Transparency International* zur Diskussion. Bei *Transparency International* handelt es sich um eine gemeinnüt-

---

171 *Deiseroth*, Betrifft Justiz 2004, 296, 296 f.; *Deiseroth*, Zivilcourage lernen, S. 124.

172 *Deiseroth*, Betrifft Justiz 2004, 296, 297.

173 *Deiseroth*, Zivilcourage lernen, S. 125; vgl. auch *Zimmermann*, ArbRAktuell 2012, 58.

174 *Becker*, Whistleblowing, S. 20.

zige Nichtregierungsorganisation („NGO"), die sich für eine effektive und nachhaltige Bekämpfung von Korruption einsetzt[175].

Transparency International definiert Whistleblowing als:

> "the disclosure or reporting of wrongdoing, which includes corruption, criminal offences, breaches of legal obligation, miscarriages of justice, specific dangers to public health, safety or the environment, abuse of authority, unauthorized use of public funds or property, gross waste or mismanagement, conflict of interest, and acts to cover up any of the aforementioned. A whistleblower is any public or private sector employee or worker who discloses information about these types of wrongdoing and who is at risk of retribution. This includes individuals who are outside the traditional employee-employer relationship, such as consultants, contractors, trainees or interns, volunteers, student workers, temporary workers, and former employees"[176].

Diese Definition umfasst in ihrem weiten persönlichen Anwendungsbereich sowohl den privatrechtlich eingestellten Arbeitnehmer als auch den Bediensteten in einer Behörde (*„any public or private sector employee")*. Allerdings ist diese Definition nicht nur auf das klassischen Verhältnis zwischen dem Arbeitgeber und dem Arbeitnehmer beschränkt, sondern umfasst auch Personen, die nicht direkt in der Organisation tätig sind, aber dennoch eine Verbindung zur Organisation aufweisen, wie beispielsweise die bereits oben genannten externen Berater. Whistleblowing darf sich auch nicht nur auf Unternehmen erstrecken, sondern muss auch auf behördeninterne Sachverhalte An-

---

175 Siehe hierzu den Auftritt von *Transparency International*, Online im Internet: URL: http://www.transparency.de/UEber-uns.44.0.html (letzter Zugriff: 20. Februar 2016).

176 Übersetzt: "die Bekanntmachung oder die Berichterstattung über ein Fehlverhalten, welches Korruption, strafbare Handlungen, den Verstoß gegen Rechtspflichten, Justizirrtümer, bestimmte Gefahren für die öffentliche Gesundheit, die Sicherheit oder die Umwelt, Amtsmissbrauch, die unbefugte Verwendung öffentlicher Gelder oder des öffentlichen Eigentums, hochgradige Verschwendung oder Misswirtschaft, Interessenkonflikte und Handlungen, die das vorgenannte verdecken sollen, beinhaltet. Ein Whistleblower ist jeder Beschäftige oder Arbeiter aus dem öffentlichen oder privaten Sektor, der Informationen über diese Arten des Fehlverhaltens enthüllt und sich einem Vergeltungsrisiko aussetzt. Dies umfasst Personen, die sich außerhalb des traditionellen Arbeitnehmer-Arbeitgeber-Verhältnisses befinden, wie Berater, Vertragspartner, Auszubildende oder Praktikanten, Freiwillige, studentische Angestellte, Zeitarbeier sowie ehemalige Beschäftigte"; vgl. dazu *Worth*, Whistleblowing in Europe, S. 6, Fn. 3.

wendung finden, da in diesem Bereich gleichermaßen Missstände und illegale Handlungen auftreten können, wie im privatrechtlichen Bereich.

Der sachliche Anwendungsbereich umfasst nicht nur Rechtsverstöße, sondern umfasst auch unter anderem Gefahren der öffentlichen Gesundheit oder aber Umweltschutzbelange. Als Konsequenz dessen besteht das Risiko von Sanktionen oder Strafe („*risk of retribution*"). Die Definition umfasst nicht die Inkaufnahme negativer Konsequenzen für den Whistleblower, sondern stellt lediglich fest, dass ein Whistleblower sich solchen Risiken ausgesetzt sehen kann.

e) Weitere Definitionsansätze

In der Literatur weit gestreut findet sich eine Fülle weiterer Definitionsansätze, die den Whistleblower im Ergebnis als eine organisationsinterne Person darstellen, die vertrauliche Informationen über Missstände oder illegales oder unethisches Verhalten nach Außen trägt.

So erklärt *Borrie* den Begriff Whistleblowing als

> „the disclosure by an employee (or professional) of confidential information which relates to some danger, fraud, or other illegal or unethical conduct connected with the workplace, be it by the employer or by fellow employees"[177].

Angesprochen werden hier ebenfalls nur Arbeitnehmer.

Müller geht weiter, spricht von Personen,

> „die illegale Praktiken in privaten Unternehmen bzw. in staatlichen Behörden innerbetrieblich oder außerbetrieblich anzeigen und unter Umständen infolgedessen durch Vorgesetzte oder den Arbeitgeber sanktioniert, d.h. in der Regel gekündigt werden"[178].

Er beschränkt den Anwendungsbereich des Whistleblowing nicht nur auf den privaten Sektor, sondern schließt den öffentlich-rechtlichen Bereich ausdrücklich mit ein, beschränkt aber den sachlichen Anwen-

177 Übersetzt: "die Bekanntmachung vertraulicher Informationen durch einen Arbeitnehmer (oder eine Fachkraft), bezogen auf Gefahren, Betrug oder andere illegale oder unethische Verhaltensweisen, die im Zusammenhang mit dem Arbeitsplatz stehen und durch den Arbeitgeber oder Arbeitskollegen begangen wurden"; vgl. *Borrie*, The Political Quarterly 1996, 141.

178 *Müller*, NZA 2002, 424.

dungsbereich auf illegale Praktiken, nicht auch auf unethisches oder unmoralisches Verhalten. Auch er sieht den Whistleblower als Person, die sich „unter Umständen" einer Sanktion als Konsequenz seines Handelns aussetzt.

f) Zusammenfassender Definitionsansatz

Die bisherigen Definitionsansätze sind teilweise zu eng oder zu weit gefasst, weswegen im Folgenden eine zusammenfassende Begriffsbestimmung aufgestellt wird, die eine allumfassende und präzise Definition darstellen soll, welche dieser Arbeit im Folgenden zugrunde gelegt wird.

aa) Persönlicher Anwendungsbereich

Beim Whistleblower muss es sich zunächst um einen **Organisationsinsider** handeln, der eine enge Verknüpfung zu der betroffenen Organisation aufweist und so Zugang zu Informationen hat, die der Öffentlichkeit nicht zugänglich sind[179]. Dabei ist der persönliche Anwendungsbereich weit zu ziehen. Nicht nur Arbeitnehmer aus dem privatrechtlichen Sektor, sondern auch Bedienstete und Angestellte im öffentlichen Bereich kommen als Whistleblower in Betracht. Dabei kann der Whistleblower jeder Hierarchiestufe entstammen. Es kommen neben Arbeitnehmern Mitglieder des Vorstands oder Aufsichtsrats, Compliance-Beauftragte sowie Kunden und Lieferanten in Betracht[180].

Es muss sich demnach nicht um Personen handeln, die bei dem betroffenen Unternehmen angestellt sind. Daneben können auch verbundene Unternehmen (Lieferanten und Berater), die beispielsweise Bestechungszahlungen erhalten haben, Whistleblower sein[181]. Zumeist erlangt nur ein kleiner Kreis von Beschäftigten oder es erlangen nur einzelne Personen Kenntnis von illegalen Handlungen. Werden beispielsweise Zulieferern oder Beratern bzw. Wirtschaftsprüfern oder Kunden Bestechungsgelder angeboten, so erfahren dies zumeist nur

179 Rotsch/*Rotsch*/*Wagner*, Criminal Compliance, § 34 C Rn. 3.
180 Rotsch/*Rotsch*/*Wagner*, Criminal Compliance, § 34 C Rn. 3.
181 *Berndt/Hoppler*, BB 2005, 2623, 2624; *Pittroff*, Whistle-Blowing-Systeme, S. 10; vgl. auch Thüsing/*Forst*, Beschäftigtendatenschutz, § 6 Rn. 31.

diese organisationsexternen Personen, die aber mit der Organisation (vertraglich) verbunden sind. Hierbei handelt es sich um eine vergleichbare Lage wie bei einer organisationsinternen Meldung, so dass organisationsexterne, mit der Organisation verbundene Personen Berücksichtigung finden müssen[182]. Pensionierte Beschäftigte werden ebenso umfasst, soweit die Anzeige sich auf Sachverhalte bezieht, die dem ehemaligen Arbeitnehmer bzw. Bediensteten noch während seiner Tätigkeit bei der Organisation bekannt geworden sind[183].

Der Whistleblower darf dabei nicht die Macht haben, dem Missstand selbst abzuhelfen oder diesen zu lösen[184], sondern muss ein Maß an Aufmerksamkeit schaffen, so dass diejenigen Personen oder Stellen, die im Stande sind Abhilfe zu schaffen (etwa durch öffentlichen Druck) veranlasst werden, dies zu tun, auch wenn dies für den Whistleblower bedeutet, dass er aufgrund der Meldung mit Nachteilen oder Schäden konfrontiert werden könnte[185].

bb) Anzeigegegenstand

Es wird diskutiert, ob unter Whistleblowing das Melden jeglicher Art von Missständen fällt, also auch jegliche (triviale) Verstöße gegen Normen und Sittlichkeit oder ob hierunter nur illegale Handlungen fallen, also Handlungen, die gegen die Rechtsordnung verstoßen. Auf der anderen Seite gibt es Handlungen, die moralisch oder ethisch verwerflich sind oder die aufgrund von Nachlässigkeiten zu Unglücksfällen führen können, jedoch nicht strafbewehrt sind, nichtsdestotrotz aus der subjektiven Sicht des Einzelnen nicht hinnehmbar sind[186]. Einen folgenschweren Fall von Nachlässigkeit stellt das oben angeführte Challenger-Unglück dar, bei dem die gesamte Besatzung ums Leben gekommen ist, welches aber ohne weiteres hätte verhindert werden können, wenn man den Warnungen von *Roger Boisjoly* Beachtung geschenkt hätte.

182 *Berndt/Hoppler*, BB 2005, 2623, 2624; *Pittroff*, Whistle-Blowing-Systeme, S. 10.

183 *Leisinger*, Whistleblowing und Corporate Reputation Management, S. 30; Rotsch/ *Rotsch/Wagner*, Criminal Compliance, § 34 C Rn. 3.

184 *Near/Miceli*, Journal of Business Ethics 1985, 1, 2; *Leisinger*, Whistleblowing und Corporate Reputation Management, S. 27.

185 *Leisinger*, Whistleblowing und Corporate Reputation Management, S. 27.

186 Siehe z.B. *Leisinger*, Whistleblowing und Corporate Reputation Management, S. 30 f.; *Berndt/Hoppler*, BB 2005, 2623, 2624.

In der Literatur wird deshalb angebracht, dass nicht nur illegales Handeln, sondern jegliche Art von Missständen, also auch unmoralisches und illegitimes Verhalten, gemessen an außerrechtlichen Maßstäben, Gegenstand des Whistleblowings sein kann[187], da ein Angestellter oder Bediensteter nicht immer selbst beurteilen kann, ob die Methoden der Organisation tatsächlich gegen geltendes Recht verstoßen und damit rechtswidrig sind, so dass jegliche vom Informanten erkannten – oder als solche empfundenen – Missstände hierunter fallen müssen[188].

Festzustellen ist allerdings, dass eine Anknüpfung an Gesetzesverstöße greifbarer ist als lediglich eine Anknüpfung an unethisches Verhalten und eine solche auch nicht von Ansichten oder Wertmaßstäben eines Einzelnen abhängt, wie dies bei moralischen Vorstellungen gerade der Fall ist[189]. Auf der anderen Seite wird ein einfacher Mitarbeiter ohne juristische Fachkenntnisse kaum beurteilen können, ob das von ihm beobachtete Verhalten tatsächlich illegales Verhalten darstellt, oder ob es sich lediglich um illegitimes bzw. unmoralisches Verhalten handelt[190]. Zumeist wird er feststellen, dass es sich um ein Verhalten handelt, das aus seiner subjektiven Sicht „nicht in Ordnung“ ist. Dies kann dann auch unethisches und unmoralisches Verhalten umfassen, ebenso wie nachlässiges Verhalten, dass aber aus juristischer Sicht – außer in Fällen strafbarer Fahrlässigkeitstaten – nicht zu beanstanden ist. Zudem können auch unmoralische und unethische Verhaltensweisen reputationsschädigend für eine Organisation sein, so dass die Organisation ein Interesse daran haben sollte, nicht strafbewehrte – aber außerrechtlich fragwürdige – Sachverhalte aufzuklären, so dass Whistleblowing auch für unmoralisches und illegitimes Verhalten zulässig sein muss[191].

---

187 *Berndt/Hoppler*, BB 2005, 2623, 2624; vgl, auch *Klasen/Schaefer*, BB 2012, 641.

188 *Berndt/Hoppler*, BB 2005, 2623, 2624; so auch Rotsch/*Rotsch/Wagner*, Criminal Compliance, § 34 C Rn. 5.

189 Thüsing/*Forst*, Beschäftigtendatenschutz, § 6 Rn. 27; vgl. auch *Briegel*, Whistleblowing-Systeme, S. 15.

190 Vgl. *Pittroff*, Whistle-Blowing-Systeme, S. 10; Rotsch/*Rotsch/Wagner*, Criminal Compliance, § 34 C Rn. 5.

191 Rotsch/*Rotsch/Wagner*, Criminal Compliance, § 34 C Rn. 5; *Berndt/Hoppler*, BB 2005, 2623, 2624; *Pittroff*, Whistle-Blowing-Systeme, S. 10.

Gegner der Möglichkeit, auch illegitime und unmoralische Verhaltensweisen als tauglichen Meldegegenstand zu definieren, bringen an, dass der Whistleblower nicht zum Sittenwächter werden soll. Auch triviale Verstöße gegen Wertvorstellungen Einzelner sollen nicht umfasst sein, da solche stark von ideologischen Vorstellungen oder Werten des Whistleblowers abhängen und von einer sachlichen Bewertung abweichen können[192]. Hingegen seien Gesetzesverstöße bzw. die Gefahr von solchen klar definierbar und tragen damit zur Rechtssicherheit bei. Für die Bejahung der Erfassung unethischen Verhaltens spricht, dass die Grenzen zwischen illegalem und unethischen Verhalten fließend sein können und ein einfacher Arbeitnehmer oft nicht erkennen kann, ob es sich um kriminelle Handlungen oder aber um im Wirtschaftsverkehr übliches Verhalten handelt, da hierzu nicht zuletzt juristische Kenntnisse notwendig sind. Es kann damit von einem Hinweisgeber nicht erwartet werden, dass er die Unterschiede tatsächlich beurteilen kann[193].

Leisinger schränkt diese weite Auslegung aber richtigerweise dahingehend ein, dass nicht jede Banalität zum tauglichen Anzeigegegenstand werden soll, sondern es sich um einen sogenannten *professional dissent* handeln soll, also um sachlich und fachlich begründbare Unterschiedlichkeiten in der Beurteilung eines konkreten Sachverhaltes[194].

Im Ergebnis soll nach der hier vertretenen Auffassung der Gegenstand des Whistleblowings nicht beschränkt werden auf Gesetzesverstöße, sondern soll auch illegitimes und unmoralisches Verhalten und solche Handlungsweisen umfassen, die Gefahren, Risiken und Fehlentwicklungen darstellen können, welche aber nicht lediglich triviale Verstöße oder Petitessen darstellen[195]. Eine rechtliche Bewertung soll nicht schon auf der Ebene des Whistleblowers vorgenommen werden. Diese müssen aus den oben genannten Gründen dazu befugt sein, alles

192 *Leisinger*, Whistleblowing und Corporate Reputation Management, S. 30 f.; a.A. Rotsch/*Rotsch*/*Wagner*, Criminal Compliance, § 34 C Rn. 5.

193 Vgl. *Berndt/Hoppler*, BB 2005, 2623, 2624; siehe auch *Pittroff*, Whistle-Blowing-Systeme, S. 10.

194 *Leisinger*, Whistleblowing und Corporate Reputation Management, S. 30 f.

195 Vgl. auch *Leisinger*, Whistleblowing und Corporate Reputation Management, S. 30 f.

zu melden, was ihnen subjektiv als Missstand erscheint. Allerdings mit der Einschränkung, dass es sich um keine trivialen Sachverhalte handeln darf, sondern um einen – wie von *Leisinger* bezeichnet – *professional dissent* bzw. um Handlungen, die Gefahren für Leib, Leben, Umwelt, das Finanzsystem etc. darstellen können. Eine Bewertung, ob es sich tatsächlich um illegales oder nachlässiges Verhalten, das zu Gefahren führen kann, handelt, nimmt die zuständige Anlaufstelle vor und leitet dann unter Umständen weitere Schritte ein.

cc) Motive

Entgegen der oben aufgeführten Auffassung von *Deiseroth*[196] wird nach der hier vertretenen Definition von Whistleblowing eine „primär altruistische" Einschränkung nicht vorgenommen[197]. Auch das BAG[198] sowie der EGMR[199] messen der Motivation des Whistleblowers eine wichtige Bedeutung zu. Eine zu weite Einschränkung ist im Hinblick auf dieses Erfordernis nicht praktikabel und würde dazu führen, dass Whistleblowing nur dann zu bejahen wäre, wenn Meldungen und die dahinterstehenden Motive sich als moralisch und ethisch hochwertig auszeichnen würden[200]. Eine solche moralische Überhöhung der Person des Whistleblowers ist nicht wirklichkeitsnah, da Motive oftmals vielschichtig sein können und neben altruistischen Motiven auch Wut, Rache, Gemeinwohlinteressen etc. umfassen können[201].

Rein altruistisch handelnde Personen wird es in der Praxis sowieso kaum geben, zumal schwer nachzuweisen ist, dass ein Whistleblower tatsächlich aus uneigennützigen Motiven handelt. Auch das Erforder-

196 *Deiseroth*, Berufsethische Verantwortung in der Forschung, S. 233.

197 *Bannenberg* versteht unter Whistleblowern Personen, „die aus ethischen, moralischen oder persönlichen Gründen strafrechtlich relevante Sachverhalte [...] bekannt machen" und beschränkt die Motivation nicht nur auf Ethik oder Moral, *Bannenberg*, Korruption in Deutschland, S. 375.

198 BAG NJW 2004, 1547, 1548; vgl. auch Thüsing/*Forst*, Beschäftigtendatenschutz, § 6 Rn. 36.

199 EGMR, NJW 2011, 3501, 3504 f.; vgl. auch Thüsing/*Forst*, Beschäftigtendatenschutz, § 6 Rn. 36.

200 Vgl. dazu *Király*, ZRP 2011, 146, 148; *Schulz*, Whistleblowing, S. 51; *Ogorek*, FS-Weiss, 539, 554.

201 *Schulz*, Whistleblowing, S. 52; vgl. auch *Leisinger*, Whistleblowing und Corporate Reputation Management, S. 79; *Bock*, Criminal Compliance, S. 735.

nis der „primär altruistischen Motive" ist abzulehnen. Primär geht es beim Whistleblowing darum, Gesetzesverstöße oder Missstände innerhalb einer Institution aufzudecken und diesen abzuhelfen, nicht die Motivation des Whistleblowers zu beleuchten. Bestehen Missstände, sollten sie gemeldet werden, unabhängig davon ob der Hinweisgeber hierbei aus Eigennutz oder aufgrund altruistischer Motive handelt[202], solange der Whistleblower einen hinreichenden Grad an Gewissheit über die von ihm gemeldete Tatsache hat und diese im guten Glauben an ihre Richtigkeit abgibt[203]. Für das Ergebnis des Whistleblowings ist es nicht von Bedeutung, ob uneigennützige oder egoistische Motive für die Handlung des Whistleblowers bedeutsam waren. Zudem können Motive von anderen nur schwerlich nachvollzogen werden[204].

Des Weiteren stellt sich die Frage, ob eine solche Einschränkung im Hinblick auf eine Motivation des Täters in strafrechtlicher Hinsicht überhaupt sinnvoll wäre. Das deutsche Strafrecht stellt ein Tat- und kein Gesinnungsstrafrecht dar. Lautere oder ehrenhafte Motive sind hier in der Regel irrelevant[205], außer sie sind ausdrücklich im Straftatbestand genannt („um...zu")[206]. Anders als im Arbeitsrecht, in dem Motive eine Rolle spielen können, muss im Strafrecht das Vorliegen von Motiven den Straftatbeständen vorbehalten bleiben, die ausdrücklich eine bestimmte Motivation des Täters vorschreiben. Eine Verallgemeinerung dahingehend, dass ein Whistleblower grundsätzlich ehrenhafte Motive aufweisen muss, ist gerade im Strafrecht nicht vertretbar. Zudem sind Motive aus rein praktischer Sicht schwerlich nachzuweisen und damit kaum justiziabel[207].

Nichtsdestotrotz muss der Whistleblower im Hinblick auf die Wahrheit der von ihm gemeldeten Tatsachen in gutem Glauben sein. Für Vorsatz und grobe Fahrlässigkeit hinsichtlich der Unrichtigkeit der

202 Thüsing/*Forst*, Beschäftigtendatenschutz, § 6 Rn. 36; *Schulz*, Whistleblowing, S. 52; vgl. auch *Ogorek*, FS-Weiss, 539, 554.

203 *Leisinger*, Whistleblowing und Corporate Reputation Management, S. 79.

204 *Briegel*, Whistleblowing-Systeme, S. 17; vgl. auch Thüsing/*Forst*, Beschäftigtendatenschutz, § 6 Rn. 36.

205 MüKo-StGB/*Joecks*, § 16 Rn. 20; *Krümpelmann*, ZStW 87 (1975), 888, 891 f.

206 So z.B. § 17 Abs. 1, 2 UWG.

207 Thüsing/*Forst*, Beschäftigtendatenschutz, § 6 Rn. 36.

gemeldeten Tatsachen ist kein Platz[208]. Wer absichtlich oder grob fahrlässig falsche Informationen meldet, ist schon begrifflich kein Whistleblower, sondern fällt unter Umständen unter den negativ besetzten Begriff des Denunzianten[209]. Der redlich handelnde Whistleblower muss sorgfältig prüfen, ob die von ihm angezeigten Informationen zuverlässig und zutreffend sind. Wissentlich unwahre oder leichtfertig falsche Angaben verdienen keinen Schutz[210].

dd) Inkaufnahme persönlicher Nachteile

Deiseroth stellt als weitere Voraussetzung für das Vorliegen von Whistleblowing darauf ab, dass der Whistleblower persönliche Nachteile in Kauf nehmen muss („*risk of retribution*"). Richtig ist zwar, dass arbeits-, beamtenrechtliche oder strafrechtliche Konsequenzen bzw. persönliche Nachteile mit einem Hinweis über Missstände einhergehen, wenn nicht sogar die Regel sind[211]. Allerdings sollten solche nicht zu einer Voraussetzung des Whistleblowings konstituiert werden. Schließlich sollen Regelungen gefunden werden, die gerade Nachteile für Personen, die für das Gemeinwohl handeln, verhindern. Trotzdem sollte gerade auch dann von Whistleblowing gesprochen werden können, wenn der Whistleblower keine Nachteile mehr zu fürchten hätte[212], wenn also beispielsweise der Schutz von Whistleblowern in den verschiedenen Bereichen des deutschen Rechts – ähnlich wie in den USA – in einer solchen Weise gewährleistet ist, dass eine realistische Inkaufnahme persönlicher Nachteile nicht mehr droht. Damit ist nach dem hiesigen Verständnis des Whistleblowings die Inkaufnahme jeglicher Nachteile nicht von Belang.

---

208 *Bannenberg*, Korruption in Deutschland, S. 381; vgl. dazu auch Rotsch/*Rotsch*/*Wagner*, Criminal Compliance, § 34 C Rn. 6.

209 Vgl. auch *Bannenberg*, Korruption in Deutschland, S. 381.

210 Unwahre Anzeigen können nicht rechtmäßig sein: vgl. dazu EGMR NJW 2011, 3501, 3503; *Brock*, öAT 2011, 243, 245; Rotsch/*Rotsch*/*Wagner*, Criminal Compliance, § 34 C Rn. 6; vgl. auch Employment Rights Act 1996: „*reasonable belief*" und Art. L. 1161-1 Code du travail: „*bonne foi*".

211 Vgl. auch *Zimmermann*, ArbRAktuell 2012, 58.

212 Vgl. hierzu *Gutjahr*, Whistleblowing im öffentlichen Sektor, S. 9.

ee) Adressat

Beim Hinweisadressaten muss es sich um geeignete Personen oder Stellen handeln, die den notwendigen Einfluss darauf haben, den Missstand zu beseitigen oder die diesen Einfluss herstellen können. Eine Unterhaltung mit Kollegen oder Familienmitgliedern, ohne dass Abhilfe erwartet wird, wird daher nicht ausreichen, um Whistleblowing zu bejahen[213]. *De Goerge* ist dahingehend zu folgen, dass die Meldung eines Fehlverhaltens dem direkten Vorgesetzten gegenüber kein Whistleblowing darstellt. Es handelt sich dabei lediglich um die Beschreitung des offiziellen Dienstwegs. Erst wenn dieser Dienstweg umgangen wird und im Rahmen des internen Whistleblowings Hierarchieebenen übersprungen werden und andere organisationsinterne Stellen oder im Rahmen des externen Whistleblowing organisationsexterne Adressaten benachrichtigt werden, handelt es sich um Whistleblowing[214]. Hierunter fallen beispielsweise die interne Revision, die Buchhaltung, der Aufsichtsrat oder der Vorstand[215].

Es gibt viele Gründe, weshalb sich ein Whistleblower beim internen Whistleblowing nicht an seinen unmittelbaren Vorgesetzten wenden möchte. Ist der Vorgesetzte in die zu meldenden illegalen Handlungen involviert oder bestehen begründete Zweifel, dass der Vorgesetzte willens ist, dem Fehlverhalten zu begegnen oder aber fehlt diesem die Autorität, das Fehlverhalten zu beenden, so spricht vieles dafür, sich nicht an diesen zu wenden, sondern diese Hierarchieebene zu überspringen oder ganz auf die Beschreitung des Dienstwegs zu verzichten. Der Whistleblower wird sich nicht Risiken aussetzen, wenn er das Bewusstsein hat, dass die Person oder Stelle, an die er sich wendet,

213 Vgl. hierzu *Near/Miceli*, Journal of Business Ethics 1985, 1, 4; siehe ferner *Berndt/Hoppler*, BB 2005, 2623, 2624 und *Pittroff*, Whistle-Blowing-Systeme, S. 10, 14; *Briegel*, Whistleblowing-Systeme, S. 16.

214 *De George* in: Lexikon der Wirtschaftsethik, S. 1275; *Leisinger*, Whistleblowing und Corporate Reputation Management, S. 27 f.; siehe auch *Pittroff*, Whistle-Blowing-Systeme, S. 10 f.; *Berndt/Hoppler*, BB 2005, 2623, 2624; a.A. *Bürkle*, DB 2004, 2158; *Schulz*, BB 2011, 629, 630; *Simonet*, RdA 2013, 236.

215 Vgl. nur *Briegel*, Whistleblowing-Systeme, S. 17.

nicht ausreichend Macht oder Einflussmöglichkeit hat, den Missstand zu beenden[216].

Im Falle des internen Whistleblowings ist davon auszugehen, dass die breite Öffentlichkeit keine Kenntnis der Organisationsinterna erhält, weshalb in einem ersten Schritt die Meldung an organisationsinterne Meldestellen vorzuziehen ist. Im Falle eines externen Whistleblowings ist mit hoher Wahrscheinlichkeit damit zu rechnen, dass früher oder später die gemeldeten Tatsachen an die Öffentlichkeit gelangen. Die Staatsanwaltschaft setzt zwar ein förmliches Verfahren in Gang, das nicht notwendigerweise der Öffentlichkeit zugänglich sein muss und damit auch die Interessen des Arbeitgebers besser schützt als bei einer Veröffentlichung gegenüber der Presse. Nichtsdestotrotz können auch bei staatsanwaltlichen Ermittlungen Interna an die Öffentlichkeit gelangen. Dasselbe gilt für Meldungen gegenüber zuständigen Behörden. Bei Presseveröffentlichungen besteht die immense Gefahr, dass die Veröffentlichung nicht mehr beherrschbar ist und damit komplett aus den Händen des Whistleblowers und des Empfängers gegeben wird[217]. Erst wenn in einem ersten und einem zweiten Schritt alle innerorganisatorischen und sodann alle behördlichen Möglichkeiten ausgeschöpft sind, kann eine Meldung an die Medien und die Öffentlichkeit in Betracht gezogen werden, falls den gemeldeten Missständen nicht anders abzuhelfen ist. Diese Abstufung ist von jedem Whistleblower einzuhalten.

3. Abgrenzung

Eine sinnvolle Definition des Whistleblowings erfordert ferner eine Abgrenzung zu anderen Formen der Meldung von Fehlverhalten, um nicht jede Mitteilung oder Anzeige, aus welchen Motiven auch immer diese herrühren mag, frühzeitig als Whistleblowing einzustufen. Gerade im Hinblick darauf, dass nicht jeder Hinweis nach außen als schützenswertes Whistleblowing angesehen werden kann, ist darauf zu ach-

216 *Pittroff*, Whistle-Blowing-Systeme, S. 14 f.; *Leisinger*, Whistleblowing und Corporate Reputation Management, S. 70.

217 BVerfG NJW 1970, 1498, 1501; *Brock*, öAT 2011, 243, 246.

ten, diesen Begriff nicht inflationär zu verwenden[218]. Durch die oben genannte Definition wird klar, dass Whistleblowing nichts mit „Rufmord“ zu tun hat. Ein Hinweisgeber kann aber nur dann auch ein Whistleblower sein, wenn er weiß, dass die behauptete Tatsache wahr ist oder er zumindest – ohne grob fahrlässig gehandelt zu haben – in gutem Glauben an die Wahrheit der Tatsache gehandelt hat. Whistleblowing ist vom Denunziantentum sowie vom Einsatz von verdeckten Ermittlern, V-Personen und investigativ handelnden Journalisten abzugrenzen. Auch ist Whistleblowing von der Verbreitung von Gerüchten oder Klatsch und Tratsch zu unterscheiden[219].

a) Denunziation

Whistleblowing ist vom heutigen pejorativen Verständnis des Begriffes der verwerflichen Denunziation abzugrenzen. Personen, die auf Unregelmäßigkeiten oder Missstände hinweisen, werden in Deutschland – im Unterschied zu den Vereinigten Staaten – häufig als Denunzianten, Nestbeschmutzer oder Verräter bezeichnet und gelten als illoyal[220], weswegen die Unterschiede zwischen Whistleblowing und Denunziation genauer untersucht werden müssen. Gerade in Deutschland – im Unterschied beispielsweise zu den USA[221] – gilt derjenige, der auf Missstände hinweist als „Spitzel“. Dies belegt sowohl der fehlende Schutz von Whistleblowern auf gesetzlicher Ebene, sowie die Rechtsprechung der Arbeitsgerichte, die die Meldung von Missständen an Außenstehende als Anlass dafür sehen, außerordentliche Kündigungen zu bestätigen[222].

---

218 Vgl. hierzu *Leisinger*, Whistleblowing und Corporate Reputation Management, S. 15: im Jahre 2003 fand *Leisinger* bei der Eingabe des Begriffs „Whistleblowing“ auf der Suchmaschine Google über 25.000 Dokumente und Webseiten. Im Februar 2016 sind es 1.930.000 (Stand: 20. Februar 2016) und im November 2017 bereits 2.860.000 (Stand: 27. November 2017).

219 Siehe hierzu auch *Pittroff*, Whistle-Blowing-Systeme, S. 10.

220 *Berndt/Hoppler*, BB 2005, 2623; Bannenberg/Jehle/*Braasch*, Wirtschaftskriminalität, S. 200; Löhr/Burkatzki/*Leisinger*, Wirtschaftskriminalität und Ethik, 171, 178; *Nordmann*, PH 2006, 49, 50.

221 Vgl. dazu nur *Müller*, NZA 2002, 424, 425.

222 Vgl. jüngst im Rahmen des Falles *Heinisch*: LAG Berlin, Urteil vom 28.03.2006 – 7 Sa 1884/05, abzurufen unter BeckRS 2009, 68064 sowie BAG, Beschluss vom

Der Ursprung dessen liegt in der Historie Deutschlands des 20. Jahrhunderts. In der Zeit des Nationalsozialismus und auch in der DDR unter dem Ministerium für Staatssicherheit („Stasi") waren Bespitzelungen von Bürgern an der Tagesordnung[223]. Sie dienten dazu, Personen, die sich gegen das System aufgelehnt haben oder auflehnen wollten, ausfindig zu machen und zu eliminieren. Dies geschah oftmals durch „Informanten"[224] aus dem näheren Umkreis des Verdächtigen, die aus Angst um die eigene Existenz oder aufgrund von versprochenen Vorteilen ihre Nachbarn und Verwandten bespitzelten[225]. Dass eine solche Form der Informationsweitergabe zu Recht als negativ aufgenommen wird und als verwerflich gilt, bedarf in diesem Zusammenhang keiner weiteren Erläuterung.

Als eines der jüngsten Beispiele für die Gleichsetzung von Whistleblowing und Denunziation ist die Bundestagsdebatte vom 19. Januar 2011[226] anzubringen, in der anlässlich des Futtermittelskandals über den Informantenschutz diskutiert wurde. Der damalige Geschäftsführer der SPD-Fraktion *Thomas Oppermann* hat sich dabei auf den Informantenschutz bezogen und sogar die Bezeichnung „Whistleblower-Regelung" verwendet. Dieser Begriff fiel im Zusammenhang mit der Debatte um Unternehmen, die Dioxin in Futtermittel beimischten und war bezogen auf diejenigen Arbeitnehmer, die ermutigt werden sollten, „Meldungen zu machen und zu berichten, wenn in ihrem Betrieb Gift beigemischt wird, wenn Unzulänglichkeiten vorhanden sind". Aus seiner Sicht ist eine gesetzliche Regelung notwendig, um Arbeitnehmer zu schützen, die solche Skandale melden[227]. Der CDU/CSU Abgeordnete *Peter Bleser* entgegnete in seinem Redebeitrag, dass „Denunzian-

6.06.2007 – 4 AZN 487/06, abzurufen unter BeckRS 2011, 77276; siehe auch *Pittroff*, Whistle-Blowing-Systeme, S. 12.

223 Vgl. auch *Bannenberg*, Korruption in Deutschland, S. 378 f.; vgl. auch *Pittroff*, Whistle-Blowing-Systeme, S. 10.

224 Vgl. *Rosbach*, CCZ 2008, 101, 104.

225 Vgl. *Pittroff*, Whistle-Blowing-Systeme, S. 13.

226 Plenarprotokoll der 83. Sitzung des Deutschen Bundestages vom 19. Januar 2011 mit dem Zusatztagesordnungspunkt 1 „Abgabe einer Regierungserklärung durch die Bundesministerin für Ernährung, Landwirtschaft und Verbraucherschutz: Verbraucher konsequent schützen – Höchstmaß an Sicherheit für Lebensmittel gewährleisten"; Plenarprotokoll 17/83, abzurufen unter http://dip21.bundestag.de/dip21/btp/17/17083.pdf (letzter Zugriff: 20. Februar 2016).

227 *Oppermann*, Plenarprotokoll 17/83, S. 9273.

tenschutz" nicht erwünscht sei[228]. Dies zeigt, dass selbst auf höchster politischer Ebene die Begriffe des „Whistleblowings" und des „Denunziantentums" noch immer gleichgesetzt werden und keine klare Unterscheidung gemacht wird. Dies macht *Bleser* in seinem Redebeitrag weiter damit deutlich, in dem er Arbeitnehmer, die auf Missstände hinweisen nur darauf reduziert, dass sie den Betriebsfrieden stören würden[229].

Dabei handelte es sich bei dem lateinischen Terminus „*denunciatio*" bis ins 19. Jahrhundert keineswegs um einen negativ behafteten Begriff[230]. Die *denunciatio*[231] entsprach als Institut des Prozessrechts dem heutigen Begriff der Strafanzeige. Auch wurde hierunter eine Rüge oder Angabe verstanden. Die negative Anhaftung verbreitete sich gegen Ende des 18. Jahrhunderts zunächst im allgemeinen Sprachgebrauch dahingehend, dass darunter nunmehr eine Verleumdung, eine öffentliche böswillige Ehrabschneidung oder Verächtlichmachung, zu verstehen war[232]. Ein Beispiel hierzu lieferte der deutsche Jurist und Publizist *Georg Friedrich Rebmann*, der Denunzianten an sich schon als „sehr zweideutig" beschrieb, den anonymen Denunzianten aber schon als „vollends das verächtlichste und gefährlichste Wesen, das sich denken lässt"[233]. Die negative Konnotation ist bis heute erhalten geblieben und findet sich in den aktuellen Wörterbüchern wieder[234]. Nach dieser Änderung des Begriffsverständnisses war die Anwendung auch in den Gesetzen und der Rechtssprache nicht mehr möglich, so

---

228 *Bleser*, Plenarprotokoll 17/83, S. 9288; vgl. auch *Strack*, Stellungnahme zu BT-Drucks. 17/649, S. 5.

229 *Bleser*, Plenarprotokoll 17/83, S. 9288.

230 *Düsel*, Gespaltene Loyalität, S. 27; *Hefendehl*, FS-Amelung, 617, 631; *Sauerland*, Dreißig Silberlinge, S. 224 ff.

231 Siehe hierzu *Koch*, Denunciatio, S. 1ff.; siehe dazu auch *Hefendehl*, FS-Amelung, 617, 631.

232 *Koch*, Denunciatio, S. 3; *Düsel*, Gespaltene Loyalität, S. 27.

233 *Rebmann*, Die Wächter der Burg Zion, S. 67; vergleiche auch *Koch*, Denunciatio, S. 3.

234 So beispielsweise *Wahrig*, Deutsches Wörterbuch unter dem Begriff „Denunziation": „Anschwärzung, Anzeige aus niedrigen, meist persönlichen Beweggründen". Ähnlich auch das Deutsche Universalwörterbuch von *Duden* unter dem Begriff „denunzieren" („aus persönlichen niedrigen Beweggründen anzeigen") oder auch das Handwörterbuch der deutschen Gegenwartssprache, welches das „Denunzieren" als Anzeige „aus egoistischen, opportunistischen Gründen" erklärt.

dass „Denunziation“ durch den neutralen Begriff „(Straf-)Anzeige“ ersetzt wurde[235].

Teilweise wird die Denunziation anhand des Beweggrundes des Aufdeckenden definiert. Demnach handelt es sich bei der Denunziation um eine freiwillige Mitteilung oder Anzeige aus eigennütziger bzw. niederer Gesinnung an eine Stelle, welche eine Verurteilung der angezeigten Person veranlassen oder diese verurteilen soll[236]. Zentrales Element der Denunziation ist die niedere Gesinnung, die aus Rache, Neid, Missgunst, Eigennutz oder Gehässigkeit bestehen kann. Gerade diese niedrige Gesinnung ist im Falle des Whistleblowings nach dem hiesigen Verständnis nicht gegeben, selbst wenn der Whistleblower nicht aus rein altruistischen Gründen handeln muss[237].

Koch[238] lehnt eine allgemeingültige Definition des Terminus „Denunziation“ ab und sieht verwerfliche Beweggründe nicht als allgemeingültiges Abgrenzungsmerkmal. Vielmehr handele es sich bei der Denunziation um einen vielschichtigen Begriff, der sich einer abstrakten Definition verschließe. Es sei eine Vielzahl von Variablen zu berücksichtigen, wie beispielsweise die Schädigung des Anzeigenden, die Art der Anzeige (anonym oder offen), die Beweggründe für die Anzeige oder auch bestehende Solidarpflichten zwischen dem Anzeigenden und dem Angezeigten. Im Ergebnis stellt *Koch* fest, dass der Begriff „Denunziation“ nicht auf eine allgemeingültige Formel gebracht werden kann. Er nähert sich dem Begriff an, indem er beispielsweise unter diesem Terminus Anzeigen von einem nicht sanktionswürdigen Verhalten versteht oder aber unverhältnismäßige Anzeigen. Allerdings sei auch dann von Denunziation zu sprechen, wenn es sich zwar um ein zu sanktionierendes Verhalten handele, aber die Motivation des Täters von einer solchen Verwerflichkeit geprägt sei, dass jegliche Sanktionswürdigkeit in den Hintergrund gedrängt werde oder aber wenn Treuepflichten zwischen dem Anzeigenden und dem Angezeigten im Hin-

235 *Koch*, Denunciatio, S. 5 f.

236 *Sauerland*, Dreißig Silberlinge, S. 224; vgl. auch *Hornung*, Denunziation, S. 21; *Hefendehl*, FS-Amelung, 617, 632.

237 *Hefendehl* hingegen sieht Whistleblower als Personen, die Moral und Recht vermengen und Denunziantenangebote nutzen, um in erster Linie private Probleme zu lösen, *Hefendehl*, FS-Amelung, 617, 632.

238 *Koch*, Denunciatio, S. 8 ff.

blick auf die Schwere der Tat nicht im Gleichgewicht stehen[239]. So gilt derjenige als Denunziant, der einen Freund oder Bekannten wegen einer Lappalie anzeigt, nicht aber derjenige, der ihn wegen eines schweren Delikts oder eines Kapitaldelikts anzeigt. Ähnlich beschreibt auch *Bannenberg* die hinter einer Denunziation liegenden Absichten mit meist „aggressiv-destruktiv“ sowie mit ungerechten Folgen für den Denunzierten, indem beispielsweise ein privater Konflikt zum Anlass genommen wird, den Denunzierten durch die Behauptung einer fingierten oder ungerechtfertigten „Verfehlung“ anzuzeigen[240].

Der Whistleblower fällt weder in die Definition der Denunziation noch in die Annäherung *Kochs* oder *Bannenbergs*. Zwar muss der Whistleblower nicht aus primär altruistischen Motiven handeln[241], doch ist dieser nach dem hiesigen Verständnis fern von verwerflicher, niederer oder aggressiv-destruktiver Gesinnung, wenn er auf Missstände oder auf Fehlverhalten innerhalb einer Organisation hinweist. Auch verspricht sich der Whistleblower – im Gegensatz zum Denunzianten – keinen eigenen Vorteil aus der Meldung. Wie schon bei der Definition des „Whistleblowings“ festgestellt, darf es sich bei dem Hinweis nicht um lediglich triviale Missstände oder Banalitäten handeln, sondern um solche von einigem Gewicht. Nach dem oben Gesagten kann vereinfacht gesagt davon gesprochen werden, dass Denunzianten unehrenhaftes Verhalten an den Tag legen. Whistleblowing stellt nach der hier vertretenen Definition gerade das Gegenteil unehrenhaften Verhaltens dar.

Infolgedessen scheuen sich viele potenzielle Whistleblower davor, als „Nestbeschmutzer“ oder „Denunzianten“ bezeichnet zu werden oder mit arbeitsrechtlichen oder sonstigen negativen sozialen Konsequenzen konfrontiert zu werden, so dass für sie ein großes Bedürfnis danach besteht, ihre Hinweise auch auf anonyme Art und Weise abgeben zu können[242].

---

239 *Koch*, Denunciatio, S. 9 f.

240 *Bannenberg*, Korruption in Deutschland, S. 379; *Leisinger* beschreibt den Denunzianten als Person, die „von unten“ anstachelt: vgl. Löhr/Burkatzki/*Leisinger*, Wirtschaftskriminalität und Ethik, 171, 172.

241 So aber *Deiseroth*, Berufsethische Verantwortung in der Forschung, S. 233; vgl. schon oben in Abschnitt C. I. 2. f) cc).

242 Vgl. *von Pelchrzim*, CCZ 2009, 25, 25 f.

b) Beteiligte an einer Tat, insbesondere der Kronzeuge im Sinne des § 46 b StGB

In der Literatur gilt es als selbstverständlich, dass Whistleblower fremde Verhaltensweisen melden, nicht aber solche, an denen sie selbst beteiligt waren. Hintergrund dessen ist, dass Whistleblower teilweise als „ethische Dissidenten“[243] oder als Personen mit besonderer Zivilcourage angesehen werden[244]. *Rotsch* und *Wagner* hingegen vertreten die Auffassung, dass eine solche Einschränkung nicht vorgenommen werden sollte, da die Aussage eines an der Tat Beteiligten glaubhafter ist, als die eines völlig Unbeteiligten. Weiter sollten selbst diejenigen Hinweisgeber, die allein eigenes illegales, unmoralisches oder illegitimes Verhalten anzeigen, als Whistleblower gelten[245]. Es leuchtet nicht ein, weshalb nicht auch ein an der Tat Beteiligter zum Whistleblower werden kann. Die Motive, die ihn zu einer Anzeige bewegt haben, können auch hier solche der Reue sein, wobei egoistische Motive – beispielsweise einer erhofften Strafmilderung – nicht schaden[246]. So kann er aufgrund eines Gewissenskonflikts handeln und aus einem kriminellen Umfeld aussteigen wollen oder kann an einer unbedeutenden Tat mitgewirkt haben und hat zu einem späteren Zeitpunkt die wahre Dimension seiner Beteiligung innerhalb einer Organisation entdeckt[247]. Zumindest in strafrechtlicher Hinsicht ist Schutzbedürftigkeit zu bejahen, da diese Personen wichtige Informationen zur Aufdeckung von Straftaten oder Missständen mitteilen[248].

Dies führt zu dem Begriff des Kronzeugen. Im angloamerikanischen Sprachgebrauch werden Täter oder Beteiligte einer Straftat, die gegen Zusicherung von Straffreiheit als Zeuge oder Hauptzeuge einer Anklage im Strafprozess auftreten, an der sie selbst beteiligt waren,

243 *Deiseroth*, Zivilcourage lernen, S. 125; vgl. z.B. *Zimmermann*, ArbRAktuell 2012, 58.

244 *Deiseroth*, Zivilcourage lernen, S. 125; vgl. auch Rotsch/*Rotsch*/*Wagner*, Criminal Compliance, § 34 C Rn. 8.

245 Rotsch/*Rotsch*/*Wagner*, Criminal Compliance, § 34 C Rn. 8.

246 Wie in Abschnitt C. I. 2. f) cc) dargestellt, sind die Motive des Whistleblowers nach der hiesigen Definition allerdings nicht von Belang.

247 *Bannenberg*, Korruption in Deutschland, S. 380.

248 Inwiefern arbeitsrechtlicher Schutz vor Kündigung zu gewährleisten ist, ist nicht Gegenstand der hiesigen strafrechtlichen Auseinandersetzung. Vgl. auch *Bannenberg*, Korruption in Deutschland, S. 385.

Kronzeugen genannt[249]. Der Begriff stammt aus dem englischen „to give evidence for the Crown“. In der britischen Monarchie tätigte der Zeuge seine Aussage gegenüber dem Staatsanwalt, der im Namen des Monarchen die Anklage vor Gericht vortrug[250]. Die folgenden Ausführungen sollen aufzeigen, welche Gemeinsamkeiten und Unterschiede zwischen Whistleblowern und Kronzeugen bestehen.

Am 1. September 2009 trat § 46 b StGB in Kraft, welcher auch als „große Kronzeugenregelung“ bezeichnet wird[251]. Bis dato gab es in Deutschland keine allgemeingültige Kronzeugenregelung[252]. Mit Wirkung zum 1. August 2013 wurde § 46 b Abs. 1 StGB durch das 46. Strafrechtsänderungsgesetz dahingehend geändert, dass die vom Kronzeugen gemeldete Tat nach § 100 a Abs. 2 StPO mit der von ihm selbst begangenen Anlasstat im Zusammenhang stehen muss[253].

Es handelt sich bei dieser Kronzeugenregelung um eine Strafzumessungsvorschrift, die für kooperationsbereite Täter einen Anreiz schaffen soll, ihr Wissen über eine Tat den Strafverfolgungsbehörden mitzuteilen, um Aufklärungshilfe oder Präventionshilfe zu leisten, da gerade im Bereich der organisierten oder organisationsinternen Kriminalität die Mitarbeit von Insidern für die Aufklärung von Straftaten unerlässlich ist[254]. Hier wird die erste Gemeinsamkeit zwischen Kronzeugen und Whistleblowern sichtbar, denn durch sie kommen Infor-

249 Siehe hierzu http://www.duden.de/rechtschreibung/Kronzeuge (letzter Zugriff: 25. September 2017).

250 https://de.wikipedia.org/wiki/Kronzeuge (letzter Zugriff: 25. September 2017).

251 SK-StGB/*Wolters*, § 46 b Rn. 1; neben den bis dahin bestehenden „kleinen Kronzeugenregelungen“ in §§ 31 BtMG, 129 Abs. 6, 129 a Abs. 7 StGB sowie den früheren vor Einführung des § 46 b StGB geltenden § 261 Abs. 10 StGB; vgl. auch MüKo-StGB/*Maier*, § 46 b Rn. 1.

252 MüKo-StGB/*Maier*, § 46 b Rn. 6.

253 Zunächst wurde auf einen solchen Zusammenhang zwischen der aufzuklärenden und der dem Kronzeugen vorgeworfenen Tat verzichtet. Durch das Erfordernis des Zusammenhangs soll ein Einklang hergestellt werden zwischen der Privilegierung des Kronzeugen durch die Strafmilderung und dem Grundsatz des schuldangemessenen Strafens in dem Sinne, dass ein Bezug hergestellt wird zwischen der offenbarten Tat und derjenigen des Kronzeugen; vgl. dazu BGH StV 2014, 619, 619 f.; vgl. auch MüKo-StGB/*Maier*, § 46 b Rn. 1 und 11; eingehend dazu auch *Peglau*, NJW 2013, 1910, 1910 f.

254 Lackner/Kühl/*Kühl*, StGB, § 46 b Rn. 1; SK-StGB/*Wolters*, § 46 b Rn. 2; über die Effektivität einer solchen Regelung in Bezug auf die Aufklärung von organisierter Kriminalität herrschen Zweifel, siehe hierzu exemplarisch *Hassemer*, StV 1989,

mationen über u.a. Straftaten ans Tageslicht, die sonst im Verborgenen geblieben wären. Damit helfen sowohl Kronzeugen als auch Whistleblower bei der Verhinderung und Aufklärung von Straftaten. Beide tun dies aus freien Stücken[255]. Allerdings stehen die egoistischen Motive des Kronzeugen im Vordergrund, denn er verspricht sich durch die Offenbarung eine Strafmilderung, während der Whistleblower in der Mehrzahl der Fälle nicht primär aus egoistischen Motiven handelt[256]. Eine weitere Gemeinsamkeit ist der gegenüber der eigenen Organisation begangene Treubruch sowie der damit einhergehende Interessenkonflikt, sei es gegenüber dem eigenen Arbeitgeber oder der kriminellen Vereinigung[257]. Ein solcher Treubruch entsteht, weil der Whistleblower sich nicht anders zu helfen weiß, als den Missstand zu melden. Der Whistleblower hat nämlich nicht die Macht, dem von ihm gemeldeten Missstand selbst abzuhelfen. Beim Kronzeugen hingegen ist es aber denkbar, dass es sich um den Kopf einer Bande handelt, der zwar sehr wohl dazu in der Lage ist, die von seiner Organisation oder Bande begangenen Straftaten zu unterbinden, sich aber entschließt, die begangenen Straftaten zu melden, um in den Genuss einer Strafmilderung zu kommen.

Bei der Anlasstat des Kronzeugen muss es sich um eine der mittleren oder schweren Kriminalität handeln, wobei diese nicht lediglich mit Geldstrafe nach § 40 Abs. 1 StGB oder mit Freiheitsstrafe von nur einem Monat nach § 38 Abs. 2 StGB bedroht sein darf[258]. Auf eine enumerative Aufzählung bestimmter Straftaten wurde dabei verzichtet. Damit der Kronzeuge von der Strafmilderung profitieren kann, muss er nach § 46 b Abs. 1 S. 1 Nr. 1 oder Nr. 2 StGB dazu beitragen, dass eine Straftat nach § 100 a Abs. 2 StPO aufgedeckt oder verhindert werden kann. Hintergrund dieser gesetzgeberischen Beschränkung auf die Katalogtaten ist, dass es sich dabei um Straftaten handelt, die in beson-

---

72, 80; SK-StGB/*Wolters*, § 46 b Rn. 6; MüKo-StGB/*Maier*, § 46 b Rn. 1; vgl. auch NK-StGB/*Streng*, § 46 b Rn. 2; Schönke/Schröder/*Kinzig*, § 46 b Rn. 1.

255 SK-StGB/*Wolters*, § 46 b Rn. 22; MüKo-StGB/*Maier*, § 46 b Rn. 25; *Fischer*, StGB, § 46 b Rn. 12.

256 Selbst wenn der Hinweisgeber aus eigennützigen Motiven handeln sollte, so kann er dennoch Whistleblower sein, siehe hierzu schon Abschnitt C. I. 2. f) cc).

257 *Frank/Titz*, ZRP 2009, 137, 138; *Lutterbach*, Whistleblowing, S. 40.

258 *König*, NJW 2009, 2481; SK-StGB/*Wolters*, § 46 b, Rn. 7; MüKo-StGB/*Maier*, § 46 b Rn. 12 und 15.

derem Maße in organisierten Strukturen begangen werden[259], wie beispielsweise die Geld- und Wertzeichenfälschung nach §§ 146, 151 StGB oder die Bestechlichkeit und Bestechung im geschäftlichen Verkehr nach § 299 StGB. Hier wird zum einen sichtbar, dass die Institute Kronzeuge und Whistleblowing Instrumente im Kampf gegen beispielsweise Korruption oder „schwarze Kassen“ sein können und dabei helfen können, interne Absprachen aufzuklären oder Beziehungsgeflechte aufzudecken[260]. Damit wird aber auch ein Unterschied zum Whistleblower sichtbar, denn der Anzeigegegenstand beim Whistleblowing ist nicht auf einen enumerativ aufgezählten Deliktsbereich begrenzt, sondern bezieht sich nach der hier verwendeten Definition auf den weiten Begriff der Missstände im Sinne eines *professional dissent* bzw. auf Handlungen, die Gefahren für bestimmte Rechtsgüter darstellen können[261].

Während der Kronzeuge bei der Wahl seines Adressaten auf Strafverfolgungsbehörden beschränkt ist[262], hat der Whistleblower einen weiteren Adressatenkreis, an den er Missstände melden kann. Allen voran ist hierbei an die Weitergabe an organisationsinterne Stellen zu denken, was bei einem Kronzeugen denknotwendig ausgeschlossen ist, da es sich schon begrifflich um keinen Kronzeugen mehr handeln würde. Damit entfällt für den Kronzeugen auch die Möglichkeit der anonymen Weitergabe von Informationen, die dem Whistleblower sehr wohl möglich ist. Grund hierfür ist, dass eine Mitteilung des Kronzeugen nur dann vorliegt, wenn er sich zu seinen Angaben bekennt oder ihm diese Angaben zweifelsfrei zugeordnet werden können. Anonyme Hinweise sind dem Kronzeugen verwehrt[263].

Ein ebenfalls nicht außer Acht zu lassender Unterschied ist, dass der Whistleblower im Gegensatz zum Kronzeugen nicht durch eine eigens für ihn normierte Strafmilderungsvorschrift privilegiert ist.

259 SK-StGB/*Wolters*, § 46 b, Rn. 11; NK-StGB/*Streng*, § 46 b Rn. 8.
260 Vgl. dazu *Volk*, NJW 1996, 879.
261 Vgl. oben Abschnitt C. I. 2. f) bb).
262 Schönke/Schröder/*Kinzig*, § 46 b Rn. 10; *Fischer*, StGB, § 46 b Rn. 11.
263 MüKo-StGB/*Maier*, § 46 b Rn. 21; Schönke/Schröder/*Kinzig*, § 46 b Rn. 10; dasselbe gilt für Kronzeugen im Rahmen des Betäubungsmittelstrafrechts, vgl. Körner/*Patzak*, BtMG, § 31 Rn. 18.

Zusammenfassend ist festzustellen, dass § 46 b StGB Elemente des Whistleblowings enthält. Allerdings ist der Anwendungsbereich der Kronzeugenregelung deutlich enger als beim Whistleblowing. Insbesondere der eng begrenzte Anzeigegegenstand sowie der abgeschlossene Adressatenkreis zeigen auf, dass die Begriffe Whistleblowing und Kronzeugen nicht zwangsläufig deckungsgleich sein müssen, sich aber durchaus überschneiden können. Der Kronzeuge kann Whistleblower sein, allerdings ist nicht jeder Whistleblower auch Kronzeuge.

c) Verdeckter Ermittler

Whistleblower sind auch von verdeckten Ermittlern zu unterscheiden. Verdeckte Ermittler sind Beamte des Polizeidienstes, die unter einer Legende, also einer auf Dauer angelegten veränderten Identität, in einem Strafverfahren ermitteln, § 110 a Abs. 2 S. 1 StPO[264]. Diese geben sich als Teil einer Organisation aus, verfolgen jedoch in Wirklichkeit von vornherein nicht das Ziel, tatsächlich Teil der Organisation zu werden, sondern zielen von Anfang an darauf ab, Ermittlungen innerhalb der Struktur durchzuführen[265]. Dies ist bei einem Whistleblower, der zu einem echten Teil der Organisation wird und der nicht von Beginn seiner Tätigkeit an das Ziel hat, intern zu ermitteln, nicht der Fall. Der Whistleblower hat bei Beginn seiner Tätigkeit auch keine Kenntnis von internen Missständen und tritt schon gar nicht unter einer veränderten Identität auf.

d) V-Personen

Ebenso sind V-Personen (auch „Vertrauenspersonen", „V-Männer" oder „V-Leute" genannt) vom Whistleblower zu unterscheiden. Unter einer V-Person versteht man nach Anlage D (Punkt I. 2.2) zu den Richtlinien für das Strafverfahren und das Bußgeldverfahren (RiStBV) „eine Person, die, ohne einer Strafverfolgungsbehörde anzugehören, bereit ist, diese bei der Aufklärung von Straftaten auf längere Zeit ver-

264 SSW-StPO/*Eschelbach*, § 110 a Rn. 2; *Beulke*, Strafprozessrecht, § 12 Rn. 267; KK-StPO/*Bruns*, § 110 a Rn. 5.
265 *Hefendehl*, FS-Amelung, 617, 619.

traulich zu unterstützen, und deren Identität grundsätzlich geheim gehalten wird“[266].

V-Personen haben mit Whistleblowern gemeinsam, dass beide zwar ein Interesse daran haben, ihre Identität geheim zu halten. Doch besteht das Interesse des V-Mannes darin, seine Identität gegenüber der Öffentlichkeit nicht preiszugeben, während der zuständige Sachbearbeiter innerhalb der Strafverfolgungsbehörde sehr wohl die Identität seines V-Mannes kennt. Der Whistleblower hingegen wird oft auch kein Interesse daran haben, seine Identität gegenüber den zuständigen Behörden offenzulegen. Des Weiteren wird ein Whistleblower weder regelmäßig noch gelegentlich tätig. Seine Meldung bleibt zumeist ein Einzelfall.

e) Investigativer Journalismus

Investigativer Journalismus stellt ebenfalls keine Unterform des Whistleblowings dar. Undercover tätige Journalisten[267] weisen keine Verbindung zur betroffenen Organisation auf und sind keine Organisationsinsider[268]. Es handelt sich, ähnlich wie bei einem verdeckten Ermittler, um eine externe Person, die sich unter einem Vorwand in eine Organisation einschleicht, um Informationen zu sammeln[269]. Diese hat ebenfalls ein professionelles Interesse an einer Enthüllung. Auch hier handelt es sich nicht um Whistleblower, da – ähnlich einem verdeckten Ermittler – von vornherein kein Interesse daran besteht, ein echter Teil der Organisation zu werden, sondern vielmehr, Ermittlungen anzustellen. Hier können dieselben ablehnenden Argumente wie bereits oben beim verdeckten Ermittler angebracht werden.

---

266 Vgl. ferner BGH NJW 1984, 247; KK-StPO/*Senge*, Vor § 48 StPO Rn. 54; vgl. dazu auch SSW-StPO/*Eschelbach*, § 110 a Rn. 11; *Beulke*, Strafprozessrecht, § 21 Rn. 423.

267 So z.B. *Günther Wallraff*, der sich als Journalist „*Hans Esser*“ ausgab und bei der BILD-Redaktion in Hannover recherchierte, *Wallraff*, Der Aufmacher, S. 14 ff.

268 Vgl auch *Schemmel/Ruhmannseder/Witzigmann*, Hinweisgebersysteme, Kapitel 1 Rn. 24.

269 *Leisinger*, Whistleblowing und Corporate Reputation Management, S. 37.

f) Gerüchte und Klatsch

Beim alltäglichen Klatsch handelt es sich um negative Darstellung von Charaktereigenschaften einer nicht anwesenden Person[270]. Gerüchte sind unbestätigte Tatsachen (keine Meinungsäußerungen) über ein Geschehnis, eine Person oder über eine vermeintlich drohende Gefahr, die trotz ungewissen Wahrheitsgehalts weitererzählt werden[271]. Damit wird eine öffentliche Meinung geschaffen, gegen die sich der Betroffene kaum wehren kann und die von ihm als bedrohlich angesehen wird, da der Urheber des Gerüchts unbekannt ist[272]. Personen, die Gerüchte und Klatsch in die Welt setzen, verfolgen eigene Interessen oder wollen Feindseligkeiten schüren[273]. Das Whistleblowing ist hiervon abzugrenzen, da hierbei tatsächlich beobachtete Sachverhalte mitgeteilt werden sollen, nicht lediglich unbestätigte Geschehnisse oder vermeintliche Gefahren. Der Anzeigende kann nach dem hier vertretenen Whistleblowerbegriff nur dann als Whistleblower gelten, wenn er weder vorsätzlich noch leichtfertig falsche Informationen weiterleitet.

Ein Gerücht soll verbreitet werden und nach Möglichkeit eine Vielzahl von Adressaten erreichen. Gerade das ist dem Whistleblowing fremd, da hier die Tatsache an eine bestimmte Stelle oder Person gerichtet ist, nicht mit dem Ziel der Verbreitung, sondern der Beendigung des Missstandes. Freilich lässt sich nicht immer vermeiden, dass der Hinweis eines Whistleblowers publik wird und sich „herumspricht" oder in der Presse erscheint und damit einer breiten Masse zugänglich wird[274]. Dies ist aber nur ein Nebeneffekt des Whistleblowings, der aus Sicht des Whistleblowers notwendig ist, um sein letztendliches Ziel zu erreichen.

---

270 *Leisinger*, Whistleblowing und Corporate Reputation Management, S. 35.

271 *Scheele*, Das jüngste Gerücht, S. 91; siehe auch http://www.duden.de/rechtschreibung/Geruecht (letzter Zugriff: 20. Februar 2016).

272 *Sauerland*, Dreißig Silberlinge, S. 219; vgl. auch *Leisinger*, Whistleblowing und Corporate Reputation Management, S. 34 f.

273 Vgl. *Schemmel/Ruhmannseder/Witzigmann*, Hinweisgebersysteme, Kapitel 1 Rn. 22 f.

274 Siehe hierzu die oben aufgeführten beispielhaften Fälle unter Abschnitt B.

II. Arbeitsdefinition

Beim Whistleblower handelt es sich nach der hiesigen Arbeitsdefinition damit um:

> „Eine Person innerhalb einer privaten oder staatlichen Organisation, die interne Informationen über illegales oder illegitimes Handeln dieser Organisation, ihrer Vorgesetzter oder ihrer Mitarbeiter an interne oder externe Stellen offen oder anonym meldet ohne dabei den offiziellen Dienstweg zu beschreiten. Dabei kann es sich auch um Personen handeln, die eng mit der jeweiligen Organisation verbunden sind. Der Meldende darf hierbei nicht selbst die Möglichkeit besitzen, diesem Missstand abzuhelfen. Der Adressat hingegen muss eine Stelle oder Person sein, die diese Abhilfemöglichkeit besitzt. Anzeigegegenstand können neben illegalen Verhaltensweisen auch illegitime oder unmoralische, aber keine rein trivialen Verstöße sein. Die Motive des Whistleblowers spielen dabei keine Rolle, so dass vor allem nicht lediglich altruistisch motivierte Meldungen zu verlangen sind. Auch muss der Whistleblower keine persönlichen Nachteile in Kauf nehmen, selbst wenn diese in den meisten Fällen eine unausweichliche Konsequenz sind.“

D. Rechtslage national und international

Im Folgenden wird die bisherige Rechtslage in Deutschland im Hinblick auf das Phänomen „Whistleblowing" dargestellt. Zunächst wird die Rechtslage aus verfassungsrechtlicher Sicht beleuchtet und Grundrechte herausgearbeitet, auf die sich der Whistleblower stützen kann. Sodann wird die Situation nach geltendem Recht für Beamte und Angestellte, also aus öffentlich-rechtlicher sowie aus arbeitsrechtlicher Sicht dargestellt. Auch sollen einige wichtige Gerichtsurteile exemplarisch aufgezeigt werden. Des Weiteren werden die bisher vorgeschlagenen Gesetzesentwürfe dargestellt. Im Anschluss daran wird die Rechtslage von Whistleblowern in den USA und in Großbritannien beleuchtet.

Am 5. Juli 2016 trat die Richtlinie 2016/943 des Europäischen Parlaments und des Rates über den Schutz vertraulichen Know-Hows und vertraulicher Geschäftsinformationen (Geschäftsgeheimnisse) vor rechtswidrigem Erwerb sowie rechtswidriger Nutzung und Offenlegung in Kraft. Um den Umfang der von dieser Richtlinie ausgehenden Änderungen in Bezug auf den Begriff des Geschäftsgeheimnisses als auch auf die Strafbarkeit des Whistleblowers beleuchten zu können, ist es notwendig, zunächst die Regelungen nach deutschem Recht sowie die Strafbarkeitsrisiken des Whistleblowers darzustellen. Auf die EU-Richtlinie wird sodann in Abschnitt G. eingegangen.

I. Rechtslage in Deutschland

In Deutschland gibt es keine spezifischen Whistleblower-Gesetze oder Gesetze, die ausdrücklich den Schutz von Whistleblowern normieren. Vielmehr ist beim Whistleblowing eine Vielzahl verschiedener Gesetze tangiert, je nachdem unter welchen konkreten Umständen ein Hinweis abgegeben wird. Des Weiteren gibt es im deutschen Recht eine Vielzahl einzelner gerichtlicher Entscheidungen, die es einem potenziellen

Whistleblower schwierig machen vorauszusehen, ob und wie sein Hinweis bewertet und gegebenenfalls sanktioniert werden könnte. Gerichte greifen bei ihren Entscheidungen auf allgemeine Grundsätze zurück, so dass sich für den Whistleblower eine Rechtsunsicherheit ergibt[275]. Dem hilft auch das Bestehen einiger einzelner normierten Anzeigerechte nicht ab, die überwiegend lediglich innerbetriebliche Anzeigerechte gestatten. Eine allgemeine Normierung für den (strafrechtlichen) Schutz von Whistleblowern besteht nicht.

Im folgenden Abschnitt soll aufgezeigt werden, welche Gesetze von Whistleblowing in ihrem Regelungsbereich berührt werden sowie ein Überblick über die bisher ergangenen gerichtlichen Entscheidungen in Bezug auf Fälle des Whistleblowings in Deutschland gegeben werden. Bisher waren überwiegend Arbeitsgerichte mit Fragen rund um das Whistleblowing beschäftigt mit dem Ergebnis, dass sich die Rechtsprechung dahingehend entwickelt hat, dass Whistleblower sich zunächst intern an ihren Arbeitgeber richten müssen, bevor sie sich an die Öffentlichkeit oder an Behörden wenden.

1. Verfassungsrechtliche Grundlagen des Whistleblowings

Grundrechte sind in ihrer subjektiv-rechtlichen Dimension in erster Linie Abwehrrechte des Bürgers gegen den Staat und seine hoheitlichen Angriffe. Sie wehren also primär Staatsmacht ab[276]. Sie entfalten zunächst keine direkte horizontale Wirkung für das Verhältnis zwischen Privatpersonen[277]. Grundrechte sichern zudem eine „objektive Werteordnung“[278] bzw. verkörpern „objektivrechtliche Wertentscheidungen“[279] und haben somit neben der subjektiv-rechtlichen auch eine objektiv-rechtliche Dimension.

275 Vgl. *Deiseroth*, Zivilcourage lernen, S. 131.

276 *Sodan/Ziekow*, Öffentliches Recht, § 22 Rn. 3; *Stern*, Staatsrecht Band III/1, § 65 IV 2, S. 558 ff.; *Düsel*, Gespaltene Loyalität, S. 66.

277 *Düsel*, Gespaltene Loyalität, S. 66; *Schulz*, Whistleblowing, S. 70 f; *Groneberg*, Whistleblowing, S. 211.

278 BVerfGE 7, 198, 205; vgl. auch *Düsel*, Gespaltene Loyalität, S. 67.

279 BVerfGE 77, 170, 214.

Dies hat zur Folge, dass die Wertentscheidungen der Grundrechte und damit ihr Kerngehalt mittelbar auch zwischen Privatpersonen gelten („mittelbare Drittwirkung der Grundrechte“) und damit auf das **Privatrecht** ausstrahlen. Diese Ausstrahlungswirkung kommt im Zivilrecht durch Generalklauseln zum Vorschein, die verfassungskonform ausgelegt werden können. Zu diesen Normen gehören § 138 Abs. 1 BGB in Bezug auf die Sittenwidrigkeit, § 242 BGB hinsichtlich des Begriffs Treu und Glauben oder aber § 826 BGB im Hinblick auf die vorsätzliche sittenwidrige Schädigung[280]. Im Rahmen von Kündigungen von Arbeitnehmern können Grundrechte mittelbar bei Prüfung der Kündigungsgründe nach §§ 1 KSchG, 626 BGB Geltung erlangen[281]. Greift der Kündigungsschutz nicht, so sind die Arbeitnehmer nicht schutzlos gestellt, sondern durch die Generalklauseln der §§ 138, 242 BGB vor einer sitten- und treuwidrigen Ausübung des Kündigungsrechts des Arbeitgebers geschützt.

Anders als im Privatrecht sind Grundrechte im Rahmen des **Strafrechts** nicht nur auf eine Ausstrahlungswirkung reduziert. In den Artikeln 101 ff. GG sind die sogenannten Justizgrundrechte normiert, die sowohl das strafgerichtliche Verfahren als auch zum Teil die Gestaltung oder die Anwendung des materiellen Strafrechts anbelangen. Im Hinblick auf das materielle Recht werden nur die Abschaffung der Todesstrafe nach Art. 102 GG und der Grundsatz des Art. 103 Abs. 2 GG (*„nullum crimen, nulla poena sine lege“* – Kein Verbrechen, keine Strafe ohne Gesetz) geregelt[282]. Unter Strafen im Sinne des Art. 103 Abs. 2 GG versteht man missbilligende hoheitliche Reaktionen auf ein schuldhaftes Verhalten[283]. Der Staat tritt im Strafrecht dem Bürger in einem Über- und Unterordnungsverhältnis gegenüber, so dass es sich beim Strafrecht um einen Teil des öffentlichen Rechts handelt. Dieses teilt sich in die drei Gebiete materielles Strafrecht, Strafverfahrensrecht und Strafvollstreckungsrecht auf[284]. Neben das im Strafgesetzbuch ge-

280 *Sodan/Ziekow*, Öffentliches Recht, § 22 Rn. 14 ff.; *Düsel*, Gespaltene Loyalität, S. 67.

281 *Düsel*, Gespaltene Loyalität, S. 67.

282 *Tiedemann*, Verfassungsrecht und Strafrecht, S. 2 f.

283 BVerfGE 26, 186, 204; vgl. auch Maunz/Dürig/*Schmidt-Aßmann*, GG, Art. 103 Rn. 164.

284 MüKo-StGB/*Joecks*, Einleitung zum Strafgesetzbuch Rn. 7.

regelte Kernstrafrecht tritt das in einer Vielzahl verschiedener Gesetze enthaltene Nebenstrafrecht. Hierbei handelt es sich um Gesetze, die nicht nur Strafvorschriften enthalten, sondern zum Teil wirtschafts- und verwaltungsrechtliche Regelungen, wie das Betäubungsmittelgesetz (BtMG), die Abgabenordnung (AO) oder das Gesetz gegen den unlauteren Wettbewerb (UWG). Wie für das Kernstrafrecht gilt auch für das Nebenstrafrecht der Allgemeine Teil des Strafgesetzbuches, soweit nicht in den nebenstrafrechtlichen Gesetzen etwas anderes bestimmt ist[285].

Grundrechte begrenzen teilweise die Strafbarkeit des Verhaltens, so zum Beispiel die Meinungsfreiheit die Straftatbestände gegen die Ehre[286]. Auch sonst sind Richter verpflichtet, im Rahmen einer gegebenenfalls verfassungskonformen Auslegung der entsprechenden Vorschriften diese mit dem Grundgesetz in Einklang zu bringen.

Auch Whistleblower sind Adressaten von Grundrechten. In Betracht kommen die Grundrechte der Meinungsäußerungsfreiheit, das Petitionsrecht sowie Art. 2 Abs. 1 GG in Verbindung mit dem Rechtsstaatsprinzip.

Arbeitnehmer können sich – wie oben bereits gezeigt – bei Verstößen des Arbeitgebers nicht direkt auf Grundrechte berufen, sondern sind auf die Geltendmachung einfachgesetzlicher Mittel beschränkt.

Beamte genießen zwar auch Grundrechtsschutz, doch sind sie in der Wahrnehmung ihrer Grundrechte insoweit beschränkt, als dies für die Erhaltung eines funktionierenden Beamtenkörpers notwendig ist[287]. Sie unterliegen besonderen Dienstpflichten, die über die allgemeinen Pflichten des Bürgers hinausgehen. Diese sind in §§ 60 ff. BBG, 33 ff. BeamtStG geregelt[288]. Nach der früheren **Lehre vom besonderen Gewaltverhältnis** galten Grundrechte nicht im Dienstbetrieb. Seit der Strafvollzugentscheidung des Bundesverfassungsge-

285 MüKo-StGB/*Joecks*, Einleitung zum Strafgesetzbuch Rn. 9 f.

286 MüKo-StGB/*Joecks*, Einleitung zum Strafgesetzbuch Rn. 17.

287 BVerfGE 39, 334, 366 f.; *Gutjahr*, Whistleblowing im öffentlichen Sektor, S. 35; vgl. auch *Schnellenbach*, Beamtenrecht, § 7 Rn. 1; Wichmann/Langer/*Wichmann*, Öffentliches Dienstrecht Rn. 12.

288 *Schnellenbach*, Beamtenrecht, § 7 Rn. 1; Wichmann/Langer/*Wichmann*, Öffentliches Dienstrecht Rn. 16.

richts[289] ist diese Lehre überholt. Grundrechte binden alle Staatsgewalten als unmittelbar geltendes Recht (Art. 1 Abs. 3 GG). Eine andere Ansicht sieht eine **uneingeschränkte Geltung von Grundrechten** nicht nur im Grundverhältnis des Beamten, sondern auch im Dienstverhältnis[290]. Eine solche Ausweitung des Grundrechtsschutzes führt aber zu einer Behinderung der Funktionsfähigkeit der Verwaltung, da Beamte sich hinsichtlich dienstlicher Anordnungen auf sie berufen könnten[291].

Nach heutiger Ansicht ist zu unterscheiden zwischen Maßnahmen, die den Beamten als Individualrechtsobjekt treffen und solchen, die sich an ihn als Amts- oder Organwalter richten. Im letzteren Fall handelt der Beamte nicht für sich persönlich als Individuum, sondern für die Behörde, mit der er ein Dienstverhältnis eingegangen ist[292]. Doch ist im Beamtenverhältnis nur eine Einschränkung von Grundrechten möglich, nicht ein Grundrechtsverzicht, weil diese nicht dispositiv sind[293]. Die Beamten befinden sich in einem Sonderstatusverhältnis, welches eine Einschränkung der Grundrechte zwar grundsätzlich erlaubt. Mit Art. 33 Abs. 5 GG besteht durch die hergebrachten Grundsätze des Berufsbeamtentums eine Grundrechtsschranke für Beamte. Für die Einschränkung bedarf es noch einer einfachgesetzlichen Grundlage[294]. Bei Grundrechten mit einem Gesetzesvorbehalt folgt die Einschränkung aus den Beamtengesetzen selbst. Fehlt ein Gesetzesvorbehalt, so folgt die Einschränkung direkt aus Art. 33 Abs. 5 GG[295]. Machen Beamte von einem ihnen zustehenden Grundrecht Gebrauch, so kann dies mit den hergebrachten Grundsätzen des Berufsbeamten-

289 BVerfGE 33, 1, 9 ff.; Wichmann/Langer/*Wichmann*, Öffentliches Dienstrecht Rn. 13; *Schnellenbach*, Beamtenrecht, § 7 Rn. 2.

290 *Teufel*, ZBR 1981, 20, 26 f.; *Rottmann* ZBR 1983, 77, 86 ff.; vgl. hierzu auch Wichmann/Langer/ *Wichmann*, Öffentliches Dienstrecht Rn. 14.

291 Wichmann/Langer/*Wichmann*, Öffentliches Dienstrecht Rn. 14.

292 Wichmann/Langer/*Wichmann*, Öffentliches Dienstrecht Rn. 15.

293 *Schnellenbach*, Beamtenrecht, § 7 Rn. 2.

294 *Gutjahr*, Whistleblowing im öffentlichen Sektor, S. 37; vgl. auch *Müller*, NZA 2002, 424, 426; *Schulz*, Whistleblowing, S. 115.

295 *Schnellenbach*, Beamtenrecht, § 7 Rn. 2; *Gutjahr*, Whistleblowing im öffentlichen Sektor, S. 37.

tums kollidieren, so dass es einer Güterabwägung im Wege der praktischen Konkordanz bedarf[296].

a) Art. 5 Abs. 1 S. 1 GG – Meinungsfreiheit

Nach Art. 5 Abs. 1 S. 1 GG hat jeder das Recht, seine Meinung in Wort, Schrift und Bild frei zu äußern und zu verbreiten. Es handelt sich dabei um ein für die freiheitlich-demokratische Grundordnung schlechthin konstituierendes Grundrecht, welches „durch ständige geistige Auseinandersetzung, den Kampf der Meinungen, der ihr Lebenswert ist", ermöglicht[297] und als „eines der vornehmsten Menschenrechte überhaupt" gilt[298].

Unter dem Begriff Meinung versteht man Werturteile jeder Art und Thematik, wobei es auf Richtigkeit, Inhalt und darauf, auf welchen Gegenstand sie sich beziehen, nicht ankommt. Diese Werturteile können private oder öffentliche Angelegenheiten betreffen, wertlos- oder wertvoll und sogar beleidigend und polemisch sein[299]. Ein Whistleblower tut allerdings nicht nur seine Meinung im Sinne eines Werturteils kund, sondern trägt vor allen Dingen Tatsachenbehauptungen nach außen. Tatsachen sind gerade keine Meinungen, da sie objektiv und einem Wahrheitsbeweis zugänglich sind. Tatsachen sind entweder richtig oder falsch, wahr oder unwahr, Meinungen hingegen können nicht an einem solchen Maßstab gemessen werden[300]. Allerdings sind auch Tatsachen vom Schutzbereich des Art. 5 Abs. 1 GG umfasst, wenn und soweit sie Voraussetzung der Meinungsbildung sind[301].

Whistleblowing stellt eine spezielle Form der Meinungsäußerung dar[302]. Anzeigen und Beschwerden fallen in den Schutzbereich des

296 *Gutjahr*, Whistleblowing im öffentlichen Sektor, S. 36 f.
297 BVerfGE 7, 198, 208; *Gutjahr*, Whistleblowing im öffentlichen Sektor, S. 37 f.
298 BVerfGE 7, 198, 208; 20, 56, 97; 69, 315, 344; *Kloepfer*, Grundrechte, § 61 Rn. 2.
299 BVerfGE 61, 1, 8; 65, 1, 41; vgl. auch *Pieroth/Schlink*, Grundrechte, § 13 II 1 Rn. 550.
300 *Kloepfer*, Grundrechte, § 61 Rn. 6.
301 BVerfGE 54, 208, 219 ff.; 85, 1, 15; *Schulz*, Whistleblowing, S. 75; *Groneberg*, Whistleblowing, S. 212.
302 Maunz/Dürig/*Grabenwarter*, GG, Art. 5 Rn. 183; *Groneberg*, Whistleblowing, S. 212.

Art. 5 Abs. 1 GG[303], nicht aber anonyme Anzeigen, bei denen der Anzeigende nicht nach Außen tritt, dadurch nicht seine Meinung kundtun möchte und somit auch nicht an einer geistigen Auseinandersetzung teilnehmen will[304]. Ebenfalls erwiesen oder bewusst unwahre Tatsachenbehauptungen werden nicht umfasst[305]. Auch in den Schutzbereich fällt das Recht, Missstände im öffentlichen Leben, vor allem Rechtsverstöße der öffentlichen Hand, zu melden mit dem Ziel ihrer Abstellung. Allerdings ist es erforderlich, dass hier zunächst ein interner Klärungsversuch stattfindet, bevor die Information an die Öffentlichkeit gelangt[306].

Die Meinungsfreiheit kann nach Art. 5 Abs. 2 GG durch allgemeine Gesetze eingeschränkt werden. Hierzu gehören auch die **beamtenrechtlichen Bestimmungen**, wie die Verfassungstreuepflicht (§ 33 Abs. 1 S. 3 BeamtStG), die Gehorsamspflicht (§ 35 BeamtStG) sowie die Verschwiegenheitspflicht (§ 37 BeamtStG) und nach dem Bundesarbeitsgericht auch die Grundregeln des **Arbeitsverhältnisses** wie der Treuepflicht, der Pflicht des Arbeitnehmers, die Arbeitgeberinteressen nicht zu beeinträchtigen und den Betriebsfrieden zu wahren[307]. Nach der Wechselwirkungslehre müssen die Gesetze im Lichte der Bedeutung des eingeschränkten Grundrechts interpretiert werden, wobei dem Grundrecht der Meinungsfreiheit ein hoher Stellenwert zukommt[308].

Festzustellen ist, dass ein Whistleblower bei seiner Meldung das Grundrecht auf freie Meinungsäußerung wahrnimmt[309].

---

303 *Düsel*, Gespaltene Loyalität, S. 70; *Gutjahr*, Whistleblowing im öffentlichen Sektor, S. 38.

304 BAG NJW 2004, 1547, 1549; *Groneberg*, Whistleblowing, S. 212.

305 BVerfGE 54, 208, 219; 61, 1, 8; 85, 1, 15; vgl. auch *Müller*, NZA 2002, 424, 430.

306 BGH NJW 1966, 1227 (Fall *Pätsch*); *Brock*, öAT 2011, 243, 245. Diese Grundsätze wurden vom Bundesverfassungsgericht bestätigt: BVerfG NJW 1970, 1498 (Fall *Pätsch*).

307 BAGE 1, 185, 194; BAG NJW 1984, 1142; a.A. *Müller*, NZA 2002, 424, 430; *Schulz*, Whistleblowing, S. 116.

308 *Groneberg*, Whistleblowing, S. 212 f.; vgl. auch Jarass/Pieroth/*Jarass*, GG, Vorb. vor Art. 1 Rn. 45 und Art. 5 Rn. 69; Sachs/*Bethge*, GG, Art. 5 Rn. 145 ff.

309 Moll/*Dendorfer*-MAH-Arbeitsrecht, § 35 Rn. 128.

b) Art. 2 Abs. 1 GG in Verbindung mit Art. 20 Abs. 3 GG

In Fällen von gutgläubigen, also nicht wissentlich unwahren oder leichtfertigen Strafanzeigen gegen seinen Arbeitgeber übt der Hinweisgeber sein Grundrecht der allgemeinen Handlungsfreiheit nach Art. 2 Abs. 1 GG in Verbindung mit dem Rechtsstaatsprinzip aus Art. 20 Abs. 3 GG aus[310]. Im Rechtsstaat gibt es für den Bürger keine Möglichkeit, Selbstjustiz auszuüben, es sei denn diese Ausnahmetatbestände sind gesetzlich normiert, so wie Notwehr, Nothilfe und Notstand der §§ 32 ff. StGB oder das in der Strafprozessordnung geregelte Festnahmerecht nach § 127 StPO. Die Durchsetzung von Recht bleibt der Staatsgewalt vorbehalten („Gewaltmonopol des Staates“)[311], so dass dem Bürger im Falle eines Verdachts einer Straftat nur die Möglichkeit bleibt, eine Strafanzeige zu erstatten und gegebenenfalls als Zeuge zu agieren, so dass er grundrechtlich geschützt werden muss. Der Schutzbereich des Art. 2 Abs. 1 in Verbindung mit Art. 20 Abs. 3 GG ist damit eröffnet, so dass der Whistleblower sich auch hierauf berufen kann. Im Rahmen einer weitergehenden grundrechtlichen Abwägung sind die Interessen des Arbeitnehmers mit den Interessen des Arbeitgebers (insbesondere) nach Art. 12 Abs. 1 GG miteinander abzuwägen[312].

c) Art. 17 GG – Petitionsrecht

Art. 17 GG statuiert, dass jedermann das Recht hat, individuell oder mit anderen gemeinschaftlich, schriftliche Bitten oder Beschwerden an staatliche Stellen und an die Volksvertretung zu wenden. Dabei muss es sich nicht um individuelle Anliegen handeln; genauso können allgemeine Anliegen angebracht werden und solche, die auch für andere rechtserheblich sind[313], wobei nicht lediglich die Mitteilung eines Rechtsverstoßes unter Art. 17 GG fällt, sondern eine konkrete Bitte

310 BVerfG NJW 2001, 3474, 3475; BAG NJW 2004, 1547, 1549; vgl. auch *Müller*, NZA 2002, 424, 430.

311 BAG NJW 2004, 1547, 1549.

312 Vgl. dazu *Groneberg*, Whistleblowing, S. 213.

313 Jarass/Pieroth/*Jarass*, GG, Art. 17 Rn. 1; vgl. auch *Stein*, BB 2004, 1961, 1963; *Deiseroth*, Whistleblowing in Zeiten von BSE, S. 180.

zum Tätigwerden[314]. Äußert ein Whistleblower das Verhalten einer staatlichen Stelle wegen des rechtswidrigen Verhaltens seines Arbeitgebers, so ist der Schutzbereich des Art. 17 GG eröffnet[315]. Petitionsadressaten sind Parlamente und „zuständige Stellen". Darunter sind alle Stellen und Behörden öffentlich-rechtlicher Einrichtungen zu verstehen[316]. Das Petitionsrecht unterliegt verfassungsimmanenten Schranken und ist vor allem mit Art. 12 Abs. 1 GG abzuwägen[317]. Das Petitionsrecht besteht auch für Beamte und ist mit Art. 33 Abs. 5 GG nach den Grundsätzen der praktischen Konkordanz zu lösen. Bei dienstbezogenen Petitionen ist der Beamte verpflichtet, zunächst den internen Dienstweg zu beschreiten[318].

Zu beachten ist, dass Petitionen der Schriftform, also auch der Unterschrift des Petenten bedürfen, so dass anonyme Eingaben keine Petitionen darstellen und damit vom Schutzbereich des Art. 17 GG nicht umfasst werden[319].

Damit ist beim Whistleblowing – sofern es sich um kein anonymes Whistleblowing handelt – auch das Petitionsrecht nach Art. 17 GG tangiert.

2. Öffentlich-rechtliche Ebene

In der Literatur und Rechtsprechung beschränkt sich die Diskussion um Whistleblowing vor allem auf Arbeitnehmer und arbeitsrechtliche Konsequenzen eines Hinweises nach außen oder außerhalb des offiziellen Dienstweges. Der Rechtslage von Beamten wird wenig Aufmerksamkeit geschenkt, obwohl diese, ebenso wie Arbeitnehmer, als potenzielle Whistleblower in Betracht kommen. Beamte unterliegen durch die hergebrachten Grundsätze des Berufsbeamtentums nach Art. 33

314 *Rudkowski*, CCZ 2013, 204, 205; vgl. auch Sodan/*Sodan*, GG, Art. 17 Rn. 2.

315 *Schulz*, Whistleblowing, S. 78; vgl. auch *Stein*, BB 2004, 1961, 1963; *Müller*, NZA 2002, 424, 430 f.; *Groneberg*, Whistleblowing, S. 214.

316 *Groneberg*, Whistleblowing, S. 215; Schmidt-Bleibtreu/Hofmann/Henneke/*Gnatzy*, GG, Art. 17 Rn. 11.

317 Sodan/*Sodan*, GG, Art. 17 Rn. 6; *Groneberg*, Whistleblowing, S. 215.

318 *Schulz*, Whistleblowing, S. 117; Schmidt-Bleibtreu/Hofmann/Henneke/*Gnatzy*, GG, Art. 17 Rn. 19.

319 Sachs/*Pagenkopf*, GG, Art. 17 Rn. 9; Sodan/*Sodan*, GG, Art. 17 Rn. 2.

Abs. 5 GG verfassungsrechtlich einer starken Pflichtenbindung[320]. Der Beamte steht in einem Über- und Unterordnungsverhältnis seinem Dienstherrn gegenüber und schuldet ihm pflichtgemäße Diensterfüllung, sowie Loyalität und Treue[321]. Meinungsäußerungen über Missstände oder Gesetzesverstöße von Angehörigen des öffentlichen Dienstes, die im Rahmen der Tätigkeit für den Dienstherrn erlangt worden sind, unterliegen besonderen Schranken. Die Amtsverschwiegenheit, die „Wohlverhaltensklausel" sowie das Prinzip der Einhaltung des Dienstwegs stehen einer Kundgabe von behördeninternen Missständen nach außen entgegen[322]. Vorschriften für Beamte finden sich im Bundesbeamtengesetz (BBG) für Bundesbeamte und im Beamtenstatusgesetz (BeamtStG) und den jeweiligen Landesgesetzen für Landesbeamte.

Das BBG und das BeamtStG, welche 2009 in Kraft getreten sind, beinhalten bedeutsame Änderungen, die im Hinblick auf Korruptionsstraftaten Ausnahmen des Verschwiegenheitsgrundsatzes statuieren[323]. Eine ähnliche Regelung für Arbeitnehmer mit einem neuen § 612 a n.F. BGB wurde, wie oben bereits erwähnt, bisher nicht eingeführt[324].

a) Amtsverschwiegenheit

Beamte sind nach §§ 4 BBG, 3 Abs. 1 BeamtStG ihrem Dienstherrn zur Treue verpflichtet. Nach §§ 67 Abs. 1 S. 1 BBG, 37 Abs. 1 S. 1 BeamtStG unterliegen sie hinsichtlich dienstlicher Angelegenheiten, die ihnen bei oder bei Gelegenheit ihrer amtlichen Tätigkeit bekannt geworden sind, einer **Verschwiegenheitsverpflichtung**. Bei der Verschwiegenheitspflicht handelt es sich um einen hergebrachten Grundsatz des Berufsbeamtentums[325]. Nach §§ 67 Abs. 3 S. 1 BBG, 37 Abs. 3 S. 1 BeamtStG dürfen Beamte ohne Genehmigung über Angelegenheiten nach Absatz 1 weder gerichtlich noch außergerichtlich aussagen oder Erklärungen abgeben. Diese Regelungen gelten nach §§ 67 Abs. 1

320 *Gutjahr*, Whistleblowing im öffentlichen Sektor, S. 2, 29; *Groneberg*, Whistleblowing, S. 210.
321 Maunz/Dürig/*Badura*, GG, Art. 33 Rn. 66.
322 Maunz/Dürig/*Grabenwarter*, GG, Art. 5 Rn. 183 f.
323 Vgl. dazu Abschnitt D. I. 2. e).
324 Vgl. dazu *Király*, FÖV 57, S. 2.
325 BVerfG NJW 1970, 1498, 1500 (Fall *Pätsch*); *Reich*, BeamtStG, § 37 Rn. 2.

S. 2 BBG, 37 Abs. 1 S. 2 BeamtStG auch nach Beendigung des Beamtenverhältnisses. Verschwiegenheitspflichtige Angelegenheiten sind nach dem Wortlaut des §§ 67 Abs. 1 S. 1 BBG, 37 Abs. 1 S. 1 BeamtStG („bei oder bei Gelegenheit ihrer amtlichen Tätigkeit bekannt gewordenen dienstlichen Angelegenheiten“) umfassend zu verstehen. Die Pflicht besteht gegenüber jedermann, mit Ausnahme von Vorgesetzten und Kollegen, die aus dienstlichen Gründen mit der Angelegenheit selbst befasst sind[326]. Damit sind ohne entsprechende Genehmigung Aussagen gegenüber Privatpersonen, Strafverfolgungsbehörden, Gerichten und Medien verboten[327]. Ausnahmen vom Grundsatz der Amtsverschwiegenheit bestehen zum einen bei offenkundigen Tatsachen sowie bei der Pflicht zur Anzeige der in § 138 StGB aufgezählten Straftaten[328].

Der Beamte hat den **Dienstweg** nach § 125 BBG einzuhalten. Die Verschwiegenheitspflicht und das Dienstwegprinzip schränken die Grundrechte der Beamten auf Meinungsäußerungsfreiheit nach Art. 5 Abs. 1 S. 1 GG sowie das Petitionsrecht nach Art. 17 GG ein, indem der Beamte sich hierauf nicht berufen kann, wenn er Tatsachen nicht als Staatsbürger, sondern als Amtsträger offenbart, die unter die Verschwiegenheitsverpflichtung fallen[329]. Die Meinungsäußerungsfreiheit findet nach Art. 5 Abs. 2 GG ihre Schranken in den Vorschriften der allgemeinen Gesetze. Zu diesen allgemeinen, nicht speziell auf die Einschränkung der Meinungsfreiheit abzielenden Gesetzen gehören auch die §§ 33 ff. BeamtStG, 60 ff. BBG[330]. Die Wahrnehmung von Grundrechten von Beamten findet schließlich ihre Grenzen dort, wo dies die Pflicht zur Erhaltung eines intakten und verlässlichen Beamtenkörpers erfordert[331].

Ein Beamter, der Gesetzesverstöße nach Außen trägt und nicht seinem Vorgesetzten oder einem aus dienstlichen Gründen befassten

326 *Battis*, BBG, § 67 Rn. 6; vgl. auch *Király*, FÖV 57, S. 4.

327 *Király*, FÖV 57, S. 4 f.

328 *Groneberg*, Whistleblowing, S. 210.

329 *Schnellenbach*, Beamtenrecht, § 7 Rn. 22, 25; *Nordmann*, PH 2006, 49, 52.

330 BVerfGE 39, 334, 370; *Schnellenbach*, Beamtenrecht, § 7 Rn. 23.

331 BVerfGE 39, 334, 370; *Gutjahr*, Whistleblowing im öffentlichen Sektor, S. 35.

Kollegen mitteilt, verstößt gegen die aus den hergebrachten Grundsätzen des Beamtentums resultierenden Amtsverschwiegenheitspflicht[332].

Angestellte des öffentlichen Dienstes unterliegen einer tarifvertraglich festgelegten Verschwiegenheitsverpflichtung nach §§ 3 Abs. 1 TVöD und 3 Abs. 2 TVL. Danach haben Beschäftigte über Angelegenheiten, deren Geheimhaltung durch gesetzliche Vorschriften vorgesehen oder vom Arbeitgeber angeordnet ist, Verschwiegenheit zu wahren[333]. Diese Verpflichtung gilt auch nach der Beendigung des Arbeitsverhältnisses. Des Weiteren können sich Verschwiegenheitspflichten – wie bei allen anderen Arbeitnehmern auch – aus dem Arbeitsvertrag ergeben[334]. Arbeitsverträge enthalten oft die Verpflichtung zur Rücksichtnahme der geschäftlichen Interessen und der Unternehmensgeheimnisse des Arbeitgebers nach dem Grundsatz von Treu und Glauben im Sinne des § 242 BGB sowie die Verpflichtung, Schäden des Arbeitgebers abzuwenden[335]. Aus den beiderseitigen Rücksichtnahmepflichten nach § 241 Abs. 2 BGB ergibt sich für den Arbeitnehmer die Pflicht zur Rücksichtnahme der Belange des Arbeitgebers, also hinsichtlich derjenigen Umstände, deren Geheimhaltung in seinem Interesse liegt[336]. Diese Pflicht wird ergänzt durch die Pflicht zur Wahrung der Geschäfts- und Betriebsgeheimnisse nach § 17 UWG[337]. Der Schutzbereich des § 17 UWG ist allerdings auf Betriebs- und Geschäftsgeheimnisse begrenzt, die arbeitsrechtliche Nebenpflicht hingegen umfasst alle Umstände, die nach den Interessen des Arbeitnehmers geheim bleiben sollen[338]. Unter diese Art von Umständen fallen auch Missstände oder Gesetzesverletzungen durch den Arbeitgeber oder durch Kollegen[339]. Die folgenden Grundsätze sind sinngemäß

---

332 *Schnellenbach*, Beamtenrecht, § 7 Rn. 25.

333 Vgl. dazu auch *Brock*, öAT 2011, 243, 244.

334 *Király*, FÖV 57, S. 6 f.

335 *Düsel*, Gespaltene Loyalität, S. 145; *Gach/Rützel*, BB 1997, 1959, 1961; Schaub/*Linck*, Arbeitsrechtshandbuch, § 55 Rn. 51; MünchArbR/*Reichold*, § 48 Rn. 1; Küttner/*Kania*, Personalbuch 2014, Verschwiegenheitspflicht Rn. 2.

336 Schaub/*Linck*, Arbeitsrechtshandbuch, § 55 Rn. 51; MünchArbR/*Reichold*, § 48 Rn. 32.

337 Küttner/*Kania*, Personalbuch 2014, Verschwiegenheitspflicht Rn. 2; MünchArbR/*Reichold*, § 48 Rn. 32.

338 *Király*, FÖV 57, S. 6 f.; *Düsel*, Gespaltene Loyalität, S. 145.

339 MünchArbR/*Reichold*, § 48 Rn. 38.

und im Wesentlichen auch auf Angestellte des öffentlichen Dienstes zu übertragen, um Wertungswidersprüche zu vermeiden[340].

b) Verhaltensklausel nach §§ 61 Abs. 1 BBG, 34 BeamtStG

Nach §§ 61 Abs. 1 BBG, 34 BeamtStG haben sich Beamte mit vollem persönlichen Einsatz ihrem Beruf zu widmen und das ihnen übertragene Amt uneigennützig nach bestem Gewissen wahrzunehmen, wobei ihr Verhalten innerhalb und außerhalb des Dienstes der Achtung und dem Vertrauen gerecht werden muss, die ihr Beruf erfordert. Die Pflicht zur Achtung ist verletzt, wenn der Dienstweg verlassen wird und stattdessen die „Flucht in die Öffentlichkeit" gewählt wird[341]. Den Beamten trifft eine Pflicht zur Verschwiegenheit hinsichtlich aller Angelegenheiten, die ihm im Rahmen seiner amtlichen Tätigkeit bekannt werden[342].

c) § 63 Abs. 2 BBG und § 36 Abs. 2 BeamtStG

In § 63 Abs. 2 BBG und in § 36 Abs. 2 BeamtStG ist die Remonstrationspflicht des Beamten geregelt. Bei Bedenken gegen die Rechtmäßigkeit dienstlicher Anordnungen hat dieser der Remonstrationspflicht in einem vorgegebenen Verfahren nachzukommen[343] und sich unverzüglich bei dem unmittelbaren Vorgesetzten zu melden. Sollte die Anordnung weiterhin aufrecht erhalten bleiben, so bleibt dem Beamten die Möglichkeit, sich an den nächsthöheren Vorgesetzten zu wenden. Erhält der nächsthöhere Vorgesetzte die Anordnung wiederum aufrecht, so ist der Beamte verpflichtet, diese auszuführen, ist dabei aber von seiner Verantwortung befreit. Dies gilt allerdings nicht, wenn es sich um eine Anordnung handelt, die erkennbar die Würde des Menschen verletzt oder eine Straftat bzw. Ordnungswidrigkeit darstellt.

Diese Regelungen könnten auf den ersten Blick als ausdrückliche Anordnung für ein internes Whistleblowing verstanden werden. Nach der hier vertretenen Definition handelt es sich um den üblichen

340 Rotsch/*Rotsch*/*Wagner*, Criminal Compliance, § 34 C Rn. 28.
341 *Battis*, BBG, § 61 Rn. 11; Maunz/Dürig/*Grabenwarter*, GG, Art. 5 Rn. 184.
342 Vgl. dazu BVerfG NJW 1970, 1498, 1499 (Fall *Pätsch*).
343 *Battis*, BBG, § 63 Rn. 1.

Dienstweg, der von dem Hinweisgeber beschritten wird und damit nicht um (internes) Whistleblowing. Anders wäre der Fall zu betrachten und damit als ein Fall des internen Whistleblowings zu qualifizieren, wenn der hinweisgebende Beamte sich nicht an seinen Vorgesetzten wenden würde, sondern direkt an eine höhere Hierarchiestufe.

d) Dienstwegprinzip gemäß § 125 BBG und § 36 Abs. 2 BeamtStG

Äußerungen gegenüber den **Vorgesetzten** sind nicht pflichtwidrig. § 125 Abs. 1 BBG legt fest, dass Beamte Anträge und Beschwerden vorbringen können, hierbei aber den Dienstweg einzuhalten haben. Ihnen steht der Beschwerdeweg bis zur obersten Dienstbehörde offen. Im Falle einer Beschwerde gegen den unmittelbaren Vorgesetzten kann eine Beschwerde nach § 125 Abs. 2 BBG beim nächsthöheren Vorgesetzten unmittelbar eingereicht werden. Bei § 125 BBG handelt es sich um eine Ausprägung des Petitionsrechts, welche nicht nur dem Beamten selbst, sondern auch der Verwaltungskontrolle dient[344]. Zu beachten ist, dass Beamte im Ruhestand nicht an den Dienstweg gebunden sind, sondern nur aktive Beamte[345].

Neben diesem Antrags- und Beschwerderecht haben Beamte und Angehörige des öffentlichen Dienstes ein Anregungs- und Beschwerderecht beim Personalrat nach § 68 Abs. 1 Nr. 3 BPersVG sowie das allgemeine Petitionsrecht nach Art. 17 GG[346]. Letzteres steht zwar jedermann zu, ist bei Beamten allerdings dahingehend einzuschränken, dass Beamte bei Petitionen, die sich auf den innerdienstlichen Bereich beziehen, zwingend den Dienstweg einzuhalten haben. Damit stellt § 125 BBG eine Konkretisierung des Art. 17 GG dar. Dies gilt allerdings nicht bei Petitionen, die außerdienstliche Angelegenheiten zum Inhalt haben, so dass Beamte sich in diesen Fällen auch auf Art. 17 GG berufen können[347]. Da aber außerdienstliche Angelegenheiten vom oben definierten Begriff des Whistleblowings nicht umfasst werden, sondern nur organisationsinterne Informationen, ist bei Beamten, die

344 *Battis*, BBG, § 125 Rn. 3.
345 *Battis*, BBG, § 125 Rn. 5.
346 *Battis*, BBG, § 125 Rn. 3.
347 *Battis*, BBG, § 125 Rn. 4; v. Mangoldt/Klein/Starck/*Brenner*, GG, Art. 17 Rn. 59.

als Whistleblower fungieren, Art. 17 GG nicht von Bedeutung, sondern vielmehr die einfachgesetzliche Konkretisierung nach § 125 BBG.

e) § 67 Abs. 2 S. 1 Nr. 3 BBG und § 37 Abs. 2 S. 1 Nr. 3 BeamtStG

Im Bereich des Whistleblowings relevante explizit geregelte Ausnahmen vom Grundsatz der Einhaltung des Dienstwegs nach § 125 BBG stellen die §§ 67 Abs. 2 S. 1 Nr. 3 BBG, 37 Abs. 2 S. 1 Nr. 3 BeamtStG dar. Die Verschwiegenheitsverpflichtung gilt hiernach nicht bei Anzeigen eines schweigepflichtigen Beamten an die zuständige oberste Dienstbehörde gemäß § 3 Abs. 1 BBG, gegenüber Strafverfolgungsbehörden oder gegenüber einer von der obersten Dienstbehörde (bei Bundesbeamten) bzw. durch Landesrecht (bei Landesbeamten) bestimmten weiteren Behörde oder außerdienstlichen Stelle, wenn ein durch Tatsachen begründeter Verdacht von Korruptionsstraftaten nach §§ 331 bis 337 StGB angezeigt wird. Dieser abgeschlossene Katalog von Straftaten beinhaltet die Straftatbestände Vorteilsannahme (§ 331 StGB), Bestechlichkeit (§ 332 StGB), Vorteilsgewährung (§ 333 StGB), Bestechung (§ 334 StGB), die besonders schweren Fälle der Bestechlichkeit und Bestechung (§ 335 StGB), das Unterlassen der Diensthandlung (§ 336 StGB) sowie die Vergütung eines Schiedsrichters (§ 337 StGB) als Vorteil im Sinne der §§ 331 bis 335 StGB. Weitere Straftatbestände sind hiervon aber nicht umfasst.

Unter den Begriff der außerdienstlichen Stelle fallen beispielsweise **Ombudsleute**. Das sind behörden- oder verwaltungsexterne Personen, die weisungsunabhängig Hinweise über Korruptionsstraftaten entgegennehmen. Dabei handelt es sich häufig um Rechtsanwälte (sogenannte Vertrauensanwälte), die nach § 43 a Abs. 2 BRAO hinsichtlich aller Informationen, die ihnen in Ausübung ihres Berufs bekanntgeworden sind, zur Verschwiegenheit verpflichtet sind[348]. Zudem haben Rechtsanwälte ein Zeugnisverweigerungsrecht gemäß § 53 Abs. 1 Nr. 3 StPO. Der Whistleblower kann bei Vertrauensanwälten sicher sein, dass diese die abgegebenen Geheimnisse bzw. die Identität des Hinweisgebers selbst nicht weitergeben, da eine Verletzung dieser Ver-

348 *Battis*, BBG, § 67 Rn. 10; *Király*, FÖV 57, S. 19.

schwiegenheitsverpflichtung zu einer Strafbarkeit des Vertrauensanwalts nach § 203 Abs. 1 Nr. 3 StGB führen würde[349].

Des Weiteren hat der Beamte nach §§ 67 Abs. 2 S. 2 BBG, 37 Abs. 2 S. 2 BeamtStG die Verpflichtung, der Anzeigepflicht nach § 138 StGB hinsichtlich der dort aufgezählten Delikte nachzukommen sowie für die Erhaltung der freiheitlich demokratischen Grundordnung einzutreten.

Hinweise von einzelnen Beamten direkt an **Medien** stellen hingegen eine Pflichtverletzung dar. § 70 BBG regelt, dass die Leitung der Behörde Auskünfte an die Medien erteilen darf. Der einzelne Beamte hingegen unterliegt der Amtsverschwiegenheit. Die Medien haben zwar einen nach Art. 5 Abs. 1 S. 1 GG grundrechtlich geschützten und beispielsweise in § 4 LPresseG-BW einfachgesetzlich geregelten Informationsanspruch, bei Tatsachen, die der Amtsverschwiegenheitspflicht unterliegen oder bei denen ein Interesse an der Geheimhaltung besteht, tritt dieser aber zurück[350]. In Ausnahmefällen kann die Einschaltung der Medien aber nach Art. 5 Abs. 1 GG gerechtfertigt sein. Hierzu hat das Bundesverfassungsgericht mit Beschluss vom 28. April 1970[351] entschieden, dass Beamte und Angestellte des öffentlichen Dienstes bei vermuteten Verfassungsverstößen innerhalb der Behörde sich nicht sofort an die Öffentlichkeit wenden können, sondern zuvor gewisse Vorbedingungen erfüllt sein müssen. Zunächst muss der Beamte oder Angestellte des öffentlichen Dienstes die internen Abhilfemöglichkeiten ausschöpfen – also den Dienstweg nach § 125 BBG einhalten –, bevor er sich an die Öffentlichkeit wendet. Eine Ausnahme hiervon ist lediglich bei „schweren Verstößen gegen den Kernbereich des Verfassungsrechts“ gegen „oberste Rechts- und Verfassungswerte“ gegeben[352]. Das Bundesverfassungsgericht argumentiert, dass hierbei die Bedürfnisse nach einer geordneten öffentlichen Verwaltung sowie nach der freien Meinungsäußerung genüge getan wird und dabei sowohl das Treue- und Loyalitätsverhältnis berücksichtigt wird, ebenso aber der Weg zur Offenbarung von Verfassungsverstößen nicht für alle Zeit verschlossen

349 *Király*, FÖV 57, S. 19 f.

350 *Battis*, BBG, § 70 Rn. 2; *Király*, FÖV 57, S. 21 f.

351 BVerfG NJW 1970, 1498 ff. (Fall *Pätsch*). In demselben Beschluss stellte das Bundesverfassungsgericht fest, dass § 353 b StGB verfassungsmäßig ist.

352 BVerfG NJW 1970, 1498, 1500 (Fall *Pätsch*).

bleibt. Der Weg führt damit zunächst über den Vorgesetzten, sofern vorausgesetzt werden kann, dass dieser Beachtung schenkt. Sollte dies nicht der Fall sein, so führt der Weg über den Dienstweg bis hin zu dem für die Tätigkeit der Behörde verantwortlichen Minister bzw. an einen Abgeordneten oder mittels einer Petition an das Parlament[353].

Bei Anzeigen gegenüber **Strafverfolgungsbehörden** gilt die Verschwiegenheitsverpflichtung nach §§ 67 Abs. 1 BBG, 37 Abs. 1 BeamtStG nicht, wenn eine Korruptionsstraftat nach §§ 331 bis 337 StGB angezeigt wird. Bei wissentlich oder leichtfertig unwahren Tatsachen entfällt diese Berechtigung. Anzeigen anderer Straftaten fallen nicht unter diesen Ausnahmetatbestand und sind daher von der Verschwiegenheitspflicht umfasst[354].

Die Bundestagsfraktion BÜNDNIS 90/DIE GRÜNEN forderte die Einführung eines § 67 a BBG und eines § 37 a BeamtStG („Anzeigerecht bei rechtswidrigen Diensthandlungen") mit der Begründung, dass eine Reduzierung auf die Befreiung von der Verschwiegenheitspflicht lediglich bei Korruptionsstraftaten nach §§ 331 – 337 StGB, der Anzeige von Katalogtaten nach § 138 StGB sowie bei einer Bedrohung für die freiheitliche demokratische Grundordnung (§ 67 Abs. 2 BBG) nicht weit genug greife. Darüber hinaus gäbe es keine weiteren Regelungen. Weiter solle die Bevölkerung darauf vertrauen können, dass Beamte im Falle schwerwiegenden behördlichen Verhaltens oder Missstands von einer Meldebefugnis Gebrauch machen können[355]. Hierbei blieb es lediglich bei dem genannten Gesetzesvorschlag. Die weitreichenden Änderungen wurden nie geltendes deutsches Recht.

f) Zwischenergebnis

Als Zwischenergebnis ist festzustellen, dass auf öffentlich-rechtlicher Ebene eine Meldung von Missständen nach Außen nach geltendem Recht nur in eng umgrenzten Fällen möglich ist und bis auf die spezi-

353 BVerfG NJW 1970, 1498, 1501 (Fall *Pätsch*).

354 *Király*, FÖV 57, S. 24 f.

355 Vgl. hierzu auch die Begründung des Gesetzentwurfs der Bundesfraktion BÜNDNIS 90/DIE GRÜNEN hinsichtlich eines Whistleblower-Schutzgesetzes, BT-Drucks. 17/9782, S. 8 und 11 ff.

ellen Regelungen nach §§ 67 Abs. 2 S. 1 Nr. 3 BBG, 37 Abs. 2 S. 1 Nr. 3 BeamtStG keine (generelle) Befugnis zum Whistleblowing besteht.

3. Arbeitsrechtliche Ebene

a) Gerichtliche Entscheidungen

Im Arbeitsrecht gibt es mittlerweile eine beträchtliche Anzahl an Entscheidungen zum Whistleblowing. Hier stehen sich verschiedene Interessen gegenüber, die unweigerlich zu einem Konflikt führen. Zum einen das Interesse des Arbeitgebers an der Geheimhaltung von Missständen, zum anderen das Interesse des Whistleblowers und unter Umständen der Öffentlichkeit an der Aufklärung bzw. Beseitigung des Missstandes[356]. Früher galt noch, dass jede Mitteilung an einen Dritten als Verstoß gegen Treuepflichten des Arbeitnehmers verstanden wurde[357]. Dies galt selbst in den Fällen, in denen es sich um eine berechtigte Strafanzeige gegen den Arbeitgeber handelte: so entschied das BAG mit Urteil vom 5. Februar 1959, dass eine vom Arbeitnehmer gegen den rechtswidrig handelnden Arbeitgeber erstattete Anzeige einen wichtigen Grund zur fristlosen Kündigung darstellen kann[358]. In dem entschiedenen Fall erstattete ein Lastwagenfahrer gegen seinen Arbeitgeber eine behördliche Anzeige mit dem Vorwurf, dieser habe bei seinem Betrieb gegen güterfernverkehrsrechtliche Bestimmungen verstoßen. Danach wurde das Arbeitsverhältnis fristlos gekündigt. Obwohl festgestellt wurde, dass wenig Zweifel daran bestanden, dass der Arbeitgeber gegen das Gesetz verstoßen hatte und nicht unwahrscheinlich sei, dass diese Gesetzesverstöße fortgesetzt werden würden und auch der Arbeitnehmer Gefahr liefe, sich selbst strafbar zu machen, urteilte das BAG, dass allein entscheidend für die Rechtmäßigkeit der außerordentlichen Kündigung eine Rechtsgüterabwägung sei, bei der die Drucksituation und Pflichtenkollision des anzeigenden Arbeitnehmers mit den Folgen der Anzeige für den Arbeitgeber gegeneinander

356 Vgl. hierzu auch *Busekist/Fahrig*, BB 2013, 119, 120.

357 MünchArbR/*Reichold*, § 48 Rn. 41; *Stein*, BB 2004, 1961; *Müller*, NZA 2002, 424, 432.

358 BAG NJW 1961, 44; *Stein*, BB 2004, 1961; *Leuchten*, ZRP 2012, 142.

abgewogen wurde[359]. Hierbei habe das Revisionsgericht die Abwägung zugunsten des Arbeitgebers vorgenommen[360]. Die in Betracht kommenden Grundrechte des Arbeitnehmers spielten insoweit noch keine Rolle[361].

Mit Urteil vom 4. Juli 1991 wurde diese Rechtsprechung noch einmal explizit bestätigt[362]. Im Hinblick auf die Interessenabwägung der Rechtsgüter wurde der Motivation des Anzeigenden eine gewichtige Rolle zugemessen (hier drohte der Arbeitnehmer dem Arbeitgeber damit, ihn mit der Strafanzeige „fertig zu machen"), sowie auch der Frage, ob die Anzeige des Arbeitnehmers verhältnismäßig zum Verhalten des Arbeitgebers war. Auch hier spielte die Frage nach Grundrechten noch keine Rolle[363].

Am 2. Juli 2001 hat das **Bundesverfassungsgericht**[364] entschieden, dass bei der Strafanzeige eines Arbeitnehmers gegen seinen Arbeitgeber oder Vorgesetzten eine Kündigung des Arbeitsverhältnisses nur dann sozial gerechtfertigt im Sinne des § 1 Abs. 2 KSchG sei bzw. einen wichtigen Grund für eine fristlose Kündigung darstelle, wenn die Strafanzeige wissentlich unwahre oder aber leichtfertig falsche Angaben enthält. Bei einer Aussage des Arbeitnehmers gegen seinen Arbeitgeber im Rahmen eines staatsanwaltlichen Ermittlungsverfahrens handelt es sich jedoch um die Wahrnehmung staatsbürgerlicher Rechte, welche regelmäßig nicht zu einer sozialen Rechtfertigung hinsichtlich einer verhaltensbedingten Kündigung im Sinne des Kündigungsschutzgesetzes führen kann[365]. Es sei mit Art. 2 Abs. 1 GG in Verbindung mit dem Rechtsstaatsprinzip unvereinbar, wenn der anzeigende Arbeitnehmer zivilrechtliche Nachteile erleiden müsste, es sei denn er

359 BAG NJW 1961, 44, 45; *Forst*, NJW 2011, 3477, 3478.

360 BAG NJW 1961, 44, 45.

361 Vgl. *Forst*, NJW 2011, 3477, 3478.

362 BAG, Urteil vom 4.07.1991 – 2 AZR 80/91, abzurufen unter BeckRS 30738133.

363 Vgl. *Forst*, NJW 2011, 3477, 3478.

364 BVerfG NJW 2001, 3474; vgl. auch *Stein*, BB 2004, 1961; *Busekist/Fahrig*, BB 2013, 119, 121 f.

365 Vgl. auch *Sasse*, NZA 2008, 990, 991; *Strack*, Whistleblowing in Deutschland, S. 9; *Leuchten*, ZRP 2012, 142; *Pittroff*, Whistle-Blowing-Systeme, S. 12 f.; *Weber-Rey*, AG 2006, 406, 411.

hat wissentlich unwahre oder aber leichtfertig falsche Angaben gemacht[366].

Das **Bundesarbeitsgericht**[367] schränkte diese Zulässigkeit von Strafanzeigen ein, indem es in einem Urteil vom 3. Juli 2003 entschieden hat, dass nicht nur bei wissentlich oder leichtfertig getätigten Angaben eine Kündigung sozial gerechtfertigt sei, sondern auch, wenn sich diese Rechtfertigung aus besonderen Umständen ergebe. Nach § 1 Abs. 2 KSchG ist eine verhaltensbedingte Kündigung dann gerechtfertigt, wenn der Arbeitnehmer rechtswidrig und schuldhaft seine vertraglichen Pflichten erheblich verletzt hat[368]. Zu diesen Pflichten gehört auch die Wahrung der geschäftlichen Interessen des Arbeitgebers, wie der Geheimhaltung von Betriebs- und Geschäftsgeheimnissen und der Verhinderung von Schäden zu Lasten des Arbeitgebers[369]. Stellt die Strafanzeige eine **unverhältnismäßige** Reaktion auf ein Verhalten des Arbeitgebers dar, also insbesondere wenn ein Vorgesetzter Pflichtverletzungen oder Straftaten begeht, scheint es zumutbar, dass der Arbeitnehmer vor Erstattung einer Strafanzeige zunächst den Arbeitgeber über alle wesentlichen Vorkommnisse im Betrieb in Kenntnis setzt, um so Schäden vom Arbeitgeber fernzuhalten und damit den Verhältnismäßigkeitsgrundsatz im Sinne des Einsatzes des mildesten Mittels zu wahren[370]. Dieser innerbetrieblichen Klärung gebührt aber mit Blick auf die grundrechtlich geschützten Positionen des Arbeitnehmers nicht in jeglicher Hinsicht der Vorrang. Vielmehr muss die innerbetriebliche Klärung zumutbar sein. Dies ist nach dem BAG dann der Fall, wenn der Arbeitgeber selbst ein berechtigtes Interesse an der Aufklärung hat, nicht aber wenn der Arbeitnehmer bei der Unterlassung der Anzeige sich selbst strafbar machen würde (§ 138 StGB) oder

366 BVerfG NJW 2001, 3474, 3475; siehe auch *Pittroff*, Whistle-Blowing-Systeme, S. 12; *Forst*, NJW 2011, 3477, 3478.

367 BAG NJW 2004, 1547, 1548; *Pittroff*, Whistle-Blowing-Systeme, S. 13.

368 BAGE 67, 75; 70, 262; vgl. auch BAG NJW 2004, 1547, 1548.

369 *Gach/Rützel*, BB 1997, 1959, 1961; BAG NJW 2004, 1547, 1548.

370 BAG NJW 2004, 1547, 1548; vgl. auch *von Pelchrzim*, CCZ 2009, 25, 26; *Strack*, Whistleblowing in Deutschland, S. 9; *Haußmann/Kaufmann*, ArbRAktuell 2011, 186, 187.

wenn der Arbeitgeber selbst eine schwerwiegende Straftat begangen hat[371].

Das **Bundesarbeitsgericht** gibt der **Motivation** des Hinweisgebers noch eine besondere Stellung[372]. Bei einer verwerflichen Gesinnung soll der Hinweisgeber keine verfassungsrechtlichen Rechte wahrnehmen[373], so dass auch der Hinweis keinen Schutz verdient. Der Kritik *Steins* ist zu folgen, wonach das wesentliche Abstellen auf die Motive des Täters das Risiko birgt, dass man sich auf unbeherrschbares Gebiet begibt, doch wird dies dadurch relativiert, dass in anderen Vorschriften ebenfalls von Motiven die Rede ist und somit Grund zur Annahme besteht, dass die Erforschung eines Motivs keinen Fremdkörper für Arbeitsgerichte darstellt und damit auch eine rationale Entscheidung möglich ist, welche nicht nur auf Spekulationen und Annahmen basiert[374].

Dieses Interesse des Arbeitgebers ergibt sich aus der Berufsfreiheit aus Art. 12 Abs. 1 GG. Geschützt wird hier sein rechtliches Interesse, nur mit Arbeitnehmern zusammenzuarbeiten, die die Ziele des Unternehmens fördern und dieses vor Schäden bewahren, da nur so das Unternehmen im Wettbewerb bestehen kann[375]. Vom Arbeitnehmer wird ein gewisses Maß an Rücksichtnahme auf die Interessen des Arbeitgebers verlangt, welcher wiederum als Ausfluss der verfassungsrechtlich geschützten Unternehmerfreiheit verlangen kann, nur mit Arbeitnehmern zusammenzuarbeiten, die die Interessen des Unternehmens beachten und diesen nicht zuwiderhandeln[376].

In einem weiteren Urteil aus dem Jahr 2006 entschied das **Bundesarbeitsgericht**[377], dass in der Strafanzeige eines Arbeitnehmers ohne vorherige innerbetriebliche Klärung eine kündigungsrelevante Verletzung arbeitsvertraglicher Pflichten liegen kann. Handelt es sich bei den

371 BAG NJW 2004, 1547, 1548 f.; *Stein*, BB 2004, 1961; *Bürkle*, DB 2004, 2158; *Brüssow/Petri*, Arbeitsstrafrecht Rn. 103.

372 Vgl. dazu auch *Forst*, NJW 2011, 3477, 3478; *Rudkowski*, CCZ 2013, 204, 206.

373 BAG NJW 2004, 1547, 1549.

374 *Stein*, BB 2004, 1961, 1962 f.

375 BAG NJW 2004, 1547, 1549; *Forst*, NJW 2011, 3477, 3478; *Stein*, BB 2004, 1961; *Rudkowski*, CCZ 2013, 204, 205.

376 BAG NJW 2004, 1547, 1549; *Stein*, BB 2004, 1961.

377 BAG NJW 2007, 2204; siehe auch *Forst*, NJW 2011, 3477, 3479; *Strack*, Whistleblowing in Deutschland, S. 9.

zur Last gelegten Vorfällen jedoch um schwerwiegende Vorwürfe und sind die angezeigten Taten vom Arbeitgeber selbst begangen worden, ist der Arbeitnehmer nicht verpflichtet, zunächst die Herbeiführung einer innerbetrieblichen Klärung anzustreben. Dabei ist es nicht von Belang welche Position der Anzeigende im Unternehmen hat, da die staatsbürgerliche Pflicht zur Erstattung von Strafanzeigen hiervon und der Bewertung durch den Arbeitgeber oder Dritte unabhängig ist. Auch sei es nicht erheblich, dass die Strafanzeige zu einer Verurteilung geführt habe, doch darf es sich bei Strafanzeige nicht um eine unverhältnismäßige Reaktion handeln.

Im oben genannten *Heinisch-Fall*[378] stellte mit Urteil vom 21. Juli 2011 schließlich der **EGMR** fest, dass die deutschen Arbeitsgerichte mit der fristlosen Kündigung der Altenpflegerin keinen angemessenen Ausgleich zwischen dem Schutz des Rufs des Arbeitgebers und seiner Geschäftsinteressen und dem Recht der Arbeitnehmerin auf Freiheit der Meinungsäußerung und des öffentlichen Interesses an Informationen über Mängel im Bereich der Altenpflege herbeigeführt hätten und damit Art. 10 EMRK verletzt sei[379]. Zu den Abwägungskriterien gehörte dabei die Frage, ob ein öffentliches Interesse an der Strafverfolgung bestehe und welcher Schaden bzw. Sanktionen dem Arbeitgeber hierbei drohen. Zudem ist zu fragen, welche Motive der anzeigende Arbeitnehmer hat, ob seine Vorwürfe berechtigt sind[380]. Zwar hat die EMRK den Rang einfachen Bundesrechts, doch betont das Bundesverfassungsgericht, dass die Auslegung der Grundrechte auch von der EMRK beeinflusst wird, da das Grundgesetz völkerrechtskonform ausgelegt werden soll und die Grundrechte als Ausprägung der Menschenrechte verstanden werden sollen[381]. Bei Kollisionen muss eine Interessenabwägung stattfinden, wobei nicht nur das Bundesverfassungsgericht, sondern auch Fachgerichte die Regelungen der EMRK zu berücksichtigen haben[382]. Der EGMR stellte fest, dass Hinweise über rechts- und regelwidrige Verhaltensweisen vom Recht auf freie Mei-

378 EGMR NJW 2011, 3501 ff.; siehe auch nur *Busekist/Fahrig*, BB 2013, 119, 121.
379 Siehe dazu *Brock*, öAT 2011, 243, 244.
380 EGMR NJW 2011, 3501, 3503; *Forst*, NJW 2011, 3477, 3479.
381 BVerfG NJW 2004, 3407, 3408; 2011, 1931, 1935; *Schlachter*, RdA 2012, 108, 109; *Brock*, öAT 2011, 243, 244.
382 BVerfG NJW 2010, 3008, 3015; *Schlachter*, RdA 2012, 108, 109.

nungsäußerung gedeckt sein können. Mit der *Heinisch-Entscheidung* des EGMR[383] stellt das Gericht nun fest, dass Art. 10 Abs. 1 S. 1 EMRK auch auf Arbeitsverhältnisse zwischen Privatpersonen anwendbar ist. Frau *Heinisch* habe mit der Strafanzeige gegen ihren Arbeitgeber von ihrem Recht auf freie Meinungsäußerung Gebrauch gemacht. Durch die arbeitsgerichtlichen Entscheidungen, die die außerordentliche Kündigung aufrechterhielten, sei in dieses Recht eingegriffen worden[384]. Das einfache Recht sowie die Grundrechte seien im Lichte der Menschenrechtskonvention auszulegen, auch wenn deutsche Gerichte nicht absolut an die Rechtsprechung des EGMR gebunden seien, sondern im Einzelfall auch von dessen Entscheidungen abweichen könnten, solange die Grundstandards der EMRK nicht unterschritten würden[385].

Als **Zwischenfazit** ist festzustellen, dass die Gerichte die Kündigung wegen einer Strafanzeige des Arbeitnehmers gegen seinen Arbeitgeber an den betroffenen Grundrechten messen und eine Interessenabwägung zu treffen haben. Bei der Interessenabwägung spielen unter anderem die Motive des Whistleblowers, der Versuch einer innerbetrieblichen Klärung, die Gefahr der eigenen Strafbarkeit sowie die Frage danach, ob der Arbeitgeber oder einer seiner Repräsentanten die Tat begangen haben eine entscheidende Rolle. Übersehen wird in diesem Punkt aber, dass weniger die individuellen Interessen des Arbeitnehmers betroffen sind, als vielmehr öffentliche Interessen des Gemeinwohls[386]. Bei den Kriterien für die Abwägung handelt es sich um richterliche Einzelentscheidungen. Dies führt dazu, dass sich die oben genannten Grundsätze und Abwägungskriterien nicht ohne weiteres verallgemeinern lassen und damit auf jeden Fall der Anzeige eines Arbeitnehmers bei Missständen anwendbar wären. Vielmehr herrscht eine Rechtsunsicherheit, die eine eindeutige Wertung des Gesetzgebers

383 EGMR NJW 2011, 3501 ff.

384 EGMR NJW 2011, 3501, 3505 f.; siehe auch *Forst*, NJW 2011, 3477, 3479.

385 BVerfG, NJW 2011, 1931, 1935 f.; *Forst*, NJW 2011, 3477, 3479 f.; vgl. auch *Brock*, öAT 2011, 243, 244.

386 *Ogorek*, FS-Weiss, 539, 550; vgl. auch *Gutjahr*, Whistleblowing im öffentlichen Sektor, S. 12.

hinsichtlich der Berechtigung von Arbeitnehmeranzeigen und deren Folgen nicht hinreichend erkennen lassen[387].

Bei einer Kollision von Grundrechten des Arbeitgebers mit Grundrechten des Arbeitnehmers, etwa aus Art. 2 Abs. 1 GG in Verbindung mit dem Rechtsstaatsprinzip aus Art. 20 Abs. 3 GG ist ein Ausgleich der grundrechtlich geschützten Positionen in dem Sinne vorzunehmen, dass jede von ihnen so weit wie möglich wirksam wird (Grundsatz der praktischen Konkordanz)[388]. Der Arbeitnehmer kann sich allerdings – wie oben bereits erwähnt – weder auf Art. 5 Abs. 1 GG noch auf Art. 17 GG berufen, wenn er die Anzeige anonym erstattet hat[389].

b) Gesetzliche Regelungen

Gesetzlich festgelegte und von der Rechtsprechung losgelöste **Anzeigerechte** von Arbeitnehmern sind in Deutschland nur vereinzelt zu finden und ermöglichen zudem lediglich die betriebsinterne Klärung[390]. So steht es Arbeitnehmern frei, sich betriebsintern nach §§ 84 Abs. 1, 85 Abs. 1 BetrVG bei den zuständigen Stellen des Betriebs oder dem Betriebsrat zu beschweren, wenn sie sich vom Arbeitgeber oder von Arbeitnehmern des Betriebs benachteiligt oder ungerecht behandelt oder in sonstiger Weise beeinträchtigt fühlen (internes Whistleblowing). In **§ 84 Abs. 3 BetrVG** wird klargestellt, dass dem Arbeitnehmer keine Nachteile hieraus erwachsen dürfen, so dass auch Kündigungen, welche sich auf die interne Beschwerde stützen, unwirksam sind[391]. Voraussetzung hierfür ist eine mögliche Rechtsverletzung des Arbeitnehmers[392].

---

387 Vgl. hierzu die Begründung zum Gesetzentwurf eines Hinweisgeberschutzgesetzes der SPD-Bundestagsfraktion, BT-Drucks. 17/8567, S. 5; *Simonet*, RdA 2013, 236, 237; *Abraham*, ZRP 2012, 11.

388 BAG NJW 2004, 1547, 1548; *Radtke*, GA 2000, 19, 33.

389 BAG NJW 2004, 1547, 1549; *Stein*, BB 2004, 1961, 1963.

390 Vgl. hierzu auch den Problemaufriss des Gesetzentwurfs der Bundestagsfraktion BÜNDNIS 90/DIE GRÜNEN vom 23. Mai 2012, BT-Drucks. 17/9782, S. 8.

391 BAG, Urteil vom 11.03.1982 – 2 AZR 789/79 –, Juris Rn. 24; vgl. auch *Stein*, BB 2004, 1961; vgl. auch *Bock*, Criminal Compliance, S. 736.

392 BAG, Urteil vom 11.03.1982 – 2 AZR 789/79 –, Juris Rn. 22.

Besondere Beschwerderechte gibt es weiter in **§ 17 Abs. 2 ArbSchG** für den Bereich Sicherheit und Gesundheitsschutz, wonach ein Arbeitnehmer sich an zuständige (externe) Behörden wenden kann, wenn einer zunächst intern abgegebenen Beschwerde nicht abgeholfen wird (externes Whistleblowing). Dem Arbeitnehmer dürfen durch die Meldung an die Behörde nach § 17 Abs. 2 S. 2 ArbSchG keine Nachteile entstehen[393]. Weiter räumt beispielsweise **§ 28 Abs. 1 HessDSG** das Recht ein, sich bei einem Verdacht von Datenschutzverstößen durch datenverarbeitende Stellen direkt an den Datenschutzbeauftragten des Landes Hessen zu wenden, wenn angenommen werden kann, dass eigene Rechte verletzt worden sind. Es besteht nach § 28 Abs. 1 S. 2 HessDSG ein ausdrückliches Maßregelungs- und Benachteiligungsverbot. Nach § 28 Abs. 2 HessDSG können sich auch Beschäftigte öffentlicher Stellen an den Hessischen Datenschutzbeauftragten wenden. Sie sind dabei ausdrücklich von der Einhaltung des Dienstweges befreit[394].

Diese Regelungen sind nicht allumfassend und auf die von ihnen geregelten Fälle beschränkt und können damit keinen ausreichenden Schutz für Whistleblower bieten[395]. Das Betriebsverfassungsrecht hilft nicht weiter, wenn der potenzielle Whistleblower nicht selbst betroffen ist. Die Regelungen des Arbeitsschutzgesetzes und des Datenschutzrechts erlauben lediglich den Gang an die dort genannten Stellen. Ein Gang an die Öffentlichkeit wird dadurch nicht gerechtfertigt. Eine **Anzeigepflicht** besteht nur in Fällen des § 138 StGB[396]. Eine Pflicht zur umfassenden Meldung von Pflichtverstößen in Unternehmen besteht nicht[397].

Weiter haben nach **§§ 13 Abs. 1, 1 AGG** Beschäftigte das Recht, sich bei den zuständigen Stellen des Betriebs, des Unternehmens oder der Dienststelle zu beschweren, wenn sie sich im Zusammenhang mit ihrem Beschäftigungsverhältnis vom Arbeitgeber, von Vorgesetzten, anderen Beschäftigten oder Dritten wegen ihrer ethnischen Herkunft,

393 *Zimmer/Seebacher*, CCZ 2013, 31, 31 f.; vgl. auch *Klasen/Schaefer*, BB 2012, 641.
394 Vgl. hierzu ferner *Deiseroth*, Whistleblowing in Zeiten von BSE, S. 180.
395 *Deiseroth*, Whistleblowing in Zeiten von BSE, S. 180.
396 *Deiseroth/Derleder*, ZRP 2008, 248, 249; *Klasen/Schaefer*, BB 2012, 641, 643.
397 *Zimmer/Seebacher*, CCZ 2013, 31, 32; *Klasen/Schaefer*, BB 2012, 641, 642; vgl. auch *Hefendehl*, FS-Amelung, 617, 641.

ihres Geschlechts, ihrer Religion oder Weltanschauung, einer Behinderung, ihres Alters oder ihrer sexuellen Identität benachteiligt fühlen. § 16 Abs. 1 AGG statuiert für die Inanspruchnahme des Beschwerderechts ein Maßregelungsverbot.

Für den Arbeitnehmer gilt zwar nach § 612 a BGB das Maßregelungsverbot sowie § 1 KSchG. Oft wird argumentiert, dass ein weiter reichender Schutz für Whistleblower nicht notwendig sei. Argumentiert wird, dass diese Regelungen genügenden Schutz bieten würden, da in einem Kündigungsschutzprozess die Interessen von Arbeitgebern und Arbeitnehmern ausreichend in Einklang gebracht werden würden. Diese Ansicht verkennt, dass ein Whistleblower bei Hinweisen von Missständen nach Außen – beispielsweise über Gefahren für Leib und Leben oder für die Umwelt – nicht seine eigenen Interessen verwirklicht, sondern oftmals solche des Allgemeinwohls[398].

Neben den genannten einzelnen Anzeigerechten fehlt es an einer gesetzlichen Regelung zum Schutz von Whistleblowern. Im Jahre 2008 plante der Bundestagsausschuss für Ernährung, Landwirtschaft und Verbraucherschutz die Einführung eines neuen § 612 a BGB. Dieser sollte ein allgemeines Anzeigerecht für Arbeitnehmer enthalten und damit eine eindeutige Regelung des Informantenschutzes darstellen, so dass Arbeitnehmer, die Gesetzesverstöße in einem Betrieb offenbaren, Schutz und Rechtssicherheit erlangt hätten[399]. Der geplante Wortlaut sollte lauten wie folgt[400]:

> „§ 612 a BGB
>
> (1) Ist ein Arbeitnehmer auf Grund konkreter Anhaltspunkte der Auffassung, dass im Betrieb oder bei einer betrieblichen Tätigkeit gesetzliche Pflichten verletzt werden, kann er sich an den Arbeitgeber oder eine zur innerbetrieblichen Klärung zuständige Stelle wenden und Abhilfe verlangen. Kommt der Arbeitgeber dem Verlangen nach Abhilfe nicht oder nicht ausreichend nach, hat der Arbeitnehmer das Recht, sich an eine zuständige außerbetriebliche Stelle zu wenden.

---

398 *Ogorek*, FS-Weiss, 539, 550; vgl. auch *Gutjahr*, Whistleblowing im öffentlichen Sektor, S. 12, 14.

399 *Stoffels*, Beck Community Online I, URL: http://blog.beck.de/2008/05/16/whistleblowing-anderung-des-§-612a-bgb-geplant (letzter Zugriff: 20. Februar 2016); *Koch*, ZIS 2008, 500; *Simonet*, RdA 2013, 236, 237.

400 Ausschussdrucksache 16(10)849 des Deutschen Bundestags, Ausschuss für Ernährung, Landwirtschaft und Verbraucherschutz.

(2) Ein vorheriges Verlangen nach Abhilfe ist nicht erforderlich, wenn dies dem Arbeitnehmer nicht zumutbar ist. Unzumutbar ist ein solches Verlangen stets, wenn der Arbeitnehmer aufgrund konkreter Anhaltspunkte der Auffassung ist, dass

1. aus dem Betrieb eine unmittelbare Gefahr für Leben oder Gesundheit von Menschen oder für die Umwelt droht,
2. der Arbeitgeber oder ein anderer Arbeitnehmer eine Straftat begangen hat,
3. eine Straftat geplant ist, durch deren Nichtanzeige er sich selbst der Strafverfolgung aussetzen würde,
4. eine innerbetriebliche Abhilfe nicht oder nicht ausreichend erfolgen wird.

(3) Von den Absätzen 1 und 2 kann nicht zuungunsten des Arbeitnehmers abgewichen werden.

(4) Beschwerderechte des Arbeitnehmers nach anderen Rechtsvorschriften und die Rechte der Arbeitnehmervertretungen bleiben unberührt."

Aus dem bisherigen § 612 a BGB sollte § 612 b BGB werden. Das Ziel dieses Gesetzesvorhabens war eine klare Regelung im Bereich des Informantenschutzes, um die Rechtssicherheit von Arbeitnehmern zu verbessern. Zentraler Punkt war hier die Befugnis zur Informationsweitergabe an zuständige externe Stellen, soweit nach einer internen Anzeige dem Verlangen nach Abhilfe nicht nachgekommen worden ist. Bei Unzumutbarkeit wäre es dem Arbeitnehmer sogar gestattet gewesen, sich nach denen in Absatz 2 genannten Fällen direkt – ohne vorheriges Abhilfeverlangen beim Arbeitgeber – an externe Stellen zu wenden[401]. Im Wesentlichen sollte § 612 a n.F. BGB eine in Gesetz gegossene Darstellung der bisherigen Entscheidungen des Bundesverfassungsgerichts[402] und des Bundesarbeitsgerichts[403] sein mit der eindeutigen Vorrangregelung hinsichtlich innerbetrieblicher Klärung und der Ermächtigung der Arbeitnehmer, nur in Ausnahmefällen von dem Erfordernis der innerbetrieblichen Klärung abzuweichen[404]. Wie oben bereits ausgeführt, wurde dieses Vorhaben nie durchgesetzt, zum einen aufgrund der Tatsache, dass der Entwurf zu einseitig die Interessen des Arbeitnehmers berücksichtigt. Zum anderen, weil das Ziel, die Recht-

401 *Király*, FÖV 57, S. 14 f.

402 BGH NJW 1987, 1929 ff.; NJW 2001, 3474 ff.; *Simonet*, RdA 2013, 236, 238. vgl. hierzu bereits oben Abschnitt D. I. 3. a).

403 BAG NJW 2004, 1547 ff.; vgl. hierzu bereits oben Abschnitt D. I. 3. a).

404 Vgl. hierzu die Begründung zur Ausschussdrucksache 16(10)849 des Deutschen Bundestags, Ausschuss für Ernährung, Landwirtschaft und Verbraucherschutz.

sprechung des Bundesverfassungsgerichts und des Bundesarbeitsgerichts zu kodifizieren, nicht erreicht wurde[405].

Mit Antrag vom 5. Juli 2011[406] brachte die Bundestagsfraktion DIE LINKE einen Antrag über die Anerkennung der Bedeutung von Whistleblowing für die Gesellschaft in den Bundestag ein. Dieser Antrag enthielt die eindeutige Distanzierung des Whistleblowings vom Denunziantentum sowie die Aufforderung des Bundestages an die Bundesregierung, einen Gesetzentwurf zum Schutz und zur Förderung der Tätigkeit von Whistleblowern vorzulegen, wobei nicht nur arbeits- und beamtenrechtlicher, sondern auch strafrechtlicher Schutz gewährleistet werden sollte. Damit einhergehen sollte die Verpflichtung für Unternehmen, Behörden und Organisationen, ein internes Hinweisgebersystem einzurichten.

Die Bundestagsfraktion der SPD legte am 7. Februar 2012 den Entwurf eines Gesetzes zum Schutz von Whistleblowern (Hinweisgeberschutzgesetz – HinwGebSchG) vor[407]. Dieser Gesetzentwurf hatte zum Ziel, Benachteiligungen von Arbeitnehmern, der zu ihrer Berufsbildung Beschäftigten sowie von arbeitnehmerähnlichen Personen zu verhindern und zu beseitigen und verlieh den Hinweisgebern unter anderem Anzeigerechte, und zwar auch direkt an zuständige externe Stellen, also nach § 3 Abs. 5 des Entwurfs des Hinweisgeberschutzgesetzes solche, die für die Entgegennahme der Anzeige oder Beseitigung des jeweiligen Missstandes zuständig sind. Darunter sollten stets die Staatsanwaltschaft und die Polizei zählen. Im Falle von Gefährdungen für Leib und Leben oder für die Umwelt sollte auch die direkte Meldung an die Öffentlichkeit möglich sein. Nach § 11 des Entwurfs des Hinweisgeberschutzgesetzes sollte Betrieben und Unternehmen die Einrichtung von Hinweisgebersystemen erlaubt werden und damit auch die Zulässigkeit der Erhebung, Verarbeitung und Nutzung personenbezogener Daten nach § 4 Abs. 1 BDSG[408].

---

405 *Sasse*, NZA 2008, 990, 992 f.; *Simonet*, RdA 2013, 236, 237.

406 BT-Drucks. 17/6492.

407 BT-Drucks. 17/8567; siehe hierzu auch *Mengel*, CCZ 2012, 146 ff.

408 Vgl. hierzu die Begründung zur BT-Drucks. 17/8567; vgl. auch *Busekist/Fahrig*, BB 2013, 119, 123.

Dieser Entwurf bezweckte die Regelung und den Schutz von Arbeitnehmern, allerdings fehlen allgemeine Regelungen für Beamte[409], die die eng gefassten §§ 67 Abs. 2 S. 1 Nr. 3 BBG, 37 Abs. 2 S. 1 Nr. 3 BeamtStG, die den Beamten von seiner Amtsverschwiegenheit lediglich hinsichtlich Straftaten nach § 138 StGB sowie Korruptionsstraftaten nach §§ 331 bis 337 StGB befreien. Zudem wurde kritisiert, dass eine sofortige Beschwerdemöglichkeit an externe Stellen ohne das Erfordernis der internen Klärung nicht angemessen sei[410]. Auch aufgrund einer Vielzahl unbestimmter Rechtsbegriffe sowie der Möglichkeit der direkten Meldung an die Öffentlichkeit ohne vorherige interne Meldung erfuhr der Entwurf weitere Kritik[411].

Zuletzt brachte am 23. Mai 2012 die Bundestagsfraktion BÜNDNIS 90/DIE GRÜNEN einen Entwurf des Gesetzes zur Förderung von Transparenz und zum Diskriminierungsschutz von Hinweisgeberinnen und Hinweisgebern (Whistleblower-Schutzgesetz) ein[412]. Eingefügt werden sollte ein neuer § 612 b BGB, der Arbeitnehmern ein Anzeigerecht, auch an zuständige außerbetriebliche Stellen, zugesprochen hat und im Falle des Überwiegens des öffentlichen Interesses gegenüber dem Geheimhaltungsinteresse, auch an die Öffentlichkeit. Daneben sollte auch das Bundesbeamtengesetz einen neuen § 67 a BBG und das Beamtenstatusgesetz den hierzu korrespondierenden wortgleichen § 37 a BeamtStG erhalten, wonach ergänzend zu den §§ 67 Abs. 2 S. 1 Nr. 3 BBG, 37 Abs. 2 S. 1 Nr. 3 BeamtStG auch ein Anzeigerecht von Beamten hinsichtlich Straftaten oder bei gegenwärtigen Gefahren für wichtige Rechtsgüter unter Umgehung des Dienstwegs nach § 125 BBG möglich sein sollte. Auch diese Regelung wird wegen ihrer Beschränkungen auf das Arbeitsrecht des BGB sowie des Beamtenrechts als zu eng kritisiert[413].

409 *Bauschke*, öAT 2012, 271, 272; vgl. auch *Strack*, Stellungnahme zu BT-Drucks. 17/649, S. 2.

410 *Simonet*, RdA 2013, 236, 238.

411 *Busekist/Fahrig*, BB 2013, 119, 124; *Mengel*, CCZ 2012, 146.

412 BT-Drucks. 17/9782.

413 So z.B. *Strack*, Stellungnahme zu BT-Drucks. 17/649, S. 2.

II. Rechtslage in den USA

Nach der Darstellung der Rechtslage in Deutschland aus verfassungsrechtlicher, öffentlich-rechtlicher sowie arbeitsrechtlicher Sicht soll im folgenden Abschnitt eine Darstellung der wichtigsten Regelungen in den USA sowie in Großbritannien folgen.

1. Regelungen zum Whistleblowing in den USA

Whistleblowing ist kein neues Phänomen. Heutzutage besteht in den Vereinigten Staaten eine Vielzahl legislativer Regelungen und eine breite Rechtsprechung zum Thema Whistleblowing. In den USA gab es bereits im 19. Jahrhundert die ersten rechtlichen Regelungen wie den **False Claims Act von 1863**[414], der auch als „Lincoln Law" bezeichnet wird. Dieser gewährte demjenigen, der Hinweise auf Betrugsabsichten von Lieferanten der Armee aufdeckte, finanzielle Anreize sowie Schutz vor arbeitsrechtlichen Maßnahmen[415]. Daneben gibt es eine Vielzahl weiterer einzelner Gesetze, die den Schutz von Whistleblowern regeln[416] und von denen einige im Folgenden genannt werden sollen.

2. Sarbanes-Oxley Act 2002

Als direkte Reaktion auf die Bilanzfälschungsskandale bei Enron und WorldCom, welche durch Whistleblower aufgedeckt worden waren[417] und die schließlich zur Insolvenz beider Unternehmen und zu Milliardenverlusten der Anleger führte, wurde im Jahre 2002 der Sarbanes-

414 31 U.S.C. §§ 3729 – 3733.

415 Vgl. Thüsing/*Forst*, Beschäftigtendatenschutz, § 6 Rn. 4.; *Lutterbach*, Whistleblowing, S. 7.

416 So zum Beispiel: Whisleblower Protection Act, Clean Air Act, Safe Drinking Water Act; vgl. dazu: https://www.osha.gov/OshDoc/data_General_Facts/whistleblower_rights.pdf (letzter Zugriff: 20. Februar 2016).

417 Siehe oben unter Abschnitt B. IV. sowie V.

Oxley Act (nachfolgend auch „SOX“[418] genannt) verabschiedet und ist im selben Jahr in Kraft getreten[419]. Zweck dessen war der Schutz von Bilanzierungsvorschriften[420]. Damit hat sich für an der US-Börse notierte Unternehmen – dazu gehören auch an der US-Börse notierte deutsche Gesellschaften – so manches verändert. Diese Gesellschaften und ihre Tochterunternehmen müssen u.a. nach Section 301 SOX ein Audit Committee errichten – ein Gremium, das ausschließlich aus unabhängigen Mitgliedern des Board of Directors besteht –, das die Ordnungsmäßigkeit der Abschlussprüfung überwacht[421]. Nach Section 301 (4) SOX ist weiter ein unternehmensinternes Kontrollsystem einzurichten, das (auch anonymes) Whistleblowing durch Beschäftigte wenigstens bezüglich zweifelhafter Praktiken der Rechnungsprüfung und Buchführung ermöglichen soll[422]. Unternehmen, die über ein solches System nicht verfügen, setzen sich dem Risiko von Sanktionen seitens der Börsenaufsicht (SEC) aus. Es sind auf der anderen Seite auch Strafmilderungen möglich, wenn Straftaten zwar begangen werden, das Unternehmen aber über ein solches Kontrollsystem verfügt[423].

Der Whistleblower selbst wird dabei nach Section 806 SOX besonders geschützt und genießt Schutz vor jeglicher Diskriminierung[424]. Sollten trotzdem diskriminierende Maßnahmen erfolgen, so besteht ein Beschwerderecht und der Arbeitnehmer kann Schadensersatz sowie Wiedereinsetzung in seine vorige Position verlangen[425]. Section 806 SOX ist allerdings nur auf die Arbeitnehmer in den Vereinigten

418 Oft auch als „SOA“ abgekürzt.

419 Public Law 107 – 204; vgl. Thüsing/*Forst*, Beschäftigtendatenschutz, § 6 Rn. 4; *Koch*, ZIS 2008, 500, 501; *von Zimmermann*, WM 2007, 1060; *Reufels/Deviard*, CCZ 2009, 201.

420 Section 302 (4) (A) SOX; vgl. auch Thüsing/*Forst*, Beschäftigtendatenschutz, § 6 Rn. 4; *von Zimmermann*, WM 2007, 1060, 1062.

421 *Hütten/Stromann*, BB 2003, 2223; *von Zimmermann*, WM 2007, 1060; *Wisskirchen/Körber/Bissels*, BB 2006, 1567; *Mahnhold*, NZA 2008, 737, 740.

422 *Koch*, ZIS 2008, 500, 501; *Hefendehl*, FS-Amelung, 617, 622; *von Pelchrzim*, CCZ 2009, 25; *Zimmer/Seebacher*, CCZ 2013, 31, 32; *Reufels/Deviard*, CCZ 2009, 201, 202; *Haußmann/Kaufmann*, ArbRAktuell 2011, 186.

423 *Hefendehl*, FS-Amelung, 617, 622.

424 *Berndt/Hoppler*, BB 2005, 2623, 2625; *Altenburg*, BLJ 2008, 3, 4; Thüsing/*Forst*, Beschäftigtendatenschutz, § 6 Rn. 4; *von Zimmermann*, WM 2007, 1060, 1061; Rotsch/*Rotsch/Wagner*, Criminal Compliance, § 34 C Rn. 74.

425 *Reufels/Deviard*, CCZ 2009, 201, 202; *Berndt/Hoppler*, BB 2005, 2623, 2625.

Staaten anzuwenden und hat keinerlei Ausstrahlungswirkung auf das deutsche Recht[426]. Neben dem zivilrechtlichen Schutz ist der Arbeitnehmer auch strafrechtlich geschützt. Wer einen Whistleblower diskriminieren sollte, sieht strafrechtlichen Sanktionen nach 18 United States Code § 1513 (e) entgegen, der Haftstrafen bis zu zehn Jahren vorsieht[427].

3. Dodd-Frank Act 2010

Ein weiterer Gesetzgebungsakt war der im Jahre 2010 erlassene *Dodd-Frank Act*[428]. Dieses als Reaktion auf die Bankenkrise im Jahre 2008 und den Absturz von Lehman Brothers erlassene Gesetz spricht in Section 748 Whistleblowern, die illegales Verhalten im Finanzbereich melden und aufzudecken helfen einen beträchtlichen Prozentsatz an der verhängten Geldbuße zu, wenn die dem Unternehmen auferlegte Geldbuße die Summe von 1 Million US-Dollar überschreitet[429].

4. Vergleich zu Deutschland

Anders als in Deutschland werden in den USA solche Hinweisgebersysteme gedanklich nicht mit Denunziation und Bespitzelung verbunden[430]. Wie bereits ausgeführt, herrscht in Deutschland gegenüber solchen Meldesystemen noch große Zurückhaltung, die mit den Bespitzelungen während der Zeit des Nationalsozialismus und der DDR erklärt wird[431].

Hinzu kommt, dass in den Vereinigten Staaten das Arbeitsrecht anders gestaltet ist, als in Deutschland, weswegen spezielle Regelungen erforderlich sind. Die dort vorherrschende „employment at will"-Dok-

---

426 *von Zimmermann*, WM 2007, 1060, 1061.

427 *Berndt/Hoppler*, BB 2005, 2623, 2625; *Bock*, Criminal Compliance, S. 733.

428 Public Law 111-203.

429 Thüsing/*Forst*, Beschäftigtendatenschutz, § 6 Rn. 4; *Engländer/Zimmermann*, NZWiSt 2012, 328, 330; Rotsch/*Rotsch/Wagner*, Criminal Compliance, § 34 C Rn. 73.

430 *Altenburg*, BLJ 2008, 3, 4.

431 Thüsing/*Forst*, Beschäftigtendatenschutz, § 6 Rn. 6; *Mahnhold*, NZA 2008, 737.

trin berechtigt gleichermaßen Arbeitnehmer und Arbeitgeber, das Arbeitsverhältnis aus beliebigen Gründen zu kündigen[432]. Diese Sichtweise hat sich in den USA immer weiter gewandelt[433]. Zunächst begannen Gerichte im öffentlichen, später auch im privatrechtlichen Bereich, den Schutz von Whistleblowern immer mehr auszuweiten. Enthüllungen in Fällen der *Watergate*-Affäre (*Mark Felt* – „Deep Throat")[434], die Explosion der Raumfähre Challenger (*Roger Boisjoly*) oder der Enron-Skandal (*Sherron Watkins*) und der WorldCom-Skandal (*Cynthia Cooper*) haben in den Köpfen der Bevölkerung den Eindruck gefestigt, dass Hinweise nicht mit Verächtlichkeit bestraft werden sollten, da sie in Fällen, in denen der Schutz des Betriebes oder der Allgemeinheit bezweckt wird, nützlich sein können[435]. Flankiert wird diese Sichtweise mit der in den USA bestehenden Besonderheit des „private law enforcement". Hiernach soll auch der Bürger an der Aufdeckung von Gesetzesverstößen aktiv beteiligt sein. Der Bürger soll für Informationen belohnt werden, die der gesetzgebenden Gewalt und der Exekutive bei der Erfüllung ihrer Aufgaben nützlich sind[436]. Im Unterschied zum deutschen Recht gibt es in den USA sogenannte „*qui tam*" Verfahren, bei denen Bürger in eigenem Namen und gleichzeitig im Namen des Staates Gerichtsverfahren einleiten können, um Schadensersatzansprüche klageweise geltend zu machen oder bestimmte Strafen durchzusetzen. Im Erfolgsfalle erhält der Bürger einen bestimmten Teil der Schadensersatz- oder Strafsumme[437].

In Deutschland hingegen sind Arbeitnehmer durch arbeitsrechtliche Regelungen, allen voran das Kündigungsschutzgesetz, besser gestellt als die Arbeitnehmer in den Vereinigten Staaten, so dass auf den ersten Blick derart explizite Regelungen im Hinblick auf Whistleblower als nicht notwendig erscheinen. Zudem herrscht in Deutschland das Gewaltmonopol des Staates, das eine aktive Beteiligung des Bürgers an der Aufdeckung von Gesetzesverstößen nicht vorsieht.

432 *Ogorek*, FS-Weiss, 539, 541 f.; *Deiseroth*, Betrifft Justiz 2004, 296, 297.

433 *Deiseroth*, Betrifft Justiz 2004, 296, 297.

434 Vgl. *Schulz*, Whistleblowing, S. 30.

435 *Ogorek*, FS-Weiss, 539, 542.

436 *Deiseroth*, Betrifft Justiz 2004, 296, 298 f.

437 Als Beispiel gilt hier der Federal False Claims Act, vgl. *Deiseroth*, Betrifft Justiz 2004, 296, 298 f.

III. Rechtslage in Großbritannien

Im Jahr 1998 wurde im Vereinigten Königreich der *Human Rights Act* beschlossen, mit dem die EMRK zur Grundlage eines grundrechtlichen Katalogs wurde. Neben dem Recht auf freie Meinungsäußerung wurde der *Public Interest Disclosure Act*[438] (nachfolgend auch „PIDA" genannt) erlassen, der am 2. Juli 1999 in Kraft getreten ist und Teil des Arbeitsrechts ist. Das Gesetz ist die Konsequenz der Bemühungen der Nichtregierungsorganisation („NGO") „Public concern at work"[439]. Zweck des PIDA ist der Schutz der Öffentlichkeit vor Gefahren, welche durch eine vorherige Meldung verhindert werden können[440].

In der Europäischen Union handelt es sich bei dem PIDA um das erste Gesetz, das umfassenden Schutz für Whistleblower normiert. Unter anderem sind die arbeitsrechtlichen Verschwiegenheitspflichten der Arbeitnehmer deutlich eingeschränkt[441]. Es wird als das umfassendste und stärkste Whistleblowerschutzgesetz in Europa angesehen und als eines der besten weltweit[442].

Zwar statuiert der PIDA keine Verpflichtung zur Einführung von Hinweisgebersystemen[443]. Der Arbeitnehmerbergriff des PIDA ist weit auszulegen und umfasst Beschäftigte sowohl des privaten Sektors als auch des öffentlichen Dienstes sowie unabhängige Vertragspartner[444]. Der PIDA definiert sogenannte geschützte Enthüllungen (*protected disclosure*). Es handelt sich dabei um Informationen über Verbrechen, Gesetzesverstöße, Gefährdungen wichtiger Rechtsgüter, wie Gesundheit, Sicherheit von Personen und der Umwelt, soweit diese Informationen in gutem Glauben (*in good faith*) getätigt werden, unabhängig davon, ob dieses angezeigte Verhalten bereits geschehen ist, gegenwär-

438 Übersetzt etwa: Gesetz über Offenbarung im öffentlichen Interesse, vgl. *Deiseroth*, Whistleblowing in Zeiten von BSE, S. 229.

439 *Schulz*, Whistleblowing, S. 56.

440 Thüsing/*Forst*, Beschäftigtendatenschutz, § 6 Rn. 7.

441 Vgl. *Deiseroth*, Whistleblowing in Zeiten von BSE, S. 229.

442 *Worth*, Whistleblowing in Europe, S. 10.

443 *Schulz*, Whistleblowing, S. 298.

444 *Schulz*, Whistleblowing, S. 295; *Gutjahr*, Whistleblowing im öffentlichen Sektor, S. 24; *Nordmann*, PH 2006, 49, 50.

tig ist oder bevorsteht[445]. Einer Weitergabe an Medien muss zuvor eine gescheiterte interne Klärung vorgehen. Sollte der Whistleblower nach der Tätigung einer solchen Enthüllung seinen Arbeitsplatz verlieren, kann er Entschädigungsansprüche geltend machen[446]. Gemeldet werden können Verletzungen zivil-, straf- und öffentlich-rechtlicher Normen, sowie Fehlentscheidungen der Justiz und Handlungen, die Gesundheit, Leben und Umwelt gefährden[447].

Die Regelungen des § 612 a n.F. BGB hätten eine dem PIDA auf den ersten Blick vergleichbare Regelung dargestellt, die sich im Gegensatz zum PIDA allerdings lediglich auf Arbeitnehmer bezogen hätte, so dass zumindest in dieser Hinsicht nur ein engerer Anwendungsbereich eröffnet worden wäre.

IV. Fazit

Festzuhalten ist, dass in den Vereinigten Staaten und in Großbritannien explizite Whistleblowerschutzgesetze existieren. Dies liegt an den historischen Hintergründen beider Staaten, aus denen sich diese Gesetze entwickeln konnten. In Deutschland hingegen besteht eine Abneigung gegenüber „Denunzianten" und „Verrätern", mit denen Whistleblower noch immer in Verbindung gesetzt werden.

Es gibt in Deutschland lediglich einige wenige gesetzliche Regelungen, die aber keinen generellen Whistleblowerschutz bezwecken, sondern entweder einen sehr engen sachlichen oder persönlichen Anwendungsbereich aufweisen. Die bisher ergangenen gerichtlichen Entscheidungen sind Einzelfallentscheidungen und können ebenso wenig generalisierend auf das Whistleblowing angewandt werden. Mehrere Gesetzesentwürfe verschiedener Bundestagsfraktionen wurden nicht weiter verfolgt, so dass bis dato in Deutschland kein allgemeines

445 Section 43 B des PIDA; *Lutterbach*, Whistleblowing, S. 13; *Deiseroth*, Whistleblowing in Zeiten von BSE, S. 229; Rotsch/*Rotsch*/*Wagner*, Criminal Compliance, § 34 C Rn. 76.

446 *Nordmann*, PH 2006, 49, 50.

447 Vgl. auch *Lutterbach*, Whistleblowing, S. 13 f. sowie *Deiseroth*, Whistleblowing in Zeiten von BSE, S. 229.

Whistleblowerschutzgesetz existiert und für Whistleblower damit auch keine Rechtsklarheit besteht.

E. Strafbarkeit des Whistleblowers

Nachdem festgestellt wurde, dass Whistleblowing verheerende arbeitsrechtliche sowie private Konsequenzen haben kann, soll im folgenden Kapitel die strafrechtliche Seite des Whistleblowings beleuchtet werden. In der Literatur und in der Rechtsprechung wurde die strafrechtliche Seite des Whistleblowings bisher kaum beleuchtet, so dass sich die Frage stellt, nach welchen strafrechtlichen Normen sich ein Whistleblower strafbar machen kann[448]. Daneben sollen die bei einem Whistleblowing in Frage kommenden Rechtfertigungsgründe untersucht werden und die Frage beantwortet werden, ob die Regelungen des geltenden Rechts ausreichend sind, um einen Whistleblower vor strafrechtlichen Sanktionen zu schützen.

Zur Veranschaulichung der strafrechtlichen Problematik soll folgendes **Beispiel** dienen:

> Ein Chemieunternehmen schüttet regelmäßig vor oder bei einem Hochwasser chemische Abfälle in den nahegelegenen Fluss, um Kosten für die Entsorgung einzusparen. Dabei wird im Einzelfall entschieden, ob Abfälle in das Wasser abgelassen werden sollen. Durch das Hochwasser ist der Nachweis der Entsorgung erschwert und die Konzentration lässt sich durch die größere Wassermenge schwieriger belegen. In Frage kommen hier Straftaten gegen die Umwelt (§§ 324 ff. StGB). Das Unternehmen hat selbstverständlich ein hohes Interesse daran, solche Umweltverstöße geheim zu halten. Da dieses Verhalten schon mehrfach vorgekommen ist, kann man davon ausgehen, dass beim nächsten oder übernächsten Hochwasser mit an Sicherheit grenzender Wahrscheinlichkeit wieder Giftmüll ins Gewässer gekippt wird.
> Der Mitarbeiter A des Unternehmens erhält von dieser Praxis Kenntnis und möchte diese Aktivitäten und den Verstoß gegen die Umwelt nicht länger hinnehmen.

---

448 Siehe hierzu schon *Lutterbach*, Whistleblowing, S. 57 ff.; *Koch*, ZIS 2008, 500 ff.; *Schemmel/Ruhmannseder/Witzigmann*, Hinweisgebersysteme, Kapitel 4 Rn. 9 ff.; Rotsch/*Rotsch/Wagner*, Criminal Compliance, § 34 C Rn. 52 ff.

Der Mitarbeiter A hat verschiedene Möglichkeiten dem beobachteten Missstand zu begegnen. Zum einen (1) kann er den Missstand schweigend hinnehmen und tatenlos bleiben. Zum anderen (2) kann er sich an seinen unmittelbaren Vorgesetzten wenden und ihm von seinen Beobachtungen berichten. Zu guter Letzt (3) kann er aber auch den ordentlichen Dienstweg verlassen und sich innerhalb des Unternehmens an den nächsthöheren Vorgesetzten wenden oder an andere organisationsinterne Stellen oder aber auch an (Strafverfolgungs-) Behörden oder die Presse und die Medien.

Auf den ersten Blick scheint **Alternative (1)** strafrechtlich unproblematisch zu sein. Allerdings kommt auch bei „unterlassenem Whistleblowing" eine Strafbarkeit in Betracht, wenn der Betroffene eine Pflicht zur Anzeige hat[449]. Exemplarisch soll hier die Anzeigepflicht nach § 138 StGB bei geplanten Straftaten genannt werden und die damit einhergehende Strafbarkeit wegen einer Nichtanzeige. Bei den dort genannten Straftaten – allen voran den Kapitaldelikten – handelt es sich aber schwerlich um solche, die typischerweise unternehmens- oder behördenintern begangen werden[450], so dass diese Alternative im Rahmen dieser Arbeit außer Acht gelassen werden kann.

Deshalb sollen im Folgenden strafrechtliche Konsequenzen des begangenen, nicht eines unterlassenen Whistleblowings untersucht werden. Aufgrund der Tatsache, dass es sich bei einer Meldung an den unmittelbaren Vorgesetzten schon nach der hiesigen Definition nicht um Whistleblowing handelt[451], sondern um die Einhaltung des offiziellen Dienstwegs, ist **Alternative (2)** für diese Arbeit und die Frage nach der Strafbarkeit des Whistleblowers ebenfalls nicht von Belang.

Aus strafrechtlicher Sicht ist im vorliegenden Rahmen einzig und allein **Alternative (3)** von Interesse, da hier der organisationsinterne Missstand entweder den einzuhaltenden Meldeweg bzw. die Sphäre der Organisation nach Außen verlässt. Ein Whistleblower, der außerhalb des Meldewegs auf einen Missstand innerhalb seiner Organisation hinweist, muss möglicherweise damit rechnen, dass dieser Hinweis strafrechtliche Konsequenzen nach sich ziehen kann.

---

449 Vgl. dazu Rotsch/*Rotsch*/*Wagner*, Criminal Compliance, § 34 C Rn. 58.

450 Rotsch/*Rotsch*/*Wagner*, Criminal Compliance, § 34 C Rn. 58.

451 Siehe Abschnitt C. I. 2. f) ee).

Die Geheimnissphäre eines Unternehmens oder der öffentlichen Verwaltung ist neben arbeitsrechtlichen bzw. beamtenrechtlichen Treuepflichten durch eine Vielzahl von Vorschriften geschützt. Handelt es sich bei dem Geheimnis, wie im obigen *Musterbeispiel*, um ein illegales Geheimnis, so ist eine Abwägung zwischen dem Allgemeininteresse an der Durchsetzung der Rechtsordnung und dem Interesse des Unternehmens an der Geheimhaltung von Unternehmensinterna vorzunehmen[452].

Jeder hat zwar das staatsbürgerliche Recht, nach § 158 StPO eine Straftat mittels einer Strafanzeige oder eines Strafantrags bei der Staatsanwaltschaft, den Behörden und Beamten des Polizeidienstes sowie den Amtsgerichten anzubringen. Eine Pflicht zur Anzeige besteht nach § 138 StGB allerdings lediglich bei den dort abschließend aufgezählten Straftaten, wozu nur die schwersten Straftaten und Kapitalverbrechen wie die Vorbereitung eines Angriffskrieges, Raub und Tötungsdelikte gehören[453].

Relevant sind im Folgenden die Normen nach § 17 UWG sowie §§ 203, 353 b StGB und den §§ 85 GmbHG, 333 HGB, 404 AktG, 151 GenG, 138 VAG, 315 UmwG sowie §§ 93 ff. StGB, Ehrschutzdelikte der §§ 185 ff. StGB und §§ 164, 145 d StGB.

I. § 17 UWG – Verrat von Geschäfts- und Betriebsgeheimnissen

Ein beachtliches Risiko für Whistleblower besteht im Hinblick auf geheimnisschützende Straftatbestände[454]. Gerade in Betrieben, in denen kein Hinweisgebersystem besteht und Mitarbeiter demnach keine Möglichkeit haben, auf Missstände hinzuweisen, stellt sich für sie die Frage, an wen sie sich wenden können. In solchen Fällen gibt es die naheliegende Möglichkeit, entdeckte Gesetzesverletzungen an externe Stellen zu tragen, die diesen abhelfen könnten. Hierzu zählt neben staatlichen Stellen und Ermittlungsbehörden auch die breite Öffentlichkeit (beispielsweise durch ein Zuspielen von Informationen an Me-

452 *Rützel*, GRUR 1995, 557.

453 Siehe hierzu *Zimmermann*, ArbRAktuell 2012, 58.

454 Siehe dazu auch *Schemmel/Ruhmannseder/Witzigmann*, Hinweisgebersysteme, Kapitel 4 Rn. 22.

dienvertreter)[455]. Allerdings folgt aus einer dienstvertraglichen Pflicht zur Loyalität auch die Pflicht, dienstliche Vorgänge und Interna geheim zu halten[456].

Whistleblower, die geheime Informationen innerhalb eines Unternehmens an unternehmensinterne Personen, die keine Geheimnisträger sind oder an externe Personen mitteilen, um auf gesetzeswidrige Methoden, Straftaten, Missstände oder illegitimes Verhalten hinzuweisen, können sich nach § 17 UWG wegen des Verrats von Geschäfts- und Betriebsgeheimnissen strafbar machen. Das oben unter Abschnitt E. gebildete *Beispiel* zeigt exemplarisch in seiner Alternative (3) genau dieses relevante Verhalten.

Unternehmen haben ein Interesse daran, ihr Verhalten auf dem Markt sowie ihre gewinnbringenden Strategien und ihren Fortschritt – im Großen und Ganzen ihr „Know-how" – geheim zu halten, um gegenüber der Konkurrenz zu bestehen[457]. Häufig stellen Geschäfts- und Betriebsgeheimnisse den wertvollsten Bestandteil des gesamten Unternehmenskapitals dar, so dass in den §§ 17 – 19 UWG Unternehmensgeheimnissen ein strafrechtlich gesicherter Schutz gewährleistet werden muss[458]. Der jährliche durch Geheimnisverrat und Betriebsspionage verursachte Schaden in Deutschland beträgt laut Schätzungen mehrere Milliarden Euro[459].

Allerdings ist die Zahl der eingeleiteten Strafverfahren wegen Verstoßes gegen § 17 UWG nicht besonders hoch, da die geschädigten Unternehmen oftmals keine Anzeige bei den Strafverfolgungsbehörden erstatten, um nach außen hin keine Reputationsverluste zu erleiden: so wurden laut Polizeilicher Kriminalstatistik im Jahre 2014 264 Fälle des Geheimnisverrats nach § 17 Abs. 1 UWG registriert (2013: 284 Fälle) und 133 Fälle des § 17 Abs. 2 UWG (2013: 141 Fälle)[460].

§ 17 UWG enthält drei voneinander unabhängige Straftatbestände: Absatz 1 umfasst den Geheimnisverrat durch Beschäftigte des Unter-

455 *von Pelchrzim*, CCZ 2009, 25, 26.

456 Vgl. auch *Zimmermann*, ArbRAktuell 2012, 58, 59.

457 Vgl. dazu Wabnitz/Janovsky/*Möhrenschlager*, WStR, Kap. 15 Rn. 1.

458 *Emmerich*, Unlauterer Wettbewerb, § 10 Rn. 1; *Richters/Wodtke*, NZA-RR 2003, 281.

459 *Wittig*, Wirtschaftsstrafrecht, § 33 Rn. 25; *Kiethe/Hohmann*, NStZ 2006, 185.

460 PKS 2014 des Bundeskriminalamtes, S. 95; PKS 2013 des Bundeskriminalamtes, S. 76; vgl. auch Wabnitz/Janovsky/*Möhrenschlager*, WStR, Kap. 15 Rn. 2.

nehmens während der Geltungsdauer des Dienstverhältnisses; Absatz 2 hingegen enthält zwei Jedermannsdelikte: Absatz 2 Nr. 1 erfasst besondere Fälle der Ausspähung oder Verwertung fremder Unternehmensgeheimnisse unter Anwendung technischer Mittel (Betriebsspionage); Absatz 2 Nr. 2 stellt die Geheimnishehlerei unter Strafe, mithin die unbefugte Verwertung oder Mitteilung eines nach Absatz 1 oder Absatz 2 Nr. 1 erlangten Geheimnisses[461]. § 17 Abs. 3 UWG enthält die Versuchsstrafbarkeit.

1. Schutzzweck

§ 17 UWG dient dem Schutz von Unternehmensgeheimnissen[462] und damit in erster Linie dem Schutz der (subjektiven) Interessen des Geheimnis- und damit zumeist des Unternehmensinhabers[463]. Anders als der Zweck des Gesetzes gegen den unlauteren Wettbewerb, welcher nach § 1 UWG dem Schutz von Mitbewerbern, der Verbraucher und sonstiger Marktteilnehmer vor unlauteren geschäftlichen Handlungen dient (Satz 1) und darüber hinaus das Allgemeininteresse am unverfälschten Wettbewerb schützen soll (Satz 2), handelt es sich bei § 17 UWG um ein Vermögensdelikt[464]. Die „Schutzzwecktrias"[465] des § 1 UWG und Allgemeininteressen sind im Rahmen des § 17 UWG von nebensächlicher Bedeutung, zumal § 17 UWG nach seinem Wortlaut keine Hinweise auf den Verbraucherschutz beinhaltet. Andere sehen als geschütztes Rechtsgut auch das Interesse der Allgemeinheit an

---

461 HK-UWG/*Koehler/Hasselblatt*, § 17 Rn. 2; *Emmerich*, Unlauterer Wettbewerb, § 10 Rn. 1 ff.; *Wittig*, Wirtschaftsstrafrecht, § 33 Rn. 26; *Többens*, WRP 2005, 552, 555.

462 Deutschland ist völkerrechlich nach Art. 39 Abs. 1 des TRIPS-Übereinkommens der Welthandelsorganisation WTO zur Sicherung eines wirksamen Schutzes gegen unlauteren Wettbewerb verpflichtet, „nicht offenbarte Informationen" zu schützen, siehe hierzu Busche/Stoll/Wiebe/*Peter/Wiebe*, TRIPS, Art. 39 Rn. 1ff.; Köhler/Bornkamm/*Köhler*, UWG § 17 Rn. 3 a; *Mayer*, GRUR 2011, 884.

463 Ohly/Sosnitza/*Ohly*, UWG, § 17 Rn. 1; Wabnitz/Janovsky/*Möhrenschlager*, WStR, Kap. 15 Rn. 4.

464 Ohly/Sosnitza/*Ohly*, UWG, § 17 Rn. 29; Erbs/Kohlhaas/*Diemer*, Nebengesetze, § 17 UWG Rn. 2; a.A. Köhler/Bornkamm/*Köhler*, UWG § 17 Rn. 2.

465 So MüKo-UWG/*Brammsen*, § 17 Rn. 4 und 6.

einem unverfälschten und funktionierenden Wettbewerb[466]. Hiergegen spricht allerdings, dass § 17 UWG nach seinem Absatz 5 als relatives Antragsdelikt ausgestaltet ist[467], so dass § 17 UWG den Schutz der Individualinteressen des Unternehmens bezweckt.

2. § 17 Abs. 1 UWG – Geheimnisverrat

a) Täter

Nur Beschäftigte eines Unternehmens können taugliche Täter des § 17 UWG sein. Es handelt sich somit um ein echtes Sonderdelikt[468]. Unter den Begriff des Beschäftigten fallen alle Angehörigen des Unternehmens, unabhängig von Art, Umfang, Dauer ihrer Beschäftigung oder ihrer Bezahlung, also Arbeitnehmer in Voll- oder Teilzeit, Leiharbeiter, Geschäftsführer, Vorstandsmitglieder, Aufsichtsratsmitglieder und Auszubildende, Praktikanten oder das Putzpersonal, nicht aber der Geschäftsinhaber selbst, Gesellschafter oder Personen, die freiberuflich bzw. selbständig, also nicht weisungsgebunden, für das Unternehmen tätig sind, wie Steuerberater oder Rechtsanwälte[469]. Um einen umfassenden Geheimnisschutz zu gewährleisten ist das Tatbestandsmerkmal des Unternehmensbeschäftigten weit auszulegen[470]; es kommt nicht auf die Position im Unternehmen oder die Dauer der Betriebszugehörigkeit an. Selbst Angestellte von verbundenen Unternehmen kommen in Betracht[471]. Dadurch, dass gerade sämtliche Unter-

466 Erbs/Kohlhaas/*Diemer*, Nebengesetze, § 17 UWG Rn. 2; vgl. auch Rotsch/*Rotsch/Wagner*, Criminal Compliance, § 34 C Rn. 53.

467 *Engländer/Zimmermann*, NZWiSt 2012, 328, 332; Rotsch/*Rotsch/Wagner*, Criminal Compliance, § 34 C Rn. 53.

468 *von Pelchrzim*, CCZ 2009, 25, 27; *Wittig*, Wirtschaftsstrafrecht, § 33 Rn. 32.

469 Momsen/Grützner/*Heghmanns*, WStR, Kap. 7 A Rn. 9 f.; MüKo-UWG/*Brammsen*, § 17 Rn. 33 ff.; Wabnitz/Janovsky/*Möhrenschlager*, WStR, Kap. 15 Rn. 11; *von Pelchrzim*, CCZ 2009, 25, 27; *Engländer/Zimmermann*, NZWiSt 2012, 328, 329; *Wittig*, Wirtschaftsstrafrecht, § 33 Rn. 34; *Emmerich*, Unlauterer Wettbewerb, § 10 Rn. 5; *Aldoney Ramírez*, Geschäfts- und Betriebsgeheimnisse, S. 102; *Große-Vorholt*, Wirtschaftsstrafrecht Rn. 1109.

470 Wabnitz/Janovsky/*Möhrenschlager*, WStR, Kap. 15 Rn. 11; *Wittig*, Wirtschaftsstrafrecht, § 33 Rn. 33; *Többens*, NStZ 2000, 505, 507.

471 *von Pelchrzim*, CCZ 2009, 25, 27; *Große-Vorholt*, Wirtschaftsstrafrecht Rn. 1110.

nehmensbeschäftigten vom Regelungsumfang des § 17 Abs. 1 UWG umfasst werden, der persönliche Anwendungsbereich im Vergleich zu anderen geheimnisschützenden Vorschriften also sehr weit ist, stellt dieser das größte Risiko auf strafrechtlicher Ebene für Whistleblower dar[472].

Nichtsdestotrotz ist der persönliche Anwendungsbereich enger als derjenige nach der hier verwendeten Definition des Whistleblowings. Nach dieser Definition können auch nicht weisungsgebundene Personen, die für das Unternehmen tätig werden, Whistleblower sein. Sie werden vom Straftatbestand des § 17 UWG allerdings nicht umfasst. Da es sich bei Whistleblowern aber in den meisten Fällen um Unternehmensbeschäftigte handeln wird, fällt die Mehrheit der Whistleblower dennoch in den persönlichen Anwendungsbereich des § 17 UWG.

b) Geschäfts- und Betriebsgeheimnisse

Der Begriff des **Geschäfts- und Betriebsgeheimnisses** ist gesetzlich nicht definiert, sondern wurde von der Rechtsprechung entwickelt[473]. Diese bezeichnet das Geschäfts- und Betriebsgeheimnis als jede im Zusammenhang mit einem Betrieb stehende Tatsache, die nicht offenkundig, sondern nur einem eng begrenzten Personenkreis bekannt ist und nach dem bekundeten Willen des Betriebsinhabers, der auf einem ausreichenden wirtschaftlichen Interesse beruht, geheim gehalten werden soll[474]. Dabei handelt es sich bei Betriebsgeheimnissen um solche, die technisches Wissen umfassen; Geschäftsgeheimnisse umfassen dagegen vornehmlich kaufmännisches Wissen, also alle Daten, die sich auf den Zustand des Unternehmens und sein Marktverhalten bezie-

---

472 *Schemmel/Ruhmannseder/Witzigmann*, Hinweisgebersysteme, Kapitel 4 Rn. 22; vgl. auch *Bock*, Criminal Compliance, S. 736.

473 MüKo-UWG/*Brammsen*, § 17 Rn. 9; *von Pelchrzim*, CCZ 2009, 25, 26; *Mayer*, GRUR 2011, 884, 885; *Többens*, WRP 2005, 552, 555.

474 BVerfG MMR 2006, 375, 376; RGZ 149, 329, 334 – *Stiefeleisenpresse*; BGH GRUR 1955, 424, 424 f. – *Möbelpaste*; GRUR 1961, 40, 43 – *Wurftaubenpresse*; GRUR 2006, 1044, 1046 – *Kundendatenprogramm*; BayObLG, NJW 1991, 438, 439; siehe auch Harte-Bavendamm/Henning-Bodewig/*Harte-Bavendamm*, UWG, § 17 Rn. 1; vgl. auch *Rützel*, GRUR 1995, 557; *Engländer/Zimmermann*, NZWiSt 2012, 328, 329; *Zimmermann*, ArbRAktuell 2012, 58, 59.

hen[475]. Zu den Geschäftsgeheimnissen werden nach einem Beschluss des Bundesverfassungsgerichts vom 14. März 2006[476] etwa Umsätze, Erträge, Kundenlisten und -adressen, die Bezugsquellen des Unternehmens, Konditionen, Marktstrategien, Tatsachen hinsichtlich der Kreditwürdigkeit, Entwicklungs- und Forschungsprojekte etc. gezählt, durch die die wirtschaftlichen Verhältnisse eines Unternehmens bestimmt werden können. Betriebsgeheimnisse[477] im engeren Sinne hingegen beinhalten alle technischen Daten eines Unternehmens, wie Konstruktionszeichnungen[478], verschiedene Fertigungs- und Herstellungsverfahren[479], Rezepturen[480] oder aber auch Computerprogramme einschließlich Programmcodes[481].

Für die Praxis ist diese Abgrenzung allerdings kaum von Bedeutung, da beide Begriffe die Gesamtheit der unternehmensbezogenen Geheimnisse umfassen und die Terminologie selbst nicht immer einheitlich verwendet wird[482]. Des Weiteren ist eine strikte Abgrenzung zwischen beiden Begriffen nicht immer möglich, da es Fälle gibt, die sich nicht eindeutig unter den einen oder den anderen Begriff subsumieren lassen[483], so dass die Oberbegriffe Unternehmensgeheimnis[484] oder Wirtschaftsgeheimnis[485] benutzt werden. Im Rahmen dieser Ar-

475 BVerfG MMR 2006, 375, 376; Ohly/Sosnitza/*Ohly*, UWG, § 17 Rn. 5; Köhler/Bornkamm/*Köhler*, UWG § 17 Rn. 12. Nach *Aldoney Ramírez*, Geschäfts- und Betriebsgeheimnisse, S. 24, ist diese Definition zu eng und nur vom Ergebnis her überzeugend. Eine Geheimhaltung aus betrieblichen oder geschäftlichen Gründen kann auch andere Informationen umfassen.

476 BVerfG MMR 2006, 375, 376; siehe auch Köhler/Bornkamm/*Köhler*, UWG § 17 Rn. 4 a.

477 Siehe dazu Köhler/Bornkamm/*Köhler*, UWG § 17 Rn. 12.

478 BGH GRUR 1964, 31; 1983, 179, 180.

479 BGH GRUR 1963, 367, 367 f.; 2003, 356, 358.

480 BGH GRUR 1980, 750, 751.

481 LG Stuttgart NJW 1991, 441; BayObLG GRUR 1991, 694; vgl. auch Ohly/Sosnitza/*Ohly*, UWG, vor §§ 17 – 19 Rn. 1.

482 Köhler/Bornkamm/*Köhler*, UWG § 17 Rn. 4 a; MüKo-StGB/*Janssen/Maluga*, § 17 UWG Rn. 17; MüKo-UWG/*Brammsen*, § 17 Rn. 8.

483 *Aldoney Ramírez*, Geschäfts- und Betriebsgeheimnisse, S. 28; siehe auch *Engländer/Zimmermann*, NZWiSt 2012, 328, 329; Wabnitz/Janovsky/*Möhrenschlager*, WStR, Kap. 15 Rn. 5.

484 So auch *Engländer/Zimmermann*, NZWiSt 2012, 328, 329; *Többens*, NStZ 2000, 505, 506.

485 Vgl. MüKo-UWG/*Brammsen*, § 17 Rn. 8; *Wittig*, Wirtschaftsstrafrecht, § 33 Rn. 36.

beit wird neben dem Begriff des Geschäfts- und Betriebsgeheimnisses ebenso der Begriff des Unternehmensgeheimnisses verwendet.

Folgende **Voraussetzungen** muss ein Geheimnis erfüllen, um als Unternehmensgeheimnis zu gelten[486]:

aa) Unternehmensbezogenheit

Das Geheimnis muss im **Zusammenhang zu einem Unternehmen** stehen, also dem geschäftlichen Bereich zugeordnet sein[487]. Nur ein solcher Bezug kann nichtoffenkundige Tatsachen zu Unternehmensgeheimnissen machen, und damit die ungestörte Ausübung des Gewerbebetriebes sichern[488]. Der Unternehmensbezug fehlt bei Tatsachen, die die Privatsphäre – sei es des Unternehmensinhabers oder von Arbeitnehmern[489] – betreffen[490]. Auch bei staatlichen Geheimnissen oder nichtgewerblichen Informationen handelt es sich um nicht unternehmensbezogene Geheimnisse[491].

Es reicht somit für eine Strafbarkeit eines Whistleblowers nach § 17 UWG nicht aus, dass dieser Privatgeheimnisse von Kollegen oder von Vorgesetzten nach außen trägt, da diese eben nicht unternehmensbezogen sind. Dies ist im Rahmen des Whistleblowings unproblematisch zu bejahen, da nach dem obigen Definitionsansatz das Whistleblowing gerade organisations- also auch unternehmensbezogene Missstände aufdecken soll und damit von vornherein einen Unternehmensbezug haben muss, um überhaupt als Whistleblowing bezeichnet zu werden[492].

486 Siehe dazu *Engländer/Zimmermann*, NZWiSt 2012, 328, 329.
487 *Wittig*, Wirtschaftsstrafrecht, § 33 Rn. 38; Ohly/Sosnitza/*Ohly*, UWG, § 17 Rn. 6.
488 Harte-Bavendamm/Henning-Bodewig/*Harte-Bavendamm*, UWG, § 17 Rn. 2; siehe schon RGZ 149, 329, 332 – *Stiefeleisenpresse*.
489 OLG Stuttgart Urteil vom 02.04.1990 – 3 Ss 57/90 –, Juris Rn. 18.
490 Köhler/Bornkamm/*Köhler*, UWG § 17 Rn. 5; MüKo-StGB/*Janssen/Maluga*, § 17 UWG Rn. 18.
491 MüKo-StGB/*Janssen/Maluga*, § 17 UWG Rn. 18.
492 So auch *Schemmel/Ruhmannseder/Witzigmann*, Hinweisgebersysteme, Kapitel 4 Rn. 12.

bb) Fehlende Offenkundigkeit

Ist eine Tatsache **offenkundig**, kann sie schon begrifflich kein Geheimnis darstellen[493]. Offenkundigkeit besteht bei Tatsachen, wenn diese den Interessenten- oder Fachkreisen, die mit Informationen dieser Art üblicherweise befasst sind, allgemein bekannt oder leicht zugänglich sind[494].

(1) Allgemein bekannte Tatsachen

Allgemeine Bekanntheit von Tatsachen ist in Fällen zu bejahen, in denen verständige Menschen (des interessierten Kreises) von diesen Kenntnis haben oder sich ohne besondere Fachkunde aus zuverlässigen Quellen Kenntnis verschaffen können[495]. Dazu zählen Veröffentlichungen in Medien, in der Fachliteratur, im Rundfunk oder Internet, bei offengelegten Patentanmeldungen oder veröffentlichten Gebrauchsmustern[496]. In Fällen des Whistleblowing ist es dabei weniger die Fachpresse, sondern die Berichterstattung in den allgemein zugänglichen Medien, wie Zeitungen, Fernsehen, Radio oder Internet, in denen Skandale aufgedeckt werden und mediale Aufmerksamkeit auf sich ziehen.

Eine Tatsache ist nicht schon dann offenkundig, wenn sie einem begrenzten, auch einem größeren Personenkreis bekannt ist[497]. Wie groß die Zahl der eingeweihten Personen sein muss, um Offenkundigkeit zu bejahen, ist vom Einzelfall abhängig[498] und kann zahlenmäßig nicht exakt definiert werden[499]. Maßgebend ist vielmehr, ob der einge-

493 Vgl. RGSt 29, 426, 428; 40, 406, 408.

494 BGH GRUR 1958, 297, 298 f. – *Petromax*; Ohly/Sosnitza/*Ohly*, UWG, § 17 Rn. 7; Köhler/Bornkamm/*Köhler*, UWG § 17 Rn. 7; *Wittig*, Wirtschaftsstrafrecht, § 33 Rn. 39; Wabnitz/Janovsky/*Möhrenschlager*, WStR, Kap. 15 Rn. 9.

495 BGHSt 6, 292, 293; vgl. auch Erbs/Kohlhaas/*Diemer*, Nebengesetze, § 17 UWG Rn. 10.

496 Köhler/Bornkamm/*Köhler*, UWG § 17 Rn. 7.

497 BGH GRUR 1955, 424, 425 – *Möbelpaste*; Erbs/Kohlhaas/*Diemer*, Nebengesetze, § 17 UWG Rn. 9.

498 BayObLG, NJW 1991, 438, 439; Erbs/Kohlhaas/*Diemer*, Nebengesetze, § 17 UWG Rn. 10.

499 RGSt 42, 394, 396; siehe auch Harte-Bavendamm/Henning-Bodewig/*Harte-Bavendamm*, UWG, § 17 Rn. 4.

weihte Personenkreis unter Kontrolle gehalten werden kann[500]. Wird ein Geheimnis einem zur Verschwiegenheit verpflichteten Kreis Dritter anvertraut, sei es vertraglich oder gesetzlich, so ist Offenkundigkeit ausgeschlossen[501]. Teilt eine Person einer anderen Person innerhalb eines solchen eingeweihten Kreises eine Tatsache mit, so ist freilich nicht von Whistleblowing zu sprechen.

(2) Leichte Zugänglichkeit

Neben der allgemeinen Bekanntheit fehlt Offenkundigkeit bei **leichter Zugänglichkeit** der betroffenen Tatsachen. Kann sich jede interessierte Person mit lauteren Mitteln und ohne größere Schwierigkeiten oder Opfer Kenntnis verschaffen, so liegt leichte Zugänglichkeit und damit ebenso Offenkundigkeit vor[502]. Dies wird in den meisten Fällen bei den vom Whistleblowing umfassten Tatsachen nicht der Fall sein.

(3) Regelwidriges Verhalten innerhalb eines Unternehmens

Illegales oder regelwidriges Verhalten innerhalb eines Unternehmens wird in den meisten Fällen außenstehenden Personen weder leicht zugänglich, noch allgemein bekannt sein. Des Weiteren sind die Mitwisser meist arbeitsvertraglich oder zumindest aufgrund der dem Arbeitsvertrag immanenten Pflicht zur Rücksichtnahme auf die geschäftlichen Interessen des Arbeitgebers (§ 242 BGB)[503] zur Verschwiegenheit verpflichtet, so dass an illegalen Unternehmensgeheimnissen bzw. Missständen oder an regelwidrigem Verhalten innerhalb eines Unternehmens ohne weiteres Offenkundigkeit nicht angenommen werden kann[504].

---

500 Harte-Bavendamm/Henning-Bodewig/*Harte-Bavendamm*, UWG, § 17 Rn. 4; Ohly/Sosnitza/*Ohly*, UWG, § 17 Rn. 8; *Schemmel/Ruhmannseder/Witzigmann*, Hinweisgebersysteme, Kapitel 4 Rn. 13.

501 Köhler/Bornkamm/*Köhler*, UWG § 17 Rn. 7 a.

502 Vgl. BayObLG, NJW 1991, 438, 439; Köhler/Bornkamm/*Köhler*, UWG § 17 Rn. 8.

503 *Richters/Wodtke*, NZA-RR 2003, 281, 282; *Salger/Breitfeld*, BB 2005, 154, 155 f.; vgl. auch *Brüssow/Petri*, Arbeitsstrafrecht Rn. 100.

504 Vgl. dazu auch *Schemmel/Ruhmannseder/Witzigmann*, Hinweisgebersysteme, Kapitel 4 Rn. 14.

c) Geheimhaltungswille

Eine weitere Voraussetzung für die Bejahung eines Geschäfts- oder Betriebsgeheimnisses ist das Vorliegen eines **Nichtoffenbarungswillens** des Unternehmers. Dieser Wille muss nach außen hin erklärt werden oder zumindest erkennbar sein und sich aus den Umständen ergeben, wobei hier keine zu strikten Anforderungen gestellt werden dürfen. Es reicht aus, wenn sich der Wille aus der Natur Sache, die geheim gehalten werden soll, ergibt[505]. Ein solcher Wille wird bei nicht offenkundigen betriebsinternen Kenntnissen und Abläufen, die Einfluss auf die Wettbewerbsposition des Unternehmens auf dem Markt haben können, indiziert[506]. Es genügt, wenn aufgrund der Bedeutung des Gegenstandes für das Unternehmen und für seine Position im Wettbewerb darauf zu schließen ist, dass der Unternehmer den Gegenstand als Geheimnis behandelt hätte[507].

Bei illegalen Vorgängen und Missständen innerhalb eines Unternehmens drohen immense Reputationsschäden und unter Umständen Bußgelder, sollten solche Tatsachen ans Tageslicht geraten. Ein Geheimhaltungswille ergibt sich schon aus diesem Umstand. Illegale Unternehmensvorgänge sind nicht für Außenstehende bestimmt, sondern sollen nach dem Interesse des Unternehmens die Sphäre des Betriebes nie verlassen, denn durch die Offenbarung solcher ist die Schwächung der Position auf dem Markt im Hinblick auf den Wettbewerb praktisch schon vorprogrammiert und kann dauerhaft zu irreversiblen Schäden führen[508].

---

505 *Wittig*, Wirtschaftsstrafrecht, § 33 Rn. 41; Köhler/Bornkamm/*Köhler*, UWG § 17 Rn. 10; *Többens*, NStZ 2000, 505, 506; JurisPK-UWG/*Ernst*, § 17 Rn. 17; HK-UWG/*Koehler/Hasselblatt*, § 17 Rn. 16; *Schemmel/Ruhmannseder/Witzigmann*, Hinweisgebersysteme, Kapitel 4 Rn. 15.

506 *Wittig*, Wirtschaftsstrafrecht, § 33 Rn. 41; Köhler/Bornkamm/*Köhler*, UWG § 17 Rn. 10; Harte-Bavendamm/Henning-Bodewig/*Harte-Bavendamm*, UWG, § 17 Rn. 5.

507 Harte-Bavendamm/Henning-Bodewig/*Harte-Bavendamm*, UWG, § 17 Rn. 5.

508 *Altenburg*, BLJ 2008, 3, 5; *Schemmel/Ruhmannseder/Witzigmann*, Hinweisgebersysteme, Kapitel 4 Rn. 16. So z.B. der oben unter Abschnitt B. VI. geschilderte Korruptionsfall Siemens.

d) Geheimhaltungsinteresse

Für den Geheimnisschutz ist ferner ein **berechtigtes wirtschaftliches Interesse** des Betriebsinhabers an der **Geheimhaltung** der Tatsache notwendig[509]. Ein solches ist gegeben, wenn die Tatsache dazu geeignet ist, die Wettbewerbsposition eines Konkurrenten zu fördern, die eigene Wettbewerbsposition zu schädigen oder aber dem Unternehmen wirtschaftlichen Schaden zuzufügen, wobei es nicht erforderlich ist, dass ein wirtschaftlicher Schaden tatsächlich entsteht oder droht[510]. Das Interesse muss sich merklich auf die Wettbewerbsfähigkeit des Unternehmens beziehen[511].

aa) Rechtswidrigkeit oder Sittenwidrigkeit der Tatsachen

Strittig ist zunächst, ob rechtswidrige Tatsachen überhaupt vom Schutzbereich des § 17 UWG umfasst sind.

Die **herrschende Meinung**[512] vertritt die Ansicht, dass nicht nur rechtmäßige, sondern auch solche Geheimnisse vom Schutz des § 17 UWG umfasst sind, die **rechtswidrige oder sittenwidrige Sachverhalte** betreffen. Primär geschützt von § 17 UWG ist nämlich das Integritätsinteresse des Unternehmens. Die wettbewerbliche Stellung kann gerade durch die Weitergabe von rechtswidrigen oder sittenwidrigen Tatsachen tangiert werden, da auch sittenwidrige und illegale Geheimnisse einen wirtschaftlichen Wert darstellen können[513].

Oft wird als weiteres Argument angebracht, dass der hinweisgebende Arbeitnehmer nicht die Aufgabe des Kontrollorgans seines Arbeitgebers oder eines Sittenrichters innehat. Dem Arbeitnehmer könne

---

509 BGH GRUR 1955, 424, 426 – *Möbelpaste;* Köhler/Bornkamm/*Köhler*, UWG § 17 Rn. 9.

510 Erbs/Kohlhaas/*Diemer*, Nebengesetze, § 17 UWG Rn. 14 f.; *Wittig*, Wirtschaftsstrafrecht, § 33 Rn. 42; *von Pelchrzim*, CCZ 2009, 25, 26; Wabnitz/Janovsky/*Möhrenschlager*, WStR, Kap. 15 Rn. 10.

511 BGH GRUR 1955, 424, 425 f. – *Möbelpaste; Többens*, NStZ 2000, 505, 506.

512 Harte-Bavendamm/Henning-Bodewig/*Harte-Bavendamm*, UWG, § 17 Rn. 6; Ohly/Sosnitza/*Ohly*, UWG, § 17 Rn. 12; *Többens*, NStZ 2000, 505, 506; *Koch*, ZIS 2008, 500, 503; *Satzger*, FS-Achenbach, 447, 450; *Zimmermann*, ArbRAktuell 2012, 58, 59; *Többens*, WRP 2005, 552, 556.

513 *Többens*, NStZ 2000, 505, 506; HK-UWG/*Koehler/Hasselblatt*, § 17 Rn. 19; *Koch*, ZIS 2008, 500, 503.

nicht die Befugnis verliehen werden, die Rechtmäßigkeit von innerbetrieblichen Vorgängen zu beurteilen und seine Verschwiegenheit danach anzupassen[514]. Doch kann die fehlende Befugnis eines Arbeitnehmers zur Meldung eines unrechtmäßigen Vorganges nicht darüber entscheiden, ob dieses rechtswidrige Geheimnis den Schutz des § 17 UWG genießen kann oder nicht. Vielmehr ist es Sache des Gesetzgebers bzw. der Rechtsprechung eine Entscheidung darüber zu treffen, welche Rechtsgüter strafrechtlichen Schutz genießen und welche hiervon ausgenommen werden sollen.

Eine **andere Ansicht**[515] besagt, dass Geheimnissen betreffend illegaler oder sittenwidriger Sachverhalte der Schutz des § 17 UWG versagt werden müsse. Ein solcher Schutz solle nur vereinzelt gewährt werden, wenn es durch ein erhebliches Allgemeininteresse gedeckt sei, wie beispielsweise im Falle der §§ 93, 97 a StGB das Interesse am Bestand der Bundesrepublik Deutschland oder im Falle des § 203 StGB[516] das Interesse an der Funktionsfähigkeit bestimmter sozialwichtiger Beraterberufe[517]. In allen anderen Fällen sollen solche Geheimnisse nicht vom Schutzbereich des § 17 UWG umfasst sein, da an solchen kein schutzwürdiges Interesse bestehe, sondern das Interesse an einem lauteren Wettbewerb gerade den Ausschluss dieser Geheimnisse aus dem Schutzbereich erfordere[518]. Für den Whistleblower hätte dies zur Folge, dass er bei der Offenlegung illegaler Geheimnisse – beispielsweise bei systematisch ausgeübter Steuerhinterziehung oder bei Kartellab-

---

514 *von Pelchrzim*, CCZ 2009, 25, 27; Otto, wistra 1988, 125, 126; siehe auch *Engländer/Zimmermann*, NZWiSt 2012, 328, 330; *Többens*, NStZ 2000, 505, 506; *Mayer*, GRUR 2011, 884, 887; MünchArbR/*Reichold*, § 48 Rn. 36; siehe auch *Rützel*, GRUR 1995, 557, 560.

515 Wabnitz/Janovsky/*Möhrenschlager*, Handbuch WStR, Kap. 15 Rn. 10; *Rützel*, GRUR 1995, 557, 560 f.; Erbs/Kohlhaas/*Diemer*, Nebengesetze, § 17 UWG Rn. 16; vgl. *Temming*, FS-Achenbach, 545, 550; *Engländer/Zimmermann*, NZWiSt 2012, 328, 333; *Richters/Wodtke*, NZA-RR 2003, 281, 282; *Wittig* stellt den Schutz illegaler Geheimnisse gerade im Hinblick auf das „an sich im Allgemeininteresse" liegende Whistleblowing in Frage, grenzt aber eine Strafbarkeit auf die Fälle ein, in denen illegale Geheimnisse der Öffentlichkeit preisgegeben werden, siehe bei *Wittig*, Wirtschaftsstrafrecht, § 33 Rn. 43.

516 *Fischer*, StGB, § 203 Rn. 6.

517 *Rützel*, GRUR 1995, 557, 558 f. und 560.

518 *Rützel*, GRUR 1995, 557; *Koch*, ZIS 2008, 500, 503.

sprachen[519] – keinem Strafbarkeitsrisiko ausgesetzt wäre, unabhängig davon, an welche Organisation die Mitteilung adressiert ist. Auch bei einer Offenbarung an externe Stellen wäre damit Strafbarkeit ausgeschlossen. Somit wäre eine Offenlegung – sei es aus Eigennutz oder in Schädigungsabsicht – an die Öffentlichkeit, die Presse oder sogar an Wettbewerber nicht von § 17 UWG umfasst[520].

Im Ergebnis ist der herrschenden Lehre zu folgen. Das Know-how eines Unternehmens ist praktisch kaum teilbar in einen legalen und einen illegalen Teil. Eine Beschränkung des Schutzes nach § 17 UWG auf nur legale Unternehmensgeheimnisse würde dazu führen, dass im Falle von komplexen Unternehmensgeheimnissen, die sich nicht klar in legal und illegal unterteilen lassen, Abgrenzungsprobleme entstehen können und auch der legale Teil durch die Unmöglichkeit der Teilung seinen strafrechtlichen Geheimnisschutz verlieren könnte[521]. Auch das von der Gegenansicht[522] angeführte Argument, bei der Miteinbeziehung illegaler Geheimnisse in den Schutzbereich des § 17 UWG drohe eine Kollision zwischen der Verschwiegenheitsverpflichtung und gesetzlich geforderten Anzeigepflichten, geht ins Leere, da Anzeigepflichten nur sporadisch im Gesetz vorgesehen sind und zudem sehr lückenhaft lediglich eng begrenzte Spezialfälle betreffen. Eine Interessenabwägung kann im Rahmen der Rechtswidrigkeitsprüfung – beispielsweise im Rahmen des rechtfertigenden Notstands nach § 34 StGB – vorgenommen und damit ausreichend gewürdigt werden[523].

Zudem ist es im deutschen Strafrecht – wie oben festgestellt – nicht ungewöhnlich, dass auch illegale Geheimnisse Schutz genießen. Dem Kernstrafrecht ist es nicht gänzlich unbekannt, dass rechtliche Makel eines Tatobjekts nicht zu dessen vollständiger Schutzlosigkeit führen, um strafrechtsfreie Räume zu vermeiden. Dies ist am Beispiel des „Diebes-Diebs“ im Rahmen des § 242 StGB zu sehen: auch die Beeinträchtigung rechtswidrigen Vermögenszuordnung ist strafbar[524].

519 *Koch*, ZIS 2008, 500, 503.

520 *Koch*, ZIS 2008, 500, 503; *Schemmel/Ruhmannseder/Witzigmann*, Hinweisgebersysteme, Kapitel 4 Rn. 18.

521 *Westermann*, Handbuch Know-how-Schutz, Kapitel 1 II 3 b) Rn. 52.

522 So beispielsweise *Kragler*, Schutz des geheimen Know-how, S. 33.

523 *Schemmel/Ruhmannseder/Witzigmann*, Hinweisgebersysteme, Kapitel 4 Rn. 20.

524 *Engländer/Zimmermann*, NZWiSt 2012, 328, 330; *Mayer*, GRUR 2011, 884, 887; a.A. *Rützel*, GRUR 1995, 557, 559.

Dieses Ergebnis zeigt auf, dass Mitarbeiter A aus dem obigen *Beispiel* den Tatbestand des § 17 UWG auch dann erfüllen kann, wenn er illegale Geheimnisse – hier Straftaten gegen die Umwelt – meldet. Auch diese Aktivität ist vom wettbewerblichen Geheimnisschutz umfasst und damit schützenswert.

bb) Zwischenergebnis

Nach alledem ist festzustellen, dass illegales oder sittenwidriges Verhalten innerhalb eines Unternehmens unter den Begriff des schützenswerten Geschäfts- und Betriebsgeheimnisses nach § 17 UWG fällt. Gerade solche unternehmensbezogenen, nichtoffenkundigen Tatsachen können oftmals einen wirtschaftlichen Wert für das jeweilige Unternehmen darstellen und führen dazu, dass der Geschäftsinhaber weder den Willen noch ein Interesse an der Offenbarung dieser Tatsachen hat. Bezogen auf das obige *Beispiel* ist die Tatsache, dass bei Hochwasser Chemikalien in Gewässer gekippt werden, sehr wohl ein Unternehmensgeheimnis. Der wirtschaftliche Wert liegt beispielsweise in der Ersparnis der Entsorgungskosten. Es liegt des Weiteren in der Natur der Tatsache, dass sowohl Geheimhaltungswille als auch -interesse daran bestehen. Die Offenbarung dessen würde mit an Sicherheit grenzender Wahrscheinlichkeit zu massiven Reputationsschäden führen und damit nachhaltig dem Unternehmen und seiner Wettbewerbsposition schaden[525]. Damit fallen auch illegale Regelverstöße von Unternehmen unter den Begriff des Geschäfts- und Betriebsgeheimnisses[526].

e) Tatobjekt

Das Unternehmensgeheimnis muss dem Beschäftigten „im Rahmen des Dienstverhältnisses anvertraut oder zugänglich geworden sein". Ursache für die Kenntniserlangung muss damit das Dienstverhältnis

525 So wurde in der Presse über Umweltskandale des Chemiekonzerns BASF berichtet, als das Unternehmen im Jahre 2008 in Ludwigshafen etwa 200 kg des giftigen Schädlingsbekämpfungsmittels Methylisothiocyanat (MITC) in den Rhein leitete, Frankfurter Rundschau vom 17. Oktober 2008, abzurufen unter www.fr-online.de/panorama/umweltskandal-basf-leitet-200-kilo-gift-in-den-rhein,1472782,3366840.html (Stand: 20. Februar 2016).

526 *Schemmel/Ruhmannseder/Witzigmann*, Hinweisgebersysteme, Kapitel 4 Rn. 24.

sein. Kannte der Beschäftigte das Geheimnis schon davor oder erfuhr er es unabhängig vom Dienstverhältnis, so handelt es sich um kein geeignetes Tatobjekt, womit die Strafbarkeit nach § 17 Abs. 1 UWG entfällt[527]. **Anvertraut** ist ein Geheimnis, wenn ausdrücklich oder konkludent Geheimhaltung vereinbart wurde. **Zugänglich geworden** ist es, wenn es ihm auf irgendeine mit seiner Tätigkeit zusammenhängende Weise bekannt geworden ist[528].

Der Whistleblower aus dem *Beispielsfall* erfährt betriebsinterne, geheim zu haltende Geheimnisse im Zusammenhang mit seiner Tätigkeit im Unternehmen, so dass diese Voraussetzung ebenfalls erfüllt sein dürfte.

f) Tathandlung

Die Tathandlung besteht in der **unbefugten Mitteilung des Geheimnisses** während der Geltungsdauer des Dienstverhältnisses an eine dritte Person, welche das Geheimnis nicht kennt[529]. Der Dritte kann dabei eine beliebige Person sein, ob unternehmensextern oder -intern, die das Geheimnis noch nicht kennt[530]. Damit sind alle Mitteilungen umfasst, die den Unternehmensbereich verlassen, also auch an Strafverfolgungsbehörden oder an Medien[531]. Nicht hierunter fällt die Mitteilung an einen Vorgesetzten oder an andere unternehmensinterne Personen, die sich zwar nicht unmittelbar auf dem üblichen Dienstweg befinden, allerdings auch unter die Geheimhaltungsverpflichtung des Unternehmens fallen. Wie bereits erläutert, handelt es sich auch dann um Whistleblowing, wenn die Mitteilung an eine Person außerhalb des Dienstweges, aber innerhalb des Unternehmens gerichtet ist[532]. Entgegen der Ansicht *Kochs*[533] kann damit auch internes Whistleblowing

527 Köhler/Bornkamm/*Köhler*, UWG, § 17 Rn. 15; *Többens*, NStZ 2000, 505, 507.

528 *Schemmel/Ruhmannseder/Witzigmann*, Hinweisgebersysteme, Kapitel 4 Rn. 25 f.

529 MüKo-StGB/*Janssen/Maluga*, § 17 UWG Rn. 48; *Többens*, NStZ 2000, 505, 507; *Lettl*, Wettbewerbsrecht, § 10 Rn. 16; *Wittig*, Wirtschaftsstrafrecht, § 33 Rn. 64; *Emmerich*, Unlauterer Wettbewerb, § 10 Rn. 12.

530 JurisPK-UWG/*Ernst*, § 17 Rn. 24; *Schemmel/Ruhmannseder/Witzigmann*, Hinweisgebersysteme, Kapitel 4 Rn. 29.

531 *Zimmermann*, ArbRAktuell 2012, 58, 59.

532 Vgl. Abschnitt C. I. 2. f) ee).

533 *Koch*, ZIS 2008, 500, 502.

strafbar sein, wenn der Adressat eine unternehmensinterne Person ist, die sich aber außerhalb des ordnungsgemäßen Dienstwegs befindet und vom Geheimnis keine Kenntnis hat, selbst dann also wenn die Information das Unternehmen nicht verlassen hat.

Die Mitteilung kann sowohl durch aktives Tun in schriftlicher oder mündlicher Form, aber auch bei einem Vorliegen einer Garantenstellung durch Unterlassen im Sinne von § 13 StGB verwirklicht werden. So kann sich eine Garantenstellung daraus ergeben, dass der Beschäftigte damit betraut ist, Geheimnisse vor der Kenntniserlangung Dritter zu schützen oder aber etwa aus einer besonderen Vertrauensstellung heraus[534].

Kannte der Dritte das Geheimnis bereits, kann strafbarer Versuch nach § 17 Abs. 3 UWG vorliegen. Nutzt der Hinweisgeber das Geheimnis allerdings nur für sich selbst, liegt keine Mitteilung vor[535]. **Unbefugt** ist die Weitergabe, wenn sie gegen eine Geheimhaltungspflicht verstößt, also beispielweise nicht von der Einwilligung des Geheimnisinhabers oder von einer gesetzlichen Offenbarungspflicht gedeckt ist[536]. Nach richtiger Ansicht handelt es sich bei dem Merkmal der Unbefugtheit um einen Verweis auf die allgemeine Rechtswidrigkeit und nicht um ein Merkmal des objektiven Tatbestandes[537], auch wenn die dogmatische Einordnung im Ergebnis von keiner besonderen Relevanz ist[538]. Ein tatbestandsausschließendes **Einverständnis** des Dispositionsbefugten hingegen wirkt nicht erst rechtfertigend, sondern lässt schon den Tatbestand entfallen, weil dann der Wille zur Geheimhaltung als zentrales Merkmal des Geheimnisbegriffs fehlt[539]. Jedoch beinhaltet ein tatbestandsausschließendes Einverständnis den vollständi-

534 Ohly/Sosnitza/*Ohly*, UWG, § 17 Rn. 15.

535 Köhler/Bornkamm/*Köhler*, UWG, § 17 Rn. 19.

536 *Többens*, NStZ 2000, 505, 507.

537 *Wittig*, Wirtschaftsstrafrecht, § 33 Rn. 52; *Hellmann/Beckemper*, Wirtschaftsstrafrecht Rn. 515; a.A. MüKo-StGB/*Janssen/Maluga*, § 17 UWG Rn. 52; vgl. auch Herrmann/Sandkuhl/*Sandkuhl*, Beamtendisziplinarrecht – Beamtenstrafrecht, § 2 Rn. 88.

538 *Schemmel/Ruhmannseder/Witzigmann*, Hinweisgebersysteme, Kapitel 4 Rn. 31; vgl. auch *Satzger*, FS-Achenbach, 447, 451.

539 Erbs/Kohlhaas/*Diemer*, Nebengesetze, § 17 UWG Rn. 25; Schönke/Schröder/*Lenckner/Eisele*, § 203 Rn. 22; a.A. BayObLG NJW 1991, 438, 440 f.; *Fischer*, StGB, § 203 Rn. 31.

gen Verzicht auf die Geheimhaltung bzw. die völlige Freigabe der betroffenen Information[540]. Dies wird beim Whistleblowing bzw. bei der Frage nach der Einrichtung eines Hinweisgebersystems, bei dem sich die dispositionsbefugten Personen innerhalb einer Organisation einer Weitergabe von Geheimnissen einwilligen, nicht der Fall sein. Es soll bei der Einführung eines Hinweisgebersystems gerade kein vollständiger Verzicht auf die Geheimniseigenschaft bezweckt werden[541], so dass ein tatbestandsausschließendes Einverständnis in diesem Rahmen nicht in Frage kommt.

Das Whistleblowing ist nicht unbefugt und damit gerechtfertigt, wenn eine wirksame **Einwilligung** vorliegt, **Anzeigepflichten** (beispielsweise § 138 StGB) oder **Anzeigerechte** greifen oder der Whistleblower seiner Aussageverpflichtung als **Zeuge** oder **Sachverständiger** bei einem gerichtlichen Verfahren nachkommt. Im Falle des Bestehens eines **Zeugnisverweigerungsrechts** (§§ 383 Abs. 1 Nr. 6, 384 Nr. 3, 408 Abs. 1 ZPO; §§ 52, 55, 76 StPO) muss er allerdings von diesem Gebrauch machen, es sei denn die Öffentlichkeit ist nach § 172 Nr. 2 GVG ausgeschlossen, so dass die Sicherung des Geheimnisses gegeben ist. Des Weiteren ist beim Vorliegen der **allgemeinen Rechtfertigungsgründe** eine Befugnis zu bejahen[542].

Auch Hinweise an ein vom Unternehmen eingerichtetes internes Hinweisgebersystem oder an Compliance-Beauftragte oder aber die Leitung des Unternehmens können von der Zustimmung gedeckt sein, wenn das Geheimnis die Sphäre des Unternehmens nicht verlässt und damit auch keine Reputations- oder sonstige Schäden drohen. Nutzt die Unternehmensleitung allerdings ein unternehmensexternes Hinweisgebersystem, so bedarf es bei jedem Hinweis der Zustimmung[543]. Beim Vorliegen einer Zustimmung ist die Mitteilung nicht unbefugt.

540 *Fischer*, StGB, § 203 Rn. 31; Ohly/Sosnitza/*Ohly*, UWG, § 17 Rn. 27; vgl. auch *Lutterbach*, Whistleblowing, S. 78.

541 Vgl. auch *Lutterbach*, Whistleblowing, S. 78.

542 Harte-Bavendamm/Henning-Bodewig/*Harte-Bavendamm*, UWG, § 17 Rn. 11; *Többens*, NStZ 2000, 505, 508; Ohly/Sosnitza/*Ohly*, UWG, § 17 Rn. 28 ff.; *Schemmel/Ruhmannseder/Witzigmann*, Hinweisgebersysteme, Kapitel 4 Rn. 32; Köhler/Bornkamm/*Köhler*, UWG § 17 Rn. 19; *Hellmann/Beckemper*, Wirtschaftsstrafrecht Rn. 515.

543 So *Schemmel/Ruhmannseder/Witzigmann*, Hinweisgebersysteme, Kapitel 4 Rn. 33; vgl. auch *Koch*, ZIS 2008, 500, 502.

g) Tatzeitpunkt

§ 17 Abs. 1 UWG setzt weiter voraus, dass die Mitteilung während der Geltungsdauer des Dienstverhältnisses erfolgt. Erfolgt die Mitteilung nach Beendigung des Dienstverhältnisses, so ist aber immer noch eine Strafbarkeit nach § 17 Abs. 2 UWG möglich[544].

3. § 17 Abs. 2 Nr. 1 UWG – Betriebsspionage

Im Gegensatz zum Geheimnisverrat nach Absatz 1 handelt es sich bei der Betriebsspionage nach Absatz 2 Nr. 1 um kein Sonderdelikt, welches auf den Täterkreis der Unternehmensbeschäftigten beschränkt ist, sondern um ein Delikt, das von Jedermann begangen werden kann[545]. Der Tatbestand erfährt damit eine erhebliche Erweiterung, da sowohl Beschäftigte als auch jeder Dritte als Täter dieses Delikts in Betracht kommen[546]. Damit fällt nicht nur die externe, sondern auch die betriebsinterne Spionage unter den Tatbestand[547]. Allerdings erfährt der Tatbestand eine erhebliche Einschränkung dadurch, dass eine Strafbarkeit nur dann bestehen soll, wenn die Verwirklichung mittels bestimmter Tathandlungsmodalitäten durchgeführt wird, das heißt unter Zuhilfenahme von technischen Mitteln[548].

a) Tathandlung

Nach § 17 Abs. 2 Nr. 1 UWG macht sich wegen Betriebsspionage strafbar, wer sich ein Unternehmensgeheimnis unter der Anwendung der in Nr. 1 genannten Mittel unbefugt verschafft oder gesichert hat. Die erste Alternative („**Sichverschaffen**“) erfordert, dass der Whistle-

---

544 Ohly/Sosnitza/*Ohly*, UWG, § 17 Rn. 16; vgl. auch *Többens*, NStZ 2000, 505, 507; *Tiedemann*, Wirtschaftsstrafrecht BT, § 5 Rn. 233.

545 *von Pelchrzim*, CCZ 2009, 25, 28; Erbs/Kohlhaas/*Diemer*, Nebengesetze, § 17 UWG Rn. 33.

546 Vgl. MüKo-StGB/*Janssen/Maluga*, § 17 UWG Rn. 77; *Aldoney Ramírez*, Geschäfts- und Betriebsgeheimnisse, S. 116.

547 MüKo-StGB/*Janssen/Maluga*, § 17 UWG Rn. 75.

548 *Dannecker*, BB 1987, 1614, 1617; MüKo-StGB/*Janssen/Maluga*, § 17 UWG Rn. 78; *Aldoney Ramírez*, Geschäfts- und Betriebsgeheimnisse, S. 117 f.; *Wittig*, Wirtschaftsstrafrecht, § 33 Rn. 56.

blower Verfügungsgewalt über ein Unternehmensgeheimnis hat, sei es bei einem verkörperten Geheimnis (Dokumente oder Datenträger) durch die Erlangung des Gewahrsams oder bei einem nicht verkörperten Geheimnis durch Kenntniserlangung. Nicht erforderlich ist dabei die Erfassung des Sinnes des Geheimnisses, da beispielsweise der Verkauf des Geheimnisses davon nicht abhängt[549]. Bei der zweiten Alternative („**Sichern**") kennt der Täter das Geheimnis bereits, diese Kenntnis wird aber genauer oder bleibend verfestigt. Daher handelt es sich um kein Sichern, wenn der Mitarbeiter bei Beendigung seines Dienstverhältnisses eine Kopie eines Dokuments mitnimmt, welche er befugt während der Dauer und im Rahmen des Dienstverhältnisses erstellt oder erhalten hat[550].

b) Tatmittel

Das Geschäfts- oder Betriebsgeheimnis muss durch Anwendung technischer Mittel (Absatz 2 Nr. 1 lit. a)), durch Herstellung einer verkörperten Wiedergabe des Geheimnisses (Absatz 2 Nr. 1 lit. b)) oder durch Wegnahme einer Sache, in der das Geheimnis verkörpert ist, unbefugt verschafft oder gesichert (Absatz 2 Nr. 1 lit. c)) worden sein.

Unter den Begriff der **technischen Mittel** fallen insbesondere Kopiergeräte, Fotoapparate, Kameras, Empfangs- und Tonaufzeichnungsgeräte, Abhörvorrichtungen sowie der Abruf oder der Ausdruck gespeicherter Daten mit einer EDV-Anlage oder die Benutzung eines Kopierschutzempfängers[551]. Der Begriff ist weit auszulegen und umfasst allgemein alle „im weitesten Sinne der Technik zuzurechnenden Vorrichtungen", durch die Geheimnisse erlangt oder gesichert werden können[552].

549 Köhler/Bornkamm/*Köhler*, UWG § 17 Rn. 29 f.; *von Pelchrzim*, CCZ 2009, 25, 28; Erbs/Kohlhaas/*Diemer*, Nebengesetze, § 17 UWG Rn. 35; *Aldoney Ramírez*, Geschäfts- und Betriebsgeheimnisse, S. 117.

550 *Wittig*, Wirtschaftsstrafrecht, § 33 Rn. 57; a.A. *Kalbfus*, WRP 2013, 584, 586 f.; MüKo-UWG/*Brammsen*, § 17 Rn. 86.

551 Erbs/Kohlhaas/*Diemer*, Nebengesetze, § 17 UWG Rn. 37; *Otto*, wistra 1988, 125, 128; Wabnitz/Janovsky/*Möhrenschlager*, WStR, Kap. 15 Rn. 21; *Wittig*, Wirtschaftsstrafrecht, § 33 Rn. 58.

552 Harte-Bavendamm/Henning-Bodewig/*Harte-Bavendamm*, UWG, § 17 Rn. 22; Wabnitz/Janovsky/*Möhrenschlager*, WStR, Kap. 15 Rn. 21.

Unter der **Herstellung einer verkörperten Wiedergabe** versteht man die Materialisierung des Geheimnisses, unabhängig davon, ob dies mittels technischer Mittel bewerkstelligt wird[553]. Der Begriff der Herstellung einer verkörperten Wiedergabe ist allerdings nur insofern deckungsgleich mit dem Begriff der Anwendung technischer Mittel, wenn die von Absatz 2 Nr. 1 lit. a) umfassten technischen Mittel verwendet werden[554]. Weitere Bedeutung erlangt diese Alternative bei schriftlichen Aufzeichnungen[555], Zeichnungen und Nachbauten bzw. Neubauten etwa von Maschinen[556]. Nicht erfasst werden hiervon allerdings die Fälle, in denen das Geheimnis im Gedächtnis gespeichert wird. Die spätere Aufzeichnung des Gemerkten hingegen stellt die Herstellung einer verkörperten Wiedergabe dar[557].

Die **Wegnahme einer Sache, in der das Geheimnis verkörpert ist**, wird verwirklicht, wenn der Täter die Sache – jeden körperlichen Gegenstand[558] – wegnimmt im Sinne des § 242 StGB, also fremden Gewahrsam bricht und neuen, nicht notwendigerweise tätereigenen Gewahrsam begründet[559]. Eine Verkörperung ist beispielsweise in einem Schriftstück, einer Fotografie, einem Tonband oder einer Festplatte bzw. einem Datenträger, also in der Sache selbst, zu sehen. Dabei kann es sich um das Original oder eine Wiedergabe handeln[560]. Hatte der Täter bereits Alleingewahrsam an der Sache, können nach herrschender Meinung kein Bruch fremden Gewahrsams und damit keine

553 Köhler/Bornkamm/*Köhler*, UWG § 17 Rn. 34.

554 Wabnitz/Janovsky/*Möhrenschlager*, WStR, Kap. 15 Rn. 22.

555 BGH NJW 1984, 239, 239 f. – *Stapel-Automat*; BGH NJW-RR 2003, 833 – *Verwertung von Kundenlisten*; vgl. auch Wabnitz/Janovsky/*Möhrenschlager*, WStR, Kap. 15 Rn. 22.

556 BGH NJW 1984, 239, 239 f. – *Stapel-Automat*; vgl. MüKo-StGB/*Janssen/Maluga*, § 17 UWG Rn. 81 f.; Ohly/Sosnitza/*Ohly*, UWG, § 17 Rn. 19; Erbs/Kohlhaas/*Diemer*, Nebengesetze, § 17 UWG Rn. 38.

557 BGH NJW-RR 1999, 1131, 1132; Erbs/Kohlhaas/*Diemer*, Nebengesetze, § 17 UWG Rn. 38; *Wittig*, Wirtschaftsstrafrecht, § 33 Rn. 58.

558 MüKo-StGB/*Janssen/Maluga*, § 17 UWG Rn. 83.

559 *Rengier*, Strafrecht BT I, § 2 Rn. 22; Lackner/Kühl/*Kühl*, StGB, § 242 Rn. 8.

560 Köhler/Bornkamm/*Köhler*, UWG § 17 Rn. 35.

Wegnahme verwirklicht werden[561]. Nach der Gegenansicht[562] soll die Wegnahme im Sinne des § 17 Abs. 2 Nr. 1 c) UWG nicht mit der Wegnahme nach § 242 StGB gleichgesetzt werden, sondern dem Normzweck des § 17 UWG insoweit entsprechen, als auch der Alleingewahrsamsinhaber sich nach dieser Alternative strafbar machen kann, wenn er lediglich die Sache, in der das Geheimnis verkörpert ist, aus der Sphäre des Betriebs oder Unternehmens gegen den Willen des Berechtigten entfernt. Der Gesetzgeber hat sich für den Begriff der „Wegnahme" entschieden, der so in § 242 StGB verwendet wird und dort seine bestimmte Ausdeutung gefunden hat. Es ist davon auszugehen, dass dieser Begriff bewusst gewählt worden ist und an ihn dieselben Merkmale geknüpft sein sollen[563]. Dem steht auch nicht die Auslegung der Gesetzesmaterialien entgegen[564]. Der Gesetzgeber hätte im Falle einer anderen Bedeutung ohne weiteres einen anderen Begriff als den der „Wegnahme" wählen können.

c) Zwischenfazit

Eigenständige Bedeutung hat diese Tatalternative des § 17 UWG für das Whistleblowing in den Fällen, in denen der Täter eine mit dem Unternehmen eng zusammenarbeitende Person ist (beispielsweise Lieferanten und Berater), bei diesem allerdings nicht angestellt ist. Eigenständige Bedeutung hat diese Tatalternative des § 17 UWG für das Whistleblowing aus dem inneren Kreis eines Unternehmens wohl eher nicht. Allerdings erhält diese Tatalternative sehr wohl Bedeutung als Vortat für § 17 Abs. 2 Nr. 2 UWG, in welcher der Täter den Tatbestand

561 BGH, Urteil vom 23.02.2012 – Az.: I ZR 136/10 Rn. 14 – *MOVICOL-Zulassungsantrag* (via Juris); Köhler/Bornkamm/*Köhler*, UWG § 17 Rn. 35; a.A. MüKo-StGB/*Janssen/Maluga*, § 17 UWG Rn. 83, wonach der Tatbestand nicht verwirklicht ist, wenn sich das Geheimnis auf mehreren Datenträgern verteilt befindet und mit der Wegnahme eines einzelnen Trägers lediglich ein Hinweis auf das Geheimnis erlangt werden kann. In diesem Falle bliebe lediglich die Versuchsstrafbarkeit.

562 *Otto*, Jura 1992, 666, 668; *Otto*, wistra 88, 125, 129; *Kalbfus*, WRP 2013, 584, 588; dem zustimmend: Ohly/Sosnitza/*Ohly*, UWG, § 17 Rn. 19; vgl. auch *Aldoney Ramírez*, Geschäfts- und Betriebsgeheimnisse, S. 119, Fn. 146.

563 Erbs/Kohlhaas/*Diemer*, Nebengesetze, § 17 UWG Rn. 39; dem zustimmend: BayObLG NJW 1992, 1777, 1779; *Többens*, NStZ 2000, 505, 508.

564 Erbs/Kohlhaas/*Diemer*, Nebengesetze, § 17 UWG Rn. 39.

der Betriebsspionage nach § 17 Abs. 2 Nr. 1 UWG begangen hat und in einem zweiten Schritt die hieraus gewonnenen Erkenntnisse unbefugt an eine dritte Person mitteilt.

4. § 17 Abs. 2 Nr. 2 UWG – Unbefugte Verwertung und Mitteilung

Wegen unbefugter Verwertung und Mitteilung von Unternehmensgeheimnissen (Geheimnishehlerei) nach § 17 Abs. 2 Nr. 2 UWG macht sich strafbar, wer vorsätzlich ein Geschäfts- oder Betriebsgeheimnis, das er durch eine der in § 17 Abs. 1 UWG bezeichneten Mitteilungen oder durch eine eigene oder fremde Betriebsspionage nach § 17 Abs. 2 Nr. 1 UWG erlangt oder „sich sonst unbefugt verschafft oder gesichert hat“, unbefugt verwertet oder jemandem mitteilt[565]. Es handelt sich auch hier um ein Jedermannsdelikt[566].

a) Vortat

Die Geheimnishehlerei ist in zwei Handlungsabschnitte aufgeteilt. Der erste Akt bestimmt die Erlangungsmöglichkeiten des Unternehmensgeheimnisses durch den Täter (die **Vortat**), der zweite die **unbefugte Verwertung** oder **unbefugte Mitteilung**[567].

Das Geheimnis muss erlangt werden durch eine nach § 17 Abs. 1 UWG bezeichnete Mitteilung oder durch eine eigene oder fremde Handlung nach § 17 Abs. 2 Nr. 1 UWG bzw. in sonstiger unbefugter Weise. Das Geheimnis ist erlangt, wenn der Täter mit der Mitteilung die Verfügungsgewalt über das Geheimnis erhalten hat oder in Fällen der Verkörperung des Geheimnisses bei Erlangung des Gewahrsams über die Sache. Der Täter muss in der Lage sein, das Geheimnis selbst zu verwerten oder weiterzugeben[568].

---

565 *Emmerich*, Unlauterer Wettbewerb, § 10 Rn. 21; Ohly/Sosnitza/*Ohly*, UWG, § 17 Rn. 21.

566 Erbs/Kohlhaas/*Diemer*, Nebengesetze, § 17 UWG Rn. 43.

567 So auch *Aldoney Ramírez*, Geschäfts- und Betriebsgeheimnisse, S. 120 f.

568 Erbs/Kohlhaas/*Diemer*, Nebengesetze, § 17 UWG Rn. 44; *Többens*, WRP 2005, 552, 558.

Die Erlangung nach § 17 Abs. 1 UWG setzt in der ersten Alternative den **Geheimnisverrat** eines Beschäftigten voraus. Zumeist wird es sich hier um Fälle handeln, in denen ein Arbeitnehmer Unternehmensgeheimnisse nach außen trägt (und dabei den Tatbestand des § 17 Abs. 1 UWG verwirklicht und rechtswidrig handelt), welche von einem Konkurrenzunternehmen wirtschaftlich verwertet werden[569]. Bedeutsam für das Whistleblowing kann diese Alternative sein, wenn es sich beim Täter um einen Unternehmensbeschäftigten handelt, der mittels Geheimnisverrats Kenntnis vom Geheimnis durch den Vortäter erlangt hat. In diesem Fall sind sowohl Vortäter als auch Täter Beschäftigte innerhalb eines Unternehmens. Dem Täter, dem das Geheimnis verraten wurde, darf das Geheimnis aber nicht zugänglich gewesen sein und er darf von diesem keine Kenntnis gehabt haben. Er muss damit hinsichtlich der Vortat Dritter im Sinne des § 17 Abs. 1 UWG gewesen sein[570]. In dieser Konstellation kann es zwei Whistleblower geben. Zum einen den Vortäter als Whistleblower, der an einen Dritten – seinen Kollegen – ein Unternehmensgeheimnis weitergibt und dabei den Dienstweg verlässt und zum anderen der Kollege, der dieses Geheimnis durch den Geheimnisverrat erlangt hat und einem gänzlich unbeteiligten Dritten mitteilt und damit den Tatbestand der unbefugten Mitteilung von Geheimnissen nach § 17 Abs. 2 Nr. 2 UWG verwirklicht.

Ebenfalls bedeutsam für das Phänomen des Whistleblowings ist die zweite Alternative, welche die **Betriebsspionage** nach § 17 Abs. 2 Nr. 1 UWG zur Vortat hat. Es kann sich um eine eigene oder fremde Betriebsspionage handeln[571]. Ein Whistleblower, der sich Unternehmensgeheimnisse mittels einer selbst verwirklichten oder durch Dritte begangenen Betriebsspionage angeeignet hat, macht sich wegen unbefugter Mitteilung strafbar, wenn er diese an beliebige Dritte Personen weitergibt. Er ist dann Täter zweier Delikte[572].

---

569 BGH NJW 1992, 1776; vgl. *Emmerich*, Unlauterer Wettbewerb, § 10 Rn. 22.

570 Vgl. Ohly/Sosnitza/*Ohly*, UWG, § 17 Rn. 15; HK-UWG/*Koehler*/*Hasselblatt*, § 17 Rn. 32.

571 Ohly/Sosnitza/*Ohly*, UWG, § 17 Rn. 21; JurisPK-UWG/*Ernst*, § 17 Rn. 31.

572 HK-UWG/*Koehler*/*Hasselblatt*, § 17 Rn. 58; vgl. auch *Többens*, NStZ 2000, 505, 508 f.

Die dritte Alternative „**sonst unbefugt verschafft oder gesichert**" soll über die eben genannten Vortaten hinaus insbesondere den Einsatz von gesetzes- oder sittenwidrigen Methoden, die nicht unter § 17 Abs. 1, Abs. 2 Nr. 1 UWG fallen, umfassen[573]. Durch die offene Formulierung ist diese Alternative, die einen Auffangtatbestand bildet, verfassungsrechtlich in Bezug auf das Bestimmtheitsgebot des Art. 103 Abs. 2 GG bedenklich[574]. Den verfassungsrechtlichen Vorgaben dürfte aber dann Genüge getan werden, wenn zusätzlich vorausgesetzt wird, dass die Verschaffungs- oder Sicherungshandlung einen den ersten beiden Alternativen vergleichbaren Unrechtsgehalt aufweist[575].

Besondere Wichtigkeit erlangt diese Alternative bei ausscheidenden Arbeitnehmern[576]. Zum einen werden hiervon Fälle umfasst, in denen sich Unternehmensbeschäftigte ein Unternehmensgeheimnis auf unredliche Art und Weise verschafft oder gesichert haben, beispielsweise Abschriften angefertigt haben, Kollegen ausgeforscht haben oder während der Dauer des Beschäftigtenverhältnisses schriftliche Unterlagen zusammengestellt und diese zunächst befugt bei sich aufbewahrt haben oder aber sich Geheimnisse systematisch eingeprägt haben und diese nach Beendigung verwerten oder mitteilen[577]. Hingegen ist die Verwertung von Geheimnissen, die der Täter während der Dienstzeit einwandfrei erlangt hat und lediglich in seinem Gedächtnis behalten hat, auch nach Beendigung des Dienstverhältnisses grundsätzlich zulässig[578].

573 Köhler/Bornkamm/*Köhler*, UWG § 17 Rn. 44 ff.; HK-UWG/*Koehler*/*Hasselblatt*, § 17 Rn. 59; Erbs/Kohlhaas/*Diemer*, Nebengesetze, § 17 UWG Rn. 47; *Többens*, NStZ 2000, 505, 509.

574 Erbs/Kohlhaas/*Diemer*, Nebengesetze, § 17 UWG Rn. 42; Ohly/Sosnitza/*Ohly*, UWG, § 17 Rn. 21; MüKo-UWG/*Brammsen*, § 17 Rn. 115.

575 Erbs/Kohlhaas/*Diemer*, Nebengesetze, § 17 UWG Rn. 42.

576 Harte-Bavendamm/Henning-Bodewig/*Harte-Bavendamm*, UWG, § 17 Rn. 32; Ohly/Sosnitza/*Ohly*, UWG, § 17 Rn. 20; *Többens*, NStZ 2000, 505, 509.

577 Ohly/Sosnitza/*Ohly*, UWG, § 17 Rn. 21; Erbs/Kohlhaas/*Diemer*, Nebengesetze, § 17 UWG Rn. 47; MüKo-UWG/*Brammsen*, § 17, Rn. 118.

578 Harte-Bavendamm/Henning-Bodewig/*Harte-Bavendamm*, UWG, § 17 Rn. 32; HK-UWG/*Koehler*/*Hasselblatt*, § 17 Rn. 61.

Zum anderen ist diese Tatalternative bedeutsam bei gesetzeswidriger Verschaffung oder Sicherung durch Straftaten wie Diebstahl, Unterschlagung, Untreue, Hausfriedensbruch, Nötigung etc.[579].

b) Tathandlung

Die Verwertung eines Geheimnisses ist mehr als das bloße Innehaben. Sie umfasst die wirtschaftliche Nutzung zur Gewinnerzielung oder Kostensenkung[580]. Im Rahmen des Whistleblowings ist die Mitteilung als Weitergabe an einen beliebigen Dritten bedeutsamer[581].

5. Subjektiver Tatbestand

a) Vorsatz und Absicht

In subjektiver Hinsicht setzen die drei Tatbestände des §§ 17 Abs. 1, Abs. 2 Nr. 1 und Nr. 2 UWG sowohl vorsätzliches Handeln (§ 15 StGB) hinsichtlich des objektiven Tatbestandes als auch Absicht bezüglich zumindest eines der in den Absätzen 1 und 2 genannten Beweggründe voraus[582].

Eine Einschränkung in Bezug auf die Notwendigkeit der Verwirklichung einer bestimmten Vorsatzform gibt es nicht; **Eventualvorsatz** genügt. Der Whistleblower muss folglich in positiver Kenntnis oder zumindest in dem Bewusstsein der konkreten Gefahr handeln, dass er den objektiven Tatbestandes des § 17 UWG verwirklichen könnte[583].

579 Erbs/Kohlhaas/*Diemer*, Nebengesetze, § 17 UWG Rn. 48; Harte-Bavendamm/Henning-Bodewig/*Harte-Bavendamm*, UWG, § 17 Rn. 31; JurisPK-UWG/*Ernst*, § 17 Rn. 33.

580 *Lettl*, Wettbewerbsrecht, § 10 Rn. 17; Köhler/Bornkamm/*Köhler*, UWG § 17 Rn. 41; *Többens*, NStZ 2000, 505, 508.

581 *Wittig*, Wirtschaftsstrafrecht, § 33 Rn. 64; *Lettl*, Wettbewerbsrecht, § 10 Rn. 16; *Emmerich*, Unlauterer Wettbewerb, § 10 Rn. 12.

582 Zu den Beweggründen siehe Ohly/Sosnitza/*Ohly*, UWG, § 17 Rn. 23 ff.; Wabnitz/Janovsky/*Möhrenschlager*, WStR, Kap. 15 Rn. 14 ff.; JurisPK-UWG/*Ernst*, § 17 Rn. 36.

583 MüKo-UWG/*Brammsen*, § 17 Rn. 48; *Aldoney Ramírez*, Geschäfts- und Betriebsgeheimnisse, S. 113 f.

Über den Vorsatz hinaus verlangt § 17 UWG ein **zielgerichtetes Verhalten** hinsichtlich der folgenden Beweggründe:

(1) Zu Zwecken des Wettbewerbs

Der Täter muss *zu Zwecken des Wettbewerbs* handeln, was dann der Fall ist, wenn er die Situation auf dem Markt zu seinen oder zugunsten eines Dritten, beispielsweise hinsichtlich des Absatzes oder Bezuges von Waren oder der Erbringung von Dienstleistungen, fördern möchte[584]. Ein Whistleblower handelt allerdings selten zu Zwecken des Wettbewerbs. Allenfalls wird durch die Mitteilung nicht regelkonformen Verhaltens die Marktsituation lediglich mittelbar durch einen eventuellen erlittenen Reputationsverlust beeinflusst[585], so dass ein zielgerichtetes Handeln zu Wettbewerbszwecken im Falle des Whistleblowings praktisch nicht vorkommen dürfte. Werden lediglich private Zwecke verfolgt, entfällt dieses Tatbestandsmerkmal[586]. Dies dürfte bei aus Gewissengründen motivierten Mitteilungen der Fall sein.

(2) Aus Eigennutz

Aus Eigennutz handelt, wer die Erlangung eines eigenen materiellen oder eines vergleichbaren immateriellen Vorteils anstrebt. Bei den typischerweise das Whistleblowing begleitenden Motiven wie beispielsweise Rache ist dieses Merkmal nicht erfüllt[587]. Verspricht sich der Whistleblower aber einen finanziellen Vorteil aufgrund seines Handelns – beispielsweise eine Belohnung –, so handelt er aus Eigennutz[588]. Immaterielle Vorteile müssen mit materiellen Vorteilen zumindest vergleichbar sein, so zum Beispiel die Hoffnung auf eine Be-

584 *Többens*, WRP 2005, 552, 557.
585 Vgl. *Schemmel/Ruhmannseder/Witzigmann*, Hinweisgebersysteme, Kapitel 4 Rn. 35.
586 Vgl. *Aldoney Ramírez*, Geschäfts- und Betriebsgeheimnisse, S. 114.
587 Vgl. *Schemmel/Ruhmannseder/Witzigmann*, Hinweisgebersysteme, Kapitel 4 Rn. 36.
588 Zweifelnd: MüKo-StGB/*Janssen/Maluga*, § 17 UWG Rn. 62.

förderung[589]. Praktischerweise wird in den meisten Fällen des Whistleblowings die meldende Person keine materiellen oder immateriellen Vorteile erwarten. Die Konsequenz ist eher das Gegenteil und dies ist einem potenziellen Whistleblower in der Regel auch bewusst, so dass dieses Merkmal im Rahmen des Whistleblowings eine untergeordnete Rolle spielen dürfte. Zu diskutieren ist das Merkmal des Eigennutzes bei der Frage, ob Belohnungen für die Hinweiserteilung ausgelobt werden sollten[590]. Solche Regelungen sind dem deutschen Recht fremd und würden einen Widerspruch zur Regelung des Eigennutzes im Rahmen des subjektiven Tatbestandes des § 17 UWG darstellen. Anders ist dies freilich zu bewerten, wenn organisationsintern eine Regelung erlassen wird, welche potenziellen Hinweisgebern eine Belohnung für interne Hinweise auslobt, um sich beispielsweise vor einem Austritt des Hinweises in die Öffentlichkeit zu schützen.

(3) Zugunsten eines Dritten

Des Weiteren kann der Täter *zugunsten eines Dritten* handeln, wenn er die Absicht hegt, materielle oder immaterielle Vorteile dritten Personen zukommen zu lassen. Es handelt sich hierbei um einen Auffangtatbestand, welcher Täter erfassen soll, die keine wettbewerbsrechtlichen Interessen verfolgen, sondern neben staatspolitischen Motiven auch wissenschaftliche oder umweltpolitische Motive verfolgen[591]. Hierbei wird auch insbesondere der Geheimnisverrat zugunsten eines fremden Staates erfasst[592]. Diese Alternative kommt sehr wohl bei Whistleblowern in Betracht, die beispielsweise einem Journalisten eine Reportage oder Berichterstattung ermöglichen wollen[593].

---

589 Harte-Bavendamm/Henning-Bodewig/*Harte-Bavendamm*, UWG, § 17 Rn. 15; *von Pelchrzim*, CCZ 2009, 25, 28; *Schemmel/Ruhmannseder/Witzigmann*, Hinweisgebersysteme, Kapitel 4 Rn. 36.

590 So sind im *False Claims Act* von 1863 sowie im *Dodd-Frank-Act* finanzielle Anreize für Hinweisgeber kodifiziert; vgl. zur Diskussion auch *Schemmel/Ruhmannseder/Witzigmann*, Hinweisgebersysteme, Kapitel 5 Rn. 83 ff.

591 MüKo-UWG/*Janssen/Maluga*, § 17 Rn. 63; Harte-Bavendamm/Henning-Bodewig/*Harte-Bavendamm*, UWG, § 17 Rn. 16.

592 Ohly/Sosnitza/*Ohly*, UWG, § 17 Rn. 25; HWSt-*Ebert-Weidenfeller*, 3. Teil, 3. Kapitel Rn. 78.

593 *von Pelchrzim*, CCZ 2009, 25, 28; *Schemmel/Ruhmannseder/Witzigmann*, Hinweisgebersysteme, Kapitel 4 Rn. 37.

(4) Schädigungsabsicht

Zuletzt kann der Täter in der Absicht handeln, dem *Inhaber des Geschäftsbetriebs Schaden zuzufügen*. Hier kommt es vordergründig auf die Schädigung an, wobei nicht nur materieller Schaden erfasst wird, sondern auch immaterielle Schäden, wie beispielsweise Reputationsschäden[594]. Es wird auch die Absicht des Whistleblowers umfasst, dem Unternehmen einen Schaden aufgrund einer Bußgeld- oder Schadensersatzzahlung zuzufügen[595]. Ein solches Motiv ist bei Whistleblowern nicht ungewöhnlich und nach menschlichem Ermessen nachvollziehbar. Es verschafft die Gewissheit, dass das Unternehmen, das gegen gesetzliche Vorschriften verstoßen hat, auch „dafür büßen muss". Schädigungsabsicht ist ebenfalls dann zu bejahen, wenn der Täter das Ziel verfolgt, durch seinen Hinweis die Reputation des Unternehmens zu schädigen[596]. Auch dies ist bei einem Whistleblower ein verständliches Motiv, vor allem, wenn es sich um einen Whistleblower handelt, der Gesetzesverletzungen innerhalb des Unternehmens schon über eine längere Zeitspanne beobachtet hat, ohne dass Abhilfe erfolgt ist. Wie bereits festgestellt[597], wird es in der Realität kaum einen rein altruistisch handelnden Whistleblower geben, so dass die Schädigungsabsicht sehr wohl beim Whistleblowing in Betracht kommt.

b) Altruistische Motive

Wie gerade dargelegt, kann ein Whistleblower neben anderen Motiven auch mit Schädigungsabsicht handeln. Auch ist weiter nach den obigen Ausführungen festzustellen, dass sich lediglich ein **rein altruistisch handelnder Whistleblower** nicht nach § 17 UWG strafbar machen kann, da es ihm zumindest an der Absicht hinsichtlich der Beweggründe in Absatz 1 und Absatz 2 fehlen dürfte. Er bezweckt mit seinem Verhalten weder Vorteile für sich oder Dritte, noch möchte er die Wettbewerbssituation verändern oder dem Unternehmen einen

---

594 Harte-Bavendamm/Henning-Bodewig/*Harte-Bavendamm*, UWG, § 17 Rn. 17; HWSt-*Ebert-Weidenfeller*, 3. Teil, 3. Kapitel Rn. 78; *Aldoney Ramírez*, Geschäfts- und Betriebsgeheimnisse, S. 114.

595 *von Pelchrzim*, CCZ 2009, 25, 28.

596 *Schemmel/Ruhmannseder/Witzigmann*, Hinweisgebersysteme, Kapitel 4 Rn. 38.

597 Vgl. Abschnitt C. I. 2. f) cc).

Schaden zufügen. Bezogen auf das oben genannte *Beispiel* könnte eine Strafbarkeit des Arbeitnehmers A zu verneinen sein, wenn er nur aus Sorge des Umweltschutzes und der Allgemeinheit handeln würde, darüber hinaus aber keinerlei schädlichen Absichten hegen würde. Ein solch theoretisches Konstrukt geht an der Wirklichkeit vorbei und berücksichtigt nicht, dass die inneren Beweggründe eines Whistleblowers oft auch gepaart sind mit weniger großmütigen Absichten. Nichtsdestotrotz darf das nichts an der Tatsache ändern, dass es einen Missstand oder eine Gesetzesverletzung innerhalb einer Organisation gab, die dementsprechend verfolgt werden sollten.

Koch[598] nimmt eine Strafbarkeit auch des uneigennützig handelnden Whistleblowers nach § 17 UWG an. Er begründet dies damit, dass Motiv und Vorsatz nicht miteinander verwechselt werden dürften und damit eine Nachteilszufügungsabsicht beim altruistisch handelnden Whistleblower schon dann bestehe, wenn er in dem Bewusstsein handelt, dass dem Unternehmen durch die Preisgabe des Geheimnisses notwendigerweise ein Nachteil entstehe.

Im Falle eines ausnahmslos altruistischen Whistleblowings liegt es nahe, dass der hinweisgebende Unternehmensbeschäftigte sich auch darüber im Klaren ist, dass er unbefugt ein Unternehmensgeheimnis preisgibt und damit mit Wissen und Wollen den objektiven Tatbestand des § 17 UWG verwirklicht hat[599]. Arbeitnehmer A aus dem obigen *Beispiel* dürfte sich sehr wohl darüber im Klaren sein, dass er – falls es sich für Handlungsalternative (3)[600] entscheiden sollte – während der Geltungsdauer seines Dienstverhältnisses einem Dritten ein Unternehmensgeheimnis mitteilt, so dass er demnach mit Vorsatz handelt.

Nicht geklärt ist damit aber noch, ob er auch im Hinblick auf die in § 17 UWG im Rahmen des subjektiven Tatbestandes genannten Beweggründe absichtlich handelt. *Koch* ist zwar dahingehend zuzustimmen, dass zwischen Motiven (= Beweggründen oder Motivationen) und dem Vorsatz (hinsichtlich der Verwirklichung äußerer Tatumstände) zu unterscheiden ist. Motive und Absichten, die sich nicht auf die Verwirklichung objektiver Tatumstände beziehen, sind nämlich im Rahmen des Vorsatzes nicht zu berücksichtigen. Es kommt nur darauf

598 *Koch*, ZIS 2008, 500, 503, Fn. 36.
599 Siehe hierzu *Hettinger*, JuS 1992, L 65, L68.
600 Vgl. das obige Beispiel unter Abschnitt E.

an, ob der Täter Vorsatz hinsichtlich des objektiven Tatbestandes hatte, nicht ob seine weiteren persönlichen „Fernziele“ erreicht worden sind[601]. Die Unterscheidung zwischen Vorsatz und Motivation führt aber nicht dazu, dass in Folge dessen zwingend eine Nachteilszufügungsabsicht gegeben ist, wenn der Whistleblower lediglich in dem *Bewusstsein* handelt, dass dem Betrieb ein Schaden erwächst. Solche weitergehenden *Absichten* sind nicht im Rahmen des Vorsatzes, sondern nur dann beachtlich, wenn sie ausdrücklich im Gesetz vorgesehen sind. Dies ist, wie oben gesehen, bei § 17 UWG der Fall (der subjektive Tatbestand dieses Deliktes enthält eine überschießender Innentendenz[602]). Diese Merkmale sind Teil des subjektiven Tatbestandes und stehen selbständig neben dem Vorsatz[603].

Handelt der Whistleblower weder zu Zwecken des Wettbewerbs, noch aus Eigennutz und zu Gunsten eines Dritten, weiß er aber, dass er dem Unternehmen durch die Verwirklichung des objektiven Tatbestandes einen Schaden zufügen wird, ist das von seiner Seite aber gar nicht gewünscht, so handelt er nicht mit der von § 17 UWG erforderlichen Schadenszufügungsabsicht. Absichtlich (dolus directus 1. Grades) handelt jemand, wenn es ihm gerade auf den Eintritt des Schadens ankommt. Das Willenselement ist hier besonders stark ausgeprägt, der Schaden muss folglich das Ziel des Täters sein. Zwar genügt es für die Bejahung der Absicht, wenn der Schaden nicht das End-, sondern lediglich das Zwischenziel ist[604], doch ist im aufgestellten *Beispiel* der Schaden des Unternehmens gar nicht vom Whistleblower erstrebt, so kann er im Hinblick auf den Schaden auch nicht absichtlich handeln.

Anders als das in der Literatur angebrachte Beispiel[605], bei dem der Tod des Erbonkels notwendig und damit conditio sine qua non für die Erlangung der Erbschaft (Endziel) ist und der Täter damit auch im

601 *Hettinger*, JuS 1992, L 65, L68.

602 So auch *Schemmel/Ruhmannseder/Witzigmann*, Hinweisgebersysteme, Kapitel 4 Rn. 34; *Engländer/Zimmermann*, NZWiSt 2012, 328, 329; MüKo-StGB/*Janssen/Maluga*, § 17 UWG Rn. 59.

603 *Wessels/Beulke/Satzger*, Strafrecht AT Rn. 312.

604 BGH, Urteil vom 26.07.1967 – 2 StR 368/67, abzurufen unter BeckRS 9998, 111478; *Wessels/Beulke/Satzger*, Strafrecht AT Rn. 319; *Kühl*, StGB-AT, § 5 Rn. 33 ff.

605 *Kühl*, StGB-AT, § 5 Rn. 35.

Hinblick auf die Tötung des Onkels absichtlich handelt, da es sich um ein notwendiges Zwischenziel handelt, ist dies beim Whistleblowing *aus altruistischen Gründen* gerade nicht der Fall. Denn Ziel ist das Aufzeigen von Missständen oder illegalen Handlungen und die damit verbundene Behebung dieses Missstandes. Eine Schädigung des Unternehmens ist für den Hinweis und die Behebung des Missstandes nicht erforderlich und damit auch kein notwendiges Zwischenziel, welches von der Absicht des Täters umfasst werden könnte. Allenfalls ist die Schädigung des Unternehmens eine Nebenfolge des Hinweises, die zwar vorsätzlich begangen werden kann, für die Behebung des Umstandes ist sie aber keinesfalls von Belang ist und damit kein beabsichtigtes Hauptziel.

Der Whistleblower handelt in Bezug auf die Schädigung des Unternehmens höchstens **wissentlich** (dolus directus 2. Grades), wenn nicht sogar nur mit Eventualvorsatz (dolus eventualis). Bei der Wissentlichkeit (auch direkter Vorsatz genannt[606]) ist das prägende Element nicht wie beim absichtlichen Handeln das Willens-, sondern das Wissenselement. Der Täter weiß oder sieht als sicher voraus, dass der gesetzliche Tatbestand verwirklicht wird, auch wenn ihm dessen Eintritt „an sich unerwünscht" ist[607]. Ein weiteres Schulbeispiel ist die Anbringung einer Bombe an Deck eines Flugzeuges, um dieses in der Luft zum Explodieren zu bringen und die Versicherungssumme zu erlangen. Die Erlangung der Versicherungssumme ist die beabsichtigte Hauptfolge, die Zerstörung des Flugzeugs und die Tötung der Flugzeuginsassen ein notwendiges Zwischenziel zur Erreichung des Hauptziels[608], wenn auch höchst unerwünscht.

Im Falle des Whistleblowings hingegen muss die Schädigung des Unternehmens nicht einmal die logische Konsequenz einer Meldung nach außen sein, denn zum einen kann sich der Whistleblower an eine zuständige (Straf-)Verfolgungsbehörde wenden oder an eine unternehmensinterne Stelle und nicht im ersten Zuge an die breite Öffentlichkeit, so dass in einem solchen Fall ungewiss ist, ob die Information überhaupt zu einer (Ruf-)Schädigung des Unternehmens führen kann.

606 *Wessels/Beulke/Satzger*, Strafrecht AT Rn. 322.
607 BGH, Urteil vom 26.07.1967 – 2 StR 368/67, abzurufen unter BeckRS 9998, 111478; *Wessels/Beulke/Satzger*, Strafrecht AT Rn. 322.
608 *Kühl*, StGB-AT, § 5 Rn. 38 f.

Zum anderen ist es keine logische Konsequenz eines jeden Hinweises, dass tatsächliche Schäden auftreten werden, so dass in solchen Fällen nicht einmal dolus directus 2. Grades vorliegen wird. Zuzugeben ist, dass diese Erkenntnis wohl eher theoretischer Natur ist, denn die Erfahrung der letzten Jahre zeigt[609], dass negative Schlagzeilen über Unternehmen jedenfalls Rufschädigungen nach sich ziehen und hieraus resultierend wirtschaftliche Schäden auftreten, die bis hin zur Insolvenz reichen können. Insofern ist davon auszugehen, dass ein Whistleblower wissen muss, dass die Meldung eines Missstandes einen Schaden nach sich ziehen wird.

In den meisten Fällen wird der Hinweisgeber zumindest mit Eventualvorsatz handeln, wenn er den Eintritt eines Schadens des Unternehmens ernstlich für möglich hält und sich damit abfindet[610].

Nichtsdestotrotz reichen weder Wissentlichkeit noch bedingter Vorsatz für die Verwirklichung des § 17 UWG aus, da ein rein altruistisch handelnder Whistleblower gerade in keiner Weise absichtlich handelt, wenn ein Schaden beim Unternehmen nicht sein (Zwischen-)Ziel war. Der Ansicht *Kochs* ist insoweit zuzustimmen, dass zwischen Vorsatz und Motiv zu unterscheiden ist. Beweggründe des Täters für seine Tat spielen im Rahmen des Vorsatzes keine Rolle. Hingegen ist keine Nachteilszufügungsabsicht anzunehmen, wenn der Hinweisgeber weiß, dass auf seinen Hinweis hin ein Schaden des Unternehmens folgen wird oder muss, da es sich dabei gerade nicht um absichtliches Verhalten handelt und damit die Anforderungen auf subjektiver Seite des § 17 UWG nicht erfüllt wären.

6. Rechtswidrigkeit

Nach dem bisherigen Ergebnis kann der Whistleblower trotz Mitteilung eines illegalen Geheimnisses den Tatbestand des § 17 Abs. 1 UWG erfüllen, so dass sich die Frage stellt, ob Rechtfertigungsgründe in Betracht kommen. Folgende Rechtfertigungsgründe kommen im Rahmen des Whistleblowings in Frage:

---

609 So z.B. der Korruptionsfall Siemens oder aber der Abgasskandal bei Volkswagen.

610 *Wessels/Beulke/Satzger*, Strafrecht AT Rn. 323.

a) Einwilligung

Wie bereits oben ausgeführt, handelt es sich nach der hier vertretenen Auffassung bei der Einwilligung nicht um ein tatbestandsausschließendes Merkmal, sondern um ein Merkmal der Rechtswidrigkeit[611]. Die Einwilligung ist gesetzlich nicht geregelt, sondern entspringt dem Selbstbestimmungsrecht des Art. 2 Abs. 1 GG und beruht auf dem Gedanken, dass staatliche Strafe dann nicht zum Einsatz kommen soll, wenn der Inhaber des vom Strafrecht geschützten Rechtsguts dieses selbst preisgibt[612]. Dies kann beim Whistleblowing der Fall sein, wenn das Unternehmen ein Whistleblowing-System eingeführt hat und eine Person mit der Entgegennahme von Hinweisen beauftragt hat[613]. Sollten diese Stellen nicht ausdrücklich zur Entgegennahme der internen Informationen durch den Geheimnisinhaber beauftragt worden sein, so fehlt es an der Einwilligung[614]. Diese Hinweise sind unter bestimmten Voraussetzungen von der Einwilligung gedeckt.

Damit stellt sich die Frage, wie ein Whistleblower-System in groben Zügen ausgestaltet werden sollte, um den strengen Voraussetzungen der rechtfertigenden Einwilligung zu entsprechen und damit zu einer Rechtfertigung des Whistleblowings zu führen.

aa) Objektive Rechtfertigungselemente

(1) Disponibles Rechtsgut

Wie in Abschnitt E. I. 1 dargestellt, schützt § 17 UWG die Interessen des Geheimnisinhabers und stellt ein Vermögensdelikt dar. Interessen der Allgemeinheit werden nach der hier vertretenen Ansicht nicht geschützt, so dass das Unternehmensgeheimnis als Individualrechtsgut ohne weiteres disponibel ist.

---

611 Vgl. schon oben unter Abschnitt E. I. 2. f).

612 SSW-StGB/*Rosenau*, Vor §§ 32 ff. StGB Rn. 31; vgl. auch *Rengier*, Strafrecht AT, § 23 Rn. 7.

613 Vgl. *Schemmel/Ruhmannseder/Witzigmann*, Hinweisgebersysteme, Kapitel 4 Rn. 33; siehe dazu auch Abschnitt F. II.

614 *Zimmermann*, ArbRAktuell 2012, 58, 59.

(2) Verfügungsbefugnis und Einwilligungsfähigkeit

Die Einwilligung muss unternehmensintern durch die Person erfolgen, die dispositionsbefugt ist. Dies ist in der Regel der Unternehmensinhaber oder eine von ihm bevollmächtigte Person bzw. ein Vertretungsorgan, so beispielsweise bei der GmbH der oder die Geschäftsführer gemäß § 35 GmbHG[615]. Es ist davon auszugehen, dass ein solcher ebenfalls einwilligungsfähig sein wird, also die Tragweite seiner zu treffenden Entscheidung erfassen wird und dabei die Vor- und Nachteile der Gefährdung des Rechtsguts abwägen können wird[616]. Der Unternehmensinhaber kann damit bei der Einrichtung einer Whistleblower-Stelle über das Unternehmensgeheimnis verfügen.

(3) Einwilligungserklärung vor Tatbegehung ausdrücklich oder konkludent und Freiheit von Willensmängeln

Ein zentrales Element bei der Einrichtung eines Whistleblower-Systems ist die Erklärung der Einwilligung vor der Begehung des Geheimnisverrats und deren Bestehen im Zeitpunkt der Tat. Die Einwilligung kann sowohl ausdrücklich als auch konkludent erfolgen, muss aber eindeutig sein und darf nicht widerrufen werden[617]. Aus praktischer Sicht könnte eine solche Einwilligungserklärung dergestalt konzipiert werden, dass diejenigen Beschäftigten, zu deren Gunsten eine solche Erklärung gelten soll, über die Möglichkeit der Abgabe von Hinweisen im Vorfeld informiert werden[618]. Dies sollte aus Beweisgründen immer schriftlich in Form eines Informationsschreibens geschehen oder im Intranet des betroffenen Unternehmens abrufbar sein. Letzteres ist einfacher und schneller zu aktualisieren als die Erstellung neuer Informationsschreiben und kann von den Angestellten jederzeit abgerufen werden. Neben den begünstigten Personen sollte die Anlaufstelle genau bezeichnet werden. Auch sollte darin enthalten sein, welche Informationen abgegeben werden können. Wichtig ist hier vor allem eine umfassende Unterrichtung der potenziellen Whistleblower. Sollte die

615 *Rengier*, Strafrecht AT, § 23 Rn. 13; Ohly/Sosnitza/*Ohly*, UWG, § 17 Rn. 27; Harte-Bavendamm/ Henning-Bodewig/*Harte-Bavendamm*, UWG, § 17 Rn. 11.

616 *Frister*, Strafrecht AT, 15. Kapitel Rn. 8.

617 *Kühl*, StGB-AT, § 9 Rn. 31 f.; *Rengier*, Strafrecht AT, § 23 Rn. 20 ff.

618 Vgl. auch *Bock*, Criminal Compliance, S. 738.

Einwilligung widerrufen werden, so sollte dieselbe Form wie bei der Einwilligung eingehalten werden. Sollte sich ein Angestellter dazu entschließen, einen Hinweis abzugeben, so trifft ihn die Pflicht, sich darüber Informationen zu verschaffen, ob die Einwilligung noch besteht. Zu beachten ist auch, dass der Ansprechpartner im Whistleblower-System ausdrücklich zur Entgegennahme beauftragt wird und im Hinblick auf Veränderung oder Neuerungen auf dem neusten Stand gehalten wird. Sollte dies nicht der Fall sein, setzt sich nicht nur der Meldende einem Strafbarkeitsrisiko aus, sondern unter Umständen auch der Empfänger in Form der Beihilfe zum Geheimnisverrat[619].

Auch um gerade Willensmängel bei der Einwilligung auszuschließen sind diese strengen Voraussetzungen unbedingt einzuhalten.

bb) Subjektives Rechtfertigungselement

Zu guter Letzt muss der Whistleblower auf subjektiver Seite in Kenntnis und aufgrund[620] der Einwilligung gehandelt haben.

cc) Zwischenfazit

Festzuhalten ist, dass die Ausgestaltung eines unternehmensinternen Whistleblower-Systems einen gewissen administrativen Aufwand erfordert, damit der Angestellte Meldungen tätigen kann, die nicht rechtswidrig sind. Eine bloße innere Zustimmung des Geheimnisinhabers genügt hierbei, ebenso wie eine nachträgliche Genehmigung, nicht[621].

b) Anzeigerecht nach § 158 StPO

Als weiterer Rechtfertigungsgrund kommt das Anzeigerecht nach § 158 StPO in Betracht. Nach § 158 Abs. 1 StPO kann die Anzeige einer Straftat sowie der Strafantrag bei der Staatsanwaltschaft, den Be-

619 Vgl. *Zimmermann*, ArbRAktuell 2012, 58, 59.

620 Vgl. dazu *Rengier*, Strafrecht AT, § 23 Rn. 38; teilweise wird vertreten, dass es nicht notwendig ist, dass der Täter auch aufgrund der Einwilligung handelt, da der Handlungsunwert bereits durch die Kenntnis der Rechtsgutspreisgabe aufgehoben wurde: so *Kühl*, StGB-AT, § 9 Rn. 41.

621 Vgl. *Rengier*, Strafrecht AT, § 23 Rn. 21 f.

hörden der Polizei und den Amtsgerichten gestellt werden. Eine Pflicht, gegenüber Strafverfolgungsbehörden Strafanzeigen zu erstatten, besteht nicht[622]. Manche sehen in diesem „Recht zur Strafanzeige" gleichzeitig einen Rechtfertigungsgrund für die Fälle, in denen ein Whistleblower Hinweise an Strafverfolgungsorgane abgibt[623].

So stellt *Kaiser*[624] aus seiner Perspektive als Staatsanwalt pauschal fest, dass die Hingabe von Daten zum Zwecke der Strafverfolgung mit dem Recht des Informanten auf Erstattung einer Strafanzeige nach § 158 StPO korrespondiere, damit nicht „unbefugt" sei und somit straflos sein müsse. Auch *Satzger*[625] führt aus, dass § 158 StPO eine selten gesehene Grundlage für eine solche Rechtfertigung darstelle, da jeder Bürger das Recht habe, Straftaten anzuzeigen. Dies müsse letztendlich dazu führen, dass das Anzeigerecht eine Befugnis verleihe, die einer Strafbarkeit entgegenstehe.

Eine solche Pauschalisierung greift nach der hier vertretenen Ansicht zu kurz und führt dazu, dass der Anzeigensteller bei einer Strafanzeige bzw. bei einem Strafantrag gegenüber einer Strafverfolgungsbehörde nicht mehr wegen Geheimnisverrats belangt werden könnte. Der Schutzbereich des § 17 UWG würde hierdurch bedeutend eingeschränkt und dies würde dazu führen, dass das Strafverfolgungsinteresse der Strafbehörden grundsätzlich Vorrang vor dem Geheimhaltungsinteresse des Geheimnisträgers hätte, ohne die Vornahme einer Interessenabwägung im Einzelfall[626].

Fremde Geheimnisse, deren unbefugte Offenbarung strafbewehrt ist, können von Privatpersonen nur dann straffrei mitgeteilt werden, wenn dies aufgrund eines wesentlich überwiegenden Interesses im

---

622 Löwe-Rosenberg/*Erb*, StPO, § 158 Rn. 2; Meyer-Goßner/Schmitt/*Schmitt*, StPO, § 158 Rn. 6 a.

623 Siehe dazu schon *Ostendorf*, ZIS 2010, 301, 304; vgl. *Engländer/Zimmermann*, NZWiSt 2012, 328, 330; *Satzger*, FS-Achenbach, 447, 451 f.; vgl. schon RAG JW 1931, 490.

624 *Kaiser*, NStZ 2011, 383, 388.

625 In dem von *Satzger* dargestellten Fall ging es konkret um eine Strafbarkeit nach § 17 Abs. 2 Nr. 2 UWG, vgl. *Satzger*, FS-Achenbach, 447, 451 f.

626 *Engländer/Zimmermann*, NZWiSt 2012, 328, 330; *Sieber*, NJW 2008, 881, 884; *Wittig*, Wirtschaftsstrafrecht, § 33 Rn. 52 a.

Einzelfall nach § 34 StGB gerechtfertigt ist[627]. Eine Pauschalisierung, die die Wertungen des § 34 StGB zu umgehen sucht und grundsätzlich dem allgemeinen staatlichen Strafverfolgungsinteresse Vorrang verschafft, ist fehl am Platz, denn es fehlt eine solche gesetzliche Vorrangsentscheidung bei Kollisionen des Geheimhaltungsinteresses mit dem Strafverfolgungsinteresse. Ein solcher Vorrang besteht lediglich in den Fällen der Offenbarungspflicht bei geplanten Straftaten nach § 138 StGB.

Aus der Regelung des § 158 StPO wird demnach nach der hier vertretenen Ansicht kein generelles Recht zur Verletzung von Geheimnisschutzvorschriften oder zur Offenbarung strafrechtlich geschützter Geheimnisse und damit zur grundsätzlichen Rechtfertigung externen Whistleblowing gefolgert[628].

c) Gesetzliche Offenbarungspflichten

Gesetzliche Offenbarungspflichten von Mitarbeitern können rechtfertigende Wirkung haben[629]. Grundsätzlich haben Privatpersonen keine Pflicht zur Anzeige bereits begangener Straftaten. Eine solche Pflicht besteht nur nach § 138 StGB hinsichtlich der dort enumerativ aufgezählten schwersten Straftaten[630]. Privatpersonen sind sonst zu keinen Anzeigen verpflichtet. Selbst dann ist eine Anzeigepflicht zu verneinen, wenn wichtige Rechtsgüter gefährdet sind. Die Strafverfolgung obliegt einzig und allein dem Staat[631].

Der Straftatbestand der Nichtanzeige geplanter Straftaten nach § 138 StGB kommt im Rahmen des Whistleblowings als Rechtfertigungsgrund zwar grundsätzlich in Betracht, da hinsichtlich geheimnisschützender Tatbeständen die Anzeigepflicht vorgeht[632]. Allerdings ist § 138 StGB auf die dort enumerativ aufgezählten schwersten noch

627 Löwe-Rosenberg/*Erb*, StPO, § 158 Rn. 9 b; Rotsch/*Rotsch*/*Wagner*, Criminal Compliance, § 34 C Rn. 23; Heermann/Schlingloff/*Brammsen*, Lauterkeitsrecht, § 17 UWG Rn. 60.

628 *Sasse*, NZA 2008, 990, 993; vgl. auch Rotsch/*Rotsch*/*Wagner*, Criminal Compliance, § 34 C Rn. 23.

629 MüKo-StGB/*Janssen*/*Maluga*, § 17 UWG Rn. 68.

630 HK-StPO-*Zöller*, § 158 Rn. 7; SSW-StPO/*Ziegler*/*Vordermayer*, § 158 Rn. 12.

631 Vgl. *Hefendehl*, FS-Amelung, 617, 641.

632 Schönke/Schröder/*Sternberg-Lieben*, § 138 Rn. 25; *Fischer*, StGB, § 138 Rn. 34.

nicht begangenen Straftaten beschränkt, um die es beim Whistleblowing meistens gerade nicht geht, so dass diesem Rechtfertigungsgrundes aus praktischer Sicht keine Bedeutung zugemessen werden kann[633].

d) Gesetzliche Offenbarungsrechte

Neben der gesetzlichen Offenbarungspflicht finden sich in der deutschen Rechtsordnung in verschiedenen Gesetzen auch Anzeigerechte von Arbeitnehmern, die in Abschnitt D. I. 3. b) erörtert worden sind. Sollte ein Angestellter aufgrund dieser Offenbarungsrechte Meldungen nach Außen tätigen, so handelt er nicht unbefugt und damit nicht rechtswidrig, so dass auch hier eine Strafbarkeit zu verneinen ist. Wie ebenfalls erörtert, haben diese Regelungen einen sehr engen Anwendungsbereich, so dass sie nicht vollumfänglich allen Angestellten als Rechtfertigungsgrund zugutekommen können. Ein solches gesetzliches Offenbarungsrecht hätte auch der bereits oben genannte § 612 a BGB n.F. dargestellt.

e) Aussagepflicht als Zeuge oder als Sachverständiger

Neben der Offenbarungspflicht nach § 138 StGB kommt als Rechtfertigungsgrund für den Verrat von Geschäfts- und Betriebsgeheimnissen die Auskunftsverpflichtung bei einer Aussage als Zeuge oder Sachverständiger (Zeugnispflicht) in Betracht. Hier ist zu unterscheiden zwischen Aussagen im Strafprozess und innerhalb eines zivilrechtlichen Verfahrens.

In einem **Strafprozess** gibt es für den unternehmensbeschäftigten Geheimnisträger kein eigenständiges Zeugnisverweigerungsrecht, Auskunftsverweigerungsrecht oder sonstiges Schweigerecht, das dem Schutz von Betriebs- und Geschäftsgeheimnissen dienen würde[634]. Nach den §§ 52 ff. StPO besteht ein Zeugnisverweigerungsrecht lediglich für nahe Angehörige des Beschuldigten (§ 52 Abs. 1 StPO) sowie für Berufsgeheimnisträger und deren Berufshelfer (§§ 53 f. StPO). Al-

---

633 *Engländer/Zimmermann*, NZWiSt 2012, 328, 330.

634 Vgl. Heermann/Schlingloff/*Brammsen*, Lauterkeitsrecht, § 17 UWG Rn. 58; Fezer/*Rengier*, Lauterkeitsrecht, § 17 UWG Rn. 46; GK-UWG/*Wolters*, § 17 Rn. 63.

lerdings steht einem Zeugen ein Auskunftsverweigerungsrecht für Fragen zu, deren Beantwortung ihn selbst oder seine nahen Angehörigen in die Gefahr der Strafverfolgung bringen würde (§ 55 Abs. 1 StPO). Dieselben Zeugnisverweigerungsrechte gelten für den Sachverständigen nach § 76 Abs. 1 S. 1 StPO. Auch er kann nach §§ 72, 55 Abs. 1 StPO die Aussage verweigern.

Im Strafprozess überwiegt das öffentliche Interesse an der Wahrheitsfindung, doch kann das Gericht dem Geheimnisschutz nach § 172 Nr. 2 GVG dadurch Rechnung tragen, dass es die Öffentlichkeit für die Verhandlung oder einen Teil davon ausschließt, wenn wichtige Geschäfts- oder Betriebsgeheimnisse zur Sprache kommen, durch deren öffentliche Erörterung überwiegende schutzwürdige Interessen verletzt werden würden[635]. Im Strafprozess besteht demnach eine Offenbarungspflicht, die hinsichtlich des Geheimnisbruchs rechtfertigend wirkt[636].

Im **Zivilprozess** hingegen sind für Beschäftigte in §§ 383 Abs. 1 Nr. 6, 384 Nr. 3 ZPO Zeugnisverweigerungsrechte aus persönlichen sowie sachlichen Gründen normiert, die nach § 408 Abs. 1 ZPO entsprechend für Sachverständige gelten. Im Prozess müssen sich der Zeuge oder der Sachverständige, denen Geheimnisse im Rahmen eines Dienstverhältnisses zugänglich geworden sind, auf das Zeugnisverweigerungsrecht berufen, es sei denn die Wahrung des Geheimnisses ist nach § 172 Nr. 2 GVG durch den Ausschluss der Öffentlichkeit vom Gericht gewährleistet[637]. In einem Zivilprozess soll der Beschäftigte die Belange des Arbeitgebers nicht nachrangig behandeln müssen[638].

Im Zivilprozess ist die Verletzung des § 17 UWG damit nur dann gerechtfertigt, wenn ein weiterer Rechtfertigungsgrund besteht; ansonsten ist der Geheimnisverrat rechtswidrig[639].

---

635 Vgl. hierzu *Kiethe/Hohmann*, NStZ 2006, 185, 188; Harte-Bavendamm/Henning-Bodewig/*Harte-Bavendamm*, UWG, § 17 Rn. 11.

636 Fezer/*Rengier*, Lauterkeitsrecht, § 17 UWG Rn. 46.

637 Harte-Bavendamm/Henning-Bodewig/*Harte-Bavendamm*, UWG, § 17 Rn. 11; Ohly/Sosnitza/*Ohly*, UWG, § 17 Rn. 28.

638 Zöller/*Greger*, ZPO, § 384 Rn. 7; vgl. auch Harte-Bavendamm/Henning-Bodewig/*Harte-Bavendamm*, UWG, § 17 Rn. 11.

639 GK-UWG/*Wolters*, § 17 Rn. 64; Fezer/*Rengier*, Lauterkeitsrecht, § 17 UWG Rn. 46; Heermann/ Schlingloff/*Brammsen*, Lauterkeitsrecht, § 17 UWG Rn. 58.

f) Notwehr nach § 32 StGB

Es stellt sich weiter die Frage, ob Notwehr beim Whistleblowing in Betracht kommt. Notwehrfähig sind Individualrechtsgüter beliebiger Art[640]. Bei den von einem Whistleblower angezeigten Straftaten handelt es sich zumeist um Wirtschaftsstraftaten, die sich gegen Kollektivrechtsgüter richten, beispielsweise Straftaten gegen die Umwelt, die Lauterkeit des Wettbewerbs etc. Angriffe auf Rechtsgüter der Allgemeinheit oder die öffentliche Ordnung, welche die Rechte des Einzelnen nicht unmittelbar betreffen, berechtigen nicht zur Notwehr oder Nothilfe[641].

Selbst bei einer Bejahung eines notwehr- oder nothilfefähigen Rechtsguts wäre eine nach § 32 Abs. 2 StGB erforderliche **Gegenwärtigkeit** des Angriffs meist abzulehnen. Der Angriff ist gegenwärtig, wenn die Rechtsgutsverletzung im Zeitpunkt der Meldung unmittelbar bevorsteht, bereits begonnen hat oder noch fortdauert[642]. Eine organisationsinterne Person wird von einer Rechtsgutsverletzung in den allermeisten Fällen nicht schon dann erfahren, wenn die Rechtsgutsverletzung gerade gegenwärtig ist. So stellen sich korruptes Handeln oder die Begehung von Umweltdelikten innerhalb einer Organisation erst heraus, nachdem eine gewisse Zeit verstrichen ist oder der potenzielle Whistleblower dies durch andere interne Quellen erfährt. In den seltensten Fällen beobachtet ein Mitarbeiter eine gegenwärtige Rechtsgutsverletzung. Selbst in Fällen, in denen ein Mitarbeiter beobachten sollte, wie eine Schmiergeldzahlung geleistet oder Giftmüll in Gewässer geleitet wird, so wird die Erstattung einer Strafanzeige oder die Meldung an interne oder externe Stellen bzw. die Öffentlichkeit, kaum geeignet sein, den Angriff ad hoc zu beenden. Die Notwehrhandlung scheitert in den meisten Fällen an ihrer Geeignetheit. Eine Ausnahme kann nur in den Fällen in Betracht kommen, in denen bei der unmittelbaren Begehung einer Straftat, die Individualinteressen beeinträchtigen muss, ein geeigneter Adressat herbeigerufen wird und somit die strafrechtlich relevante Handlung endgültig beendet werden kann.

---

640 Lackner/Kühl/*Kühl*, StGB, § 32 Rn. 3; Schönke/Schröder/*Perron*, § 32 Rn. 5 ff.

641 BGHSt 5, 245, 247; *Kindhäuser*-LPK-StGB, § 32 Rn. 40; *Engländer*/*Zimmermann*, NZWiSt 2012, 328, 330.

642 Schönke/Schröder/*Perron*, § 32 Rn. 13 ff.; *Kindhäuser*-LPK-StGB, § 32 Rn. 16 ff.

Die Notwehr bzw. die Nothilfe nach § 32 StGB ist in den Fällen des Whistleblowings kaum geeignet, den Geheimnisverrat des Whistleblowers zu rechtfertigen, weswegen im Rahmen dieser Arbeit auch nicht weiter darauf eingegangen wird.

g) Rechtfertigender Notstand, § 34 StGB

In Betracht kommt eine Rechtfertigung aufgrund eines **Notstandes** nach § 34 StGB. Danach handelt nicht rechtswidrig, wer in einer gegenwärtigen, nicht anders abwendbaren Gefahr für Leben, Leib, Freiheit, Ehre, Eigentum oder für ein anderes Rechtsgut eine Tat begeht, um die Gefahr von sich oder einem anderen abzuwenden. Dabei muss im Rahmen einer Interessenabwägung das geschützte Interesse das beeinträchtigte wesentlich überwiegen[643]. Die Tat muss weiter angemessen sein, um die Gefahr abzuwenden, § 34 S. 2 StGB.

aa) Notstandslage

Eine **Notstandslage** setzt ein notstandsfähiges Rechtsgut und eine gegenwärtige Gefahr für dieses Rechtsgut voraus. Im Gegensatz zur Notwehr nach § 32 StGB sind hier auch Rechtsgüter der Allgemeinheit notstandsfähig[644]. Gesetzeswidrige Handlungen in Unternehmen stellen eine Gefahr für diejenigen Rechtsgüter dar, die von der jeweiligen gesetzlichen Norm geschützt werden[645]. Wer Umweltstraftaten begeht, verstößt gegen das vom Umweltstrafrecht geschützte Rechtsgut „Umwelt“[646]. Korruptionsstraftaten verstoßen gegen einen lauteren Wettbewerb und die Missachtung von Sicherheitsvorschriften kann Gefahren für das Leben und die Gesundheit von Arbeitnehmern bedeuten[647]. Eine Gefahr ist dann gegenwärtig, wenn bei natürlicher Weiterentwicklung der Eintritt eines Schadens sicher oder höchstwahrscheinlich ist oder wenn die Gefahr alsbald oder in allernächster Zeit in einen

643 *Kindhäuser*-LPK-StGB, § 34 Rn. 31; *Fischer*, StGB, § 34 Rn. 12.
644 Lackner/Kühl/*Kühl*, StGB, § 34 Rn. 4; *Kindhäuser*-LPK-StGB, § 34 Rn. 20.
645 *Schemmel/Ruhmannseder/Witzigmann*, Hinweisgebersysteme, Kapitel 4 Rn. 40.
646 Vgl. hierzu näher *Fischer*, StGB, Vor § 324 Rn. 3 f.
647 *Schemmel/Ruhmannseder/Witzigmann*, Hinweisgebersysteme, Kapitel 4 Rn. 40.

Schaden umschlagen kann[648]. Ist das gesetzeswidrige Verhalten abgeschlossen und besteht auch keine Widerholungsgefahr mehr, ist die Gegenwärtigkeit der Gefahr zu verneinen[649]. Eine Notstandslage ist damit bei dauerhaften illegalen Unternehmenspraktiken zu bejahen[650].

bb) Notstandshandlung

Die **Notstandshandlung** muss erforderlich sein, das geschützte Rechtsgut wesentlich überwiegen und angemessen sein[651]. Die Gefahr darf nicht anders abwendbar sein als durch die Begehung der Tat[652] – im Falle des § 17 Abs. 1 UWG also nicht anders abwendbar als durch Geheimnisverrat. Der Whistleblower muss die am wenigsten einschneidenden Mittel zur Abwendung der Gefahr einsetzen[653]. Grundsätzlich ist davon auszugehen, dass Unternehmen ein Interesse daran haben, interne Missstände und Gesetzesverletzungen zu unterbinden, da solche auf lange Sicht zu Reputationsschäden und damit auch zu Ertragseinbrüchen bis zur Insolvenz führen können. Dem unternehmensinternen Hinweis ist auf den ersten Blick Vorrang zu geben, da es für das Unternehmen und seine Interessen ein weniger einschneidendes Mittel zur Gefahrenabwehr darstellt, als eine Meldung an Strafverfolgungsbehörden oder die Öffentlichkeit.

Festzuhalten ist damit, dass der Offenbarung nach Außen zunächst zwingend ein **interner Abhilfeversuch** vorausgehen muss[654].

---

648 BGH NJW 1989, 1289; *Fischer*, StGB, § 34 Rn. 7; *Rengier*, Strafrecht AT, § 19 Rn. 12.

649 Im obigen *Beispielsfall* ist auch eine Dauergefahr zu verneinen. Eine solche besteht dann, wenn eine permanente Gefahr gegeben ist, die jederzeit in einen Schaden umschlagen kann. Gerade dies ist hier nicht der Fall, da vor dem Ablassen von Giftmüll in das Gewässer zunächst ein Zwischenschritt erforderlich ist, und zwar im Sinne einer unternehmerischen Entscheidung, ob tatsächlich im konkreten Fall Müll ins Wasser geschüttet werden soll. Anders könnte dies zu beurteilen sein, wenn unternehmensinterne Richtlinien gegeben wären, wonach beispielsweise bei Erreichen eines bestimmten Wasserpegels automatisch Müll ins Wasser abgelassen werden soll.

650 *Schemmel/Ruhmannseder/Witzigmann*, Hinweisgebersysteme, Kapitel 4 Rn. 40.

651 *Rengier*, Strafrecht AT, § 19 Rn. 20 ff.; *Frister*, Strafrecht AT, 17. Kapitel Rn. 7 ff.

652 *Fischer*, StGB, § 34 Rn. 9; *Rengier*, Strafrecht AT, § 19 Rn. 20.

653 *Fischer*, StGB, § 34 Rn. 9.

654 *Koch*, ZIS 2008, 500, 503; Schönke/Schröder/*Perron*, § 34 Rn. 17; *Schemmel/Ruhmannseder/Witzigmann*, Hinweisgebersysteme, Kapitel 4 Rn. 42.

Anders könnte dies aber gewertet werden, wenn bereits in der Vergangenheit Missstände gemeldet worden sind und hierauf keine Reaktion erfolgte oder aber die Unternehmensleitung sich nicht bereit erklärt hat, solchen abzuhelfen, eine interne Meldung demnach aussichtslos scheint. In dem Fall scheint die interne Meldung zur Abwehr des Angriffs nicht geeignet und damit auch kein wirksames Mittel gegen den Missstand zu sein[655]. Dies wäre im obigen *Beispiel* dann der Fall, wenn ein anderer Angestellter bereits intern den Versuch unternommen hätte, dem Missstand der unrechtmäßigen Giftmüllentsorgung abzuhelfen und daraufhin entlassen wurde. In einem solchen Fall erscheint ein weiterer interner Abhilfeversuch aussichtslos. Dasselbe gilt, wenn die Vorgesetzten am Rechtsverstoß selbst beteiligt sind[656]. Eine Meldung an Strafverfolgungsbehörden erscheint in diesen Fällen aussichtsreicher. Ein wichtiger Aspekt im Rahmen des externen Whistleblowings ist ferner, dass die Meldung an zuständige Behörden oder Strafverfolgungsbehörden ein geeignetes und im Gegensatz zur Meldung an Medien oder an die Öffentlichkeit – beispielsweise über für jedermann zugängliche Whistleblower-Plattformen wie *WikiLeaks* – das mildere Mittel darstellt. Zwar ist den Medien und der Öffentlichkeit eine gewisse Wirksamkeit nicht abzusprechen, da hieraus ein überaus deutlicher Abschreckungseffekt erzeugt werden kann. Allerdings ist die Gefahr von Reputationsschäden höher als die reine Gefahrenabwehr, so dass im Ergebnis die Anzeige von Missständen an die Medien nicht gerechtfertigt ist. Der Gang an die (mediale) Öffentlichkeit ist damit vom rechtfertigenden Notstand nach § 34 StGB nicht umfasst und bleibt folglich rechtswidrig[657].

Im Rahmen einer **Abwägung der widerstreitenden Interessen** beim externen Whistleblowing muss das geschützte Interesse das beeinträchtigte Interesse des Unternehmens an der Geheimhaltung überwiegen. Dabei sind bei einer Gesamtwürdigung aller Umstände die betroffenen Rechtsgüter, die Schwere der Straftat sowie der Grad der drohenden Gefahren und die Wiederholungsgefahr in die Abwägung

655 BAG NZA 2004, 427, 430; *Schemmel/Ruhmannseder/Witzigmann*, Hinweisgebersysteme, Kapitel 4 Rn. 42.

656 *Wittig*, Wirtschaftsstrafrecht, § 33 Rn. 52 a.

657 Vgl. hierzu *von Pelchrzim*, CCZ 2009, 25, 27; *Schemmel/Ruhmannseder/Witzigmann*, Hinweisgebersysteme, Kapitel 4 Rn. 43.

einzubeziehen[658]. Die Interessenabwägung nach § 34 StGB geht dabei über eine reine Güterabwägung hinaus, so dass beispielsweise auch Verschuldensgesichtspunkte miteinfließen[659].

Primär ist der Rang der **kollidierenden Rechtsgüter** mittels eines Strafrahmenvergleichs festzustellen, wobei die Wertentscheidungen des Grundgesetzes und die Reihenfolge der in § 34 StGB genannten Rechtsgüter zu berücksichtigen sind; nicht außer Acht gelassen werden dürfen dabei mittelbar betroffene Rechtsgüter[660]. Sachgütern wie Eigentum oder Vermögen kommt normalerweise ein geringerer Wert zu als Gütern der Person, wie Leben, körperliche Unversehrtheit und Fortbewegungsfreiheit[661]. Da die Heranziehung des Strafrahmens nicht immer eine klare Bestimmung des Ranges des Rechtsguts zulässt, sind weitere Kriterien heranzuziehen[662].

Als weiteres Kriterium ist der **Grad der drohenden Gefahren** für das geschützte und das beeinträchtigte Rechtsgut zu betrachten. Hierbei sind neben Nähe und Ausmaß der Gefahr auch die Wahrscheinlichkeit und das Ausmaß des **drohenden Schadenseintritts** zu berücksichtigen[663]. Hier kann die Abwägung auch zugunsten des geringwertigeren Rechtsguts ausfallen, wenn die Gefahr für das höherwertigere Rechtsgut einer minimalen Gefährdung ausgesetzt ist[664]. Da es sich bei der Wahrscheinlichkeit des Schadenseintritts um nur einen Abwägungspunkt handelt, kann auch eine geringe Wahrscheinlichkeit des Schadenseintritts beim Erhaltungsgut kompensiert werden durch dessen hohes Gewicht[665]. Auch kann das Interesse an der Erhaltung einer wertvollen Sache das Interesse einer minimalen körperlichen Beein-

---

658 *Fischer*, StGB, § 34 Rn. 12; *Wittig*, Wirtschaftsstrafrecht, § 33 Rn. 52 a.

659 von Heintschel-Heinegg/*Momsen*, § 34 Rn. 8.

660 *Fischer*, StGB, § 34 Rn. 13; von Heintschel-Heinegg/*Momsen*, § 34 Rn. 9 f.; *Kindhäuser*-LPK-StGB, § 34 Rn. 32; LK-StGB/*Zieschang*, § 34 Rn. 55 f.; MüKo-StGB/*Erb*, § 34 Rn. 111 f.; Matt/Renzikowski/*Engländer*, § 34 Rn. 26.

661 Matt/Renzikowski/*Engländer*, § 34 Rn. 27.

662 von Heintschel-Heinegg/*Momsen*, § 34 Rn. 9.1 mit dem Hinweis darauf, dass im Bereich mittlerer Kriminalität die Strafrahmen sich oftmals entsprechen, selbst wenn völlig unterschiedliche Rechtsgüter geschützt werden.

663 *Fischer*, StGB, § 34 Rn. 23; von Heintschel-Heinegg/*Momsen*, § 34 Rn. 10.

664 *Kindhäuser*-LPK-StGB, § 34 Rn. 34; LK-StGB/*Zieschang*, § 34 Rn. 60.

665 Matt/Renzikowski/*Engländer*, § 34 Rn. 28.

trächtigung überwiegen[666]. Sind die betroffenen Rechtsgüter gleichwertig, ist eine rein quantitative Betrachtung anzustellen[667], wobei die Unabwägbarkeit menschlichen Lebens zu beachten ist[668].

Innerhalb der Abwägung sind auch **Faktoren** wie Rettungschancen für das bedrohte Rechtsgut, individuelle Interessen des betroffenen Rechtsgutinhabers sowie die Verantwortlichkeit für das Entstehen der Gefahrenlage zu berücksichtigen.

Die Bandbreite der geschützten Interessen, die der Whistleblower nach Außen kundtut, ist sehr weit gefächert. Gerade dann, wenn es um abstrakte Interessen wie das Strafverfolgungsinteresse geht, stellt die Abwägung keine einfach zu lösende Aufgabe dar[669].

Auch die Art und Weise der Beeinträchtigung des geschützten Interesses durch das Unternehmen ist pauschal nicht zu beantworten, sondern bedarf einer Abwägung im konkreten Einzelfall. Einer Ansicht zufolge ist die Strafanzeige an zuständige Behörden nicht unbefugt[670], der hier nicht gefolgt wird, da gerade entgegen dem eindeutigen Wortlaut des § 34 StGB keinerlei Abwägung widerstreitender Interessen erfolgt und die Geheimhaltungsinteressen von Unternehmen jeglichen Schutz verlieren würden[671].

Bezogen auf das **Whistleblowing** sind verschiedenartige Interessen in Einklang zu bringen. Je nachdem, welches Rechtsgut vom Whistleblower geschützt wird, ist dieses mit dem Interesse des Unternehmens an der Geheimhaltung des Geschäfts- und Betriebsgeheimnisses abzuwägen. Handelt es sich bei dem vom Whistleblower zu schützenden Interesse überwiegend um die körperliche Unversehrtheit von Personen[672], so ist danach zu fragen, ob dieses Interesse gegenüber

---

666 Als Klassiker kann das Beispiel bezeichnet werden, in dem ein Schnupfen durch den Einsatz von Löschwasser durch die Feuerwehr zur Löschung eines Gebäudes hingenommen werden muss, MüKo-StGB/*Erb*, § 34 Rn. 114.

667 MüKo-StGB/*Erb*, § 34 Rn. 114; *Kindhäuser*-LPK-StGB, § 34 Rn. 33.

668 So ist nach hM die Tötung einer Person, um mehrere Personen zu retten, unzulässig, BGHSt 35, 347, 350; vgl. auch MüKo-StGB/*Erb*, § 34 Rn. 116 ff.

669 *Engländer/Zimmermann*, NZWiSt 2012, 328, 330.

670 Erbs/Kohlhaas/*Diemer*, Nebengesetze, § 17 UWG Rn. 24 mit Verweis auf RAG JW 1931, 490.

671 Vgl. schon die Ausführungen zu § 158 StPO als möglichen Rechtfertigungsgrund in Abschnitt E. I. 6. b).

672 Siehe hierzu Abschnitt B. (BSE-Affäre, Gammelfleischskandal und Missstände im Berliner Pflegeheim).

dem Interesse des Unternehmens beispielsweise an der Vermeidung von Reputationsschäden und den damit unter Umständen einhergehenden Umsatzeinbußen (bis hin zur Insolvenz) überwiegt. Nach dem oben Gesagten scheint auf den ersten Blick die körperliche Unversehrtheit zu überwiegen. Als weiteres Abwägungskriterium sind der Grad der drohenden Gefahren und das Ausmaß des potenziellen Schadens zu betrachten. Im Gammelfleisch- und im BSE-Fall[673] war der Grad der drohenden Gefahr und die Wahrscheinlichkeit eines Schadenseintritts besonders hoch, da eine akute Gesundheitsgefahr für einen großen Teil der Bevölkerung bestand, so dass hier eine Abwägung zugunsten der körperlichen Unversehrtheit ausfallen muss. Im BSE-Fall ist sogar eine Rettungschance zu verneinen, da die Creutzfeldt-Jakob-Krankheit eine tödlich verlaufende Krankheit ist, die im Vorfeld zu einer Degeneration des Gehirns führt. Die Lage hätte in beiden Fällen schon in einem früheren Stadium verhindert werden können, wenn nach sofortigem Erkennen der Gefahren für Leib und Leben die an BSE erkrankten Rinder geschlachtet worden wären bzw. Gammelfleisch nicht in Umlauf gebracht worden wäre. Damit waren die Geheimnisträger zumindest mitverantwortlich für das Entstehen der Gefahrenlage. Hier dürfte insbesondere auch der Faktor der besonderen Eilbedürftigkeit ausschlaggebend sein[674].

Dasselbe gilt im Falle von Unternehmen, die gesundheitsschädliche Produkte auf den Markt bringen, denen eine unbestimmbare Anzahl an Personen ausgesetzt ist[675]. Hier sind der Grad der drohenden Gefahr sowie das Schadensausmaß durch den nicht abgegrenzten Kundenkreis als besonders hoch einzuschätzen, ebenso ist eine besondere Eilbedürftigkeit gegeben. Durch das Feststellen des weiteren Abwägungskriteriums des Verschuldens des Produzenten ergibt auch hier eine Abwägung, dass das Rechtsgut der körperlichen Unversehrtheit das Geheimhaltungsinteresse des betroffenen Unternehmens über-

673 Unter der hypothetischen Annahme es habe sich nicht um das Fleischhygieneamt, sondern um ein Unternehmen gehandelt.

674 Vgl. hierzu GK-UWG/*Wolters*, § 17 Rn. 67.

675 Beispielhaft ist der Fall eines Babyspielzeugs zu nennen, das als Beißhilfe Babies beim Zahnen unterstützen soll. Ein Bericht von Ökotest enthüllte, dass das Spielzeug krebserregende Stoffe enthält, vgl. hierzu https://www.umweltgutachter.de/blog/gesundheitsschaedliches-babyspielzeug-cradle-to-cradle-bietet-loesungsmoeglichkeit (letzter Zugriff: 25. September 2017).

steigt. Dieselben Kriterien dürften für den oben geschilderten *Beispielsfall* (Chemicunternehmen) gelten, wobei hier neben den Gefahren für die Bevölkerung noch Umweltgefährdungen hinzukommen.

Anders kann die Abwägung ausfallen, in denen keine Gefahren für Leib und Leben bestehen, sondern solche für die Allgemeinheit. So ist im Falle von sogenannten opferlosen Heimlichkeitsdelikten keine konkrete Person in Gefahr. Vielmehr handelt es sich hier beispielhaft um Fälle der Steuerhinterziehung im Sinne des § 370 AO, der wettbewerbsbeschränkenden Vereinbarungen nach § 1 GWB in Verbindung mit § 298 StGB oder der Bestechlichkeit im Sinne des § 299 StGB. Die geschützten Rechtsgüter sind hier die Allgemeininteressen am rechtzeitigen und vollständigen Aufkommen jeder einzelnen Steuerart[676], der freie Wettbewerb, also die Freiheit der Marktkonkurrenz[677] oder die Sicherstellung lauterer Wettbewerbsbedingungen[678]. Je nach Intensität oder Häufigkeit der innerhalb des Unternehmens begangenen Straftaten kann eine Abwägung auch zugunsten des Geheimhaltungsinteresses des Unternehmens ausfallen, gerade dann, wenn es sich um einmalige Verstöße oder Verstöße von einem geringen Ausmaß handelt. Ein Geheimnisverrat könnte durch die damit einhergehenden Konsequenzen der Rufschädigung sowie der Gefahr einer Unternehmenskrise unverhältnismäßig sein. Im Falle des Korruptionsskandals bei Siemens überwiegt hingegen aufgrund der hohen Schmiergeldzahlungen und aufgrund der Tatsache, dass Wiederholungsgefahr besteht, das Interesse der Allgemeinheit an der Aufdeckung der Straftaten gegenüber dem Geheimhaltungsinteresse.

Weiter stellt sich die Frage, welcher **Maßstab** bei der Abwägung angesetzt werden soll. Bei der Anwendung des Maßstabs des Aggressivnotstandes („wesentliches Überwiegen") entfällt eine Rechtfertigung dann, wenn das Interesse des Unternehmens an der Geheimhaltung nicht wesentlich weniger wiegt als das geschützte Interesse[679]. Hier sind die oben genannten Abwägungskriterien heranzuziehen. Beim Whistleblowing muss allerdings der Maßstab des Defensivnotstands

676 BGHSt 36, 100, 102; Klein/*Jäger*, AO, § 370 Rn. 2.
677 *Fischer*, StGB, vor § 298 Rn. 6; Bechtold/Bosch/*Bechtold/Bosch*, GWB, Einführung Rn. 50.
678 Schönke/Schröder/*Heine*, § 299 Rn. 2.
679 *Koch*, ZIS 2008, 500, 503; *Engländer/Zimmermann*, NZWiSt 2012, 328, 330.

gelten, da die Gefahren für das geschützte Rechtsgut gerade aus der Sphäre des Unternehmens stammen und nicht von einem an der Gefahr gänzlich Unbeteiligten[680]. Bei Anwendung dieses Maßstabs (das bedrohte Interesse wiegt nicht wesentlich weniger als das Geheimhaltungsinteresse des Unternehmens) wäre die Rechtfertigung nach § 34 StGB auch in den Fällen zu bejahen, in denen ein wesentliches Überwiegen gerade nicht gegeben ist[681]. Trotz der schützenswerten illegalen Interessen eines Unternehmens würde diesem der von § 17 Abs. 1 UWG gebotene Schutz versagt und damit wertlos.

Rein repressive Strafverfolgungsinteressen, also die Meldung eines bereits abgeschlossenen Verhaltens, sollen von § 34 StGB nicht gerechtfertigt sein. Bei andauernden und bevorstehenden Wettbewerbsbeeinträchtigung mag dies anders aussehen[682]. Problematisch wird hier der oben geschilderte *Beispielsfall.* Das Chemieunternehmen schüttet lediglich bei Hochwasser Giftmüll in das Gewässer. Sollte der Angestellte A erst dann den Mut fassen, die Handlung zu melden, nachdem der Vorgang abgeschlossen ist, so wäre er nicht nach § 34 StGB gerechtfertigt, da es sich dabei um ein rein repressives Interesse handeln würde. Das Unternehmen wird höchstwahrscheinlich wieder Giftmüll in das Gewässer kippen, sobald das nächste Hochwasser kommt, da dies bisher regelmäßig so gehandhabt wurde. Allerdings ist nicht vorauszusehen, wann die nächste Hochwassersituation erneut eintreten wird, so dass es sich zu diesem Zeitpunkt um keine gegenwärtige Gefahr für die Umwelt handelt[683]. Der Angestellte A wäre nicht nach den allgemeinen Rechtfertigungsvorschriften geschützt, obwohl er eine gefährliche und schwer umweltbelastende Handlung melden möchte, die im schlimmsten Falle auch Gefahren für Leib und Leben von Menschen bedeuten kann. Diese Lücke ist im deutschen Recht de lege lata noch nicht geschlossen, so dass in einem solchen Grenzfall die Gefahr einer Strafbarkeit für einen Whistleblower droht. Im Rahmen des Whistleblowings sind nach der hier vertretenen Auffassung

680 *Erb*, FS-Roxin II, 1103, 1113; vgl. auch *Engländer/Zimmermann*, NZWiSt 2012, 328, 330 f.

681 *Wittig*, Wirtschaftsstrafrecht, § 33 Rn. 52 a; *Engländer/Zimmermann*, NZWiSt 2012, 328, 331.

682 *Koch*, ZIS 2008, 500, 503; Fezer/*Rengier*, Lauterkeitsrecht, § 17 UWG Rn. 47.

683 Zur Dauergefahr siehe Fußnote 649.

sehr wohl auch repressive Interessen zu berücksichtigen, sofern eine hohe Wahrscheinlichkeit dafür besteht, dass die gemeldeten Verhaltensweisen wiederholt werden können.

Die gesetzliche Wertung des § 138 StGB spricht dafür, dass die Anzeige zukünftiger Straftaten mehr Legitimität genießen soll als die Anzeige aus repressiven Gründen. Ähnliches geht auch aus der Entscheidung des EGMR hervor, welcher andeutet, dass *Brigitte Heinisch* gegenwärtigen – nicht vergangenen – Mängeln in der Pflege des Altenheims abhelfen wollte[684]. Eine Ansicht in der Literatur[685] vertritt richtigerweise die Ansicht, dass das Strafverfolgungsinteresse bei bereits begangenen Delikten zumindest dann die Verletzung einer Schweigepflicht rechtfertigt, wenn die Gefahr besteht, dass der Täter weiterhin erhebliche Straftaten begehen wird. Dieser Ansicht ist zuzustimmen, allerdings besteht beim Whistleblowing die Notwendigkeit, diese gesetzlich zu verankern und auf illegitimes Verhalten, das eine Gefahr für wichtige Rechtsgüter darstellt, zu erweitern, so dass für den Whistleblower Rechtssicherheit besteht, dass seine Handlung nicht strafbar ist.

cc) Subjektives Rechtfertigungselement

Der **subjektive Tatbestand** des rechtfertigenden Notstandes verlangt zumindest die Kenntnis der notstandsbegründenden Umstände[686]. Aus dem Wortlaut des § 34 StGB („um … abzuwenden") wird nach herrschender Meinung[687] des Weiteren gefordert, dass auch ein Rettungswille vorliegt. Im Falle repressiver Sachverhalte besteht kein Rettungswille in Bezug auf die Gefahr, die sich bereits in einem tatbestandlichen Erfolg niedergeschlagen hat, sondern vielmehr für weitere Gefahren, die mit einer gewissen Sicherheit noch folgen können, aber ungewiss ist, wann wieder eine tatsächliche Gefahr droht. Auch hier ist festzustellen, dass – sollte man der herrschenden Meinung folgen – ein beachtliches Risiko für den Whistleblower im genannten *Beispielsfall*

684 EGMR NJW 2011, 3501; *Brock*, öAT 2011, 243, 246.
685 Schönke/Schröder/*Lenckner*/*Eisele*, § 203 Rn. 31 a; vgl. auch Fezer/*Rengier*, Lauterkeitsrecht, § 17 UWG Rn. 47.
686 Matt/Renzikowski/*Engländer*, § 34 Rn. 44; *Kindhäuser*-LPK-StGB, § 34 Rn. 42.
687 BGHSt 2, 111, 114 f.; *Kindhäuser*-LPK-StGB, § 34 Rn. 42.

besteht, dass spätestens bei der Prüfung eines subjektiven Rechtfertigungselements dieses verneint wird und der Whistleblower unter Umständen wegen einer vollendeten Tat strafbar sein könnte.

dd) Zwischenfazit

Als **Zwischenfazit** ist festzustellen, dass die im Rahmen des rechtfertigenden Notstandes nach § 34 StGB vorzunehmenden Abwägungsprozesse zum einen kaum abzusehen sind, so dass ein potenzieller Whistleblower im Zweifel den Gang an die Behörden oder die Öffentlichkeit eher scheuen wird. Andererseits spricht vieles dafür, dass § 34 StGB durch ein Strafgericht gar nicht erst zum Tragen kommt, falls der Whistleblower bereits begangene und vollendete Taten meldet – trotz hoher Wahrscheinlichkeit der wiederholten Tatbegehung. Spätestens im Rahmen des subjektiven Elements wird die Rechtfertigung ausgehebelt, so dass hier eine rechtliche Lücke besteht, die es zu schließen gilt.

7. Schuld

Im Rahmen der Schuld ergeben sich bei der Prüfung des Geheimnisverrats nach § 17 UWG keine Besonderheiten.

II. § 203 Abs. 1 und 2 StGB – Verletzung von Privatgeheimnissen

Eine weitere Geheimnisschutzvorschrift, die im Rahmen der Prüfung der Strafbarkeit des Whistleblowings in Frage kommt, ist § 203 StGB, welche im Gegensatz zu § 17 UWG nicht nur den Verrat von Geschäfts- und Betriebsgeheimnissen sanktioniert, sondern daneben auch den Verrat von Privatgeheimnissen.

Gehört der Whistleblower zu einer Berufsgruppe, der aufgrund eines berufsspezifischen Vertrauensverhältnisses eine besondere Verpflichtung zur Geheimhaltung auferlegt ist, so ist die unbefugte Offenbarung eines solchen Geheimnisses nach § 203 Abs. 1 oder Abs. 2 StGB strafbar. Zu diesen Berufsgruppen gehören nach § 203 Abs. 1

StGB unter anderem Ärzte, Psychologen, Rechtsanwälte, Notare, Steuerberater, anerkannte Berater in Jugend- oder Familiensachen sowie gemäß § 203 Abs. 3 S. 2 StGB deren berufsmäßig tätige Gehilfen. Letztere sind von der Vorschrift umfasst, wenn sie dem Schweigepflichtigen in dessen Funktion nach Absatz 1 zuarbeiten[688]. Hierunter können auch die in einem Whistleblowing-System tätigen Rechtsanwälte oder deren Gehilfen fallen oder aber sonstige Berufsgeheimnisträger, die in einem Whistleblower-System tätig sind, die ein ihnen anvertrautes Geheimnis anzeigen[689]. Nach § 203 Abs. 2 StGB gehören auch Amtsträger im Sinne des § 11 Abs. 1 Nr. 2 StGB und für den öffentlichen Dienst besonders verpflichtete Personen im Sinne des § 11 Abs. 1 Nr. 4 StGB zum Täterkreis. Hierdurch wird der Geheimhaltungspflicht der öffentlichen Verwaltung Rechnung getragen. Der Kreis tauglicher Täter ist enger und genauer definiert als bei § 17 Abs. 1 UWG[690].

1. Täter

Als **Täter** kommt konkret z.B. ein im Whistleblower-System tätiger Berufsgeheimnisträger, beispielsweise ein **Rechtsanwalt**, der Hinweise eines Whistleblowers entgegennimmt und sodann entscheidet, wie er mit dem anvertrauten Geheimnis umgehen soll. Hier ist der Täterkreis nicht nur auf den Rechtsanwalt beschränkt, sondern auf alle in § 203 Abs. 1 StGB genannten Berufsgeheimnisträger. Es muss sich hierbei allerdings um eine Person handeln, die nach der hiesigen Definition des Whistleblowings ein Organisationsinsider ist, also eine enge Verknüpfung zu der betreffenden Organisation aufweist[691].

Weiter kommt als Täter z.B. ein **Arzt** oder ein Angehöriger eines anderen Heilberufs in Betracht, dem zum Privatbereich eines anderen gehörende Tatsachen mitgeteilt werden. Zu denken wäre hier an den behandelnden Arzt, der einen an Aids erkrankten Patienten behandelt, dessen Lebenspartnerin keine Kenntnis von der Krankheit hat und der

688 Matt/Renzikowski/*Altenhain*, § 203 Rn. 11.
689 Vgl. ferner *Lutterbach*, Whistleblowing, S. 83.
690 *Tiedemann*, Wirtschaftsstrafrecht BT, § 5 Rn. 233.
691 Siehe hierzu Abschnitt C. I. 2. f) aa).

Patient diese davon auch nicht behelligen möchte[692]. Tatbestandlich stellt die Offenbarung des Geheimnisses, welches vom allgemeinen Persönlichkeitsrecht des Patienten nach Art. 2 Abs. 1 GG in Verbindung mit Art. 1 Abs. 1 GG geschützt wird, eine Verletzung des Privatgeheimnisses dar. Allerdings handelt es sich bei dem Arzt nicht um einen Organisationsinsider, der (private) organisationsinterne Geheimnisse verrät. Zwar handelt es sich bei der Arztpraxis um eine Organisation, allerdings wird in diesem Falle kein organisationsinternes Geheimnis verraten, sondern das Geheimnis einer organisationsexternen Person, die selbst der Organisation nicht angehörig ist. Damit scheidet der Arzt in dieser Konstellation als Whistleblower aus.

Anders stellt sich dieser Fall bei einem **Betriebsarzt** dar, der Angestellter eines Unternehmens ist[693]. Auch er, sowie sein Hilfspersonal, unterliegen der ärztlichen Schweigepflicht, und zwar auch gegenüber dem Unternehmen selbst. In Betracht kommt hier die Mitteilung einer schweren hochansteckenden Krankheit[694] eines Beschäftigten, der die Ansteckung seiner Kollegen billigend in Kauf genommen hat, an andere Beschäftigte zum Schutz von Leib und Leben eben dieser Personen. Der Betriebsarzt kann demnach Whistleblower sein.

Als Täter kommen auch Amtsträger und amtsnahe Personen, exemplarisch **Beamte**, in Betracht, die nach § 203 Abs. 2 StGB unbefugt Privatgeheimnisse oder Betriebs- und Geschäftsgeheimnisse offenbaren. Zu denken ist hier zunächst an den Beamten, der belastende behördeninterne Verhaltensweise nach Außen trägt. Hier hat der Beamte – wie schon in Abschnitt D. I. 2. ausgeführt – besonders auf die im Beamtenrecht normierte Amtsverschwiegenheit[695] sowie auf das Dienstwegprinzip[696] zu achten. Denkbar ist eine Mitteilung an Strafverfolgungsbehörden, dass der Vorgesetzte des Beamten Geschenke annimmt als Dank für die Gewährung eines Vorteils oder aber sich be-

692 So in dem Beschluss des OLG Frankfurt am Main vom 8. Juli 1999, OLG Frankfurt am Main, NStZ 2001, 150 ff.

693 LK-StGB/*Schünemann*, § 203 Rn. 156.

694 Dabei muss es sich um eine Krankheit handeln, die nicht schon beispielsweise nach dem Infektionsschutzgesetz meldepflichtig ist.

695 Nach §§ 67 Abs. 1 S. 1 BBG, 37 Abs. 1 S. 1 BeamtStG.

696 Nach § 125 BBG.

stechen lässt, um einen Sachverhalt zugunsten eines Antragstellers zu beurteilen[697].

2. Schutzzweck

Schutzzweck des § 203 StGB ist der Anspruch eines jeden Bürgers auf Wahrung seiner **Individual- und Geheimsphäre**, insbesondere seines persönlichen Lebensbereichs, der aus dem allgemeinen Persönlichkeitsrecht nach Art. 2 Abs. 1 GG in Verbindung mit Art. 1 Abs. 1 GG und dem Recht auf informationelle Selbstbestimmung abgeleitet wird und das Recht beinhaltet, grundsätzlich selbst zu entscheiden, ob persönliche Lebenssachverhalte nach außen getragen werden sollen und innerhalb welcher Grenzen dies geschehen soll[698]. Manche sehen den Schutzzweck ferner im Allgemeininteresse an der Verschwiegenheit der in Krankheit und Rechtsnot helfenden Berufe[699]. Allgemeininteressen werden allenfalls nur mittelbar geschützt[700].

3. Fremdes Geheimnis

Tatgegenstand sind fremde Geheimnisse. **Fremdheit** liegt vor, wenn das Geheimnis eine andere natürliche oder juristische Person betrifft[701]. Dabei muss es sich um **Tatsachen** handeln, die namentlich zum persönlichen Lebensbereich gehören, wobei es unerheblich ist, welchen Lebensbereich des Geheimnisträgers das Geheimnis umfasst[702]. Auch juristische Personen können Geheimnisträger – etwa

697 Siehe weitere Beispiele: *Király*, FÖV 57, S. 8.

698 BVerfG NJW 2002, 2164; BGH NJW 1990, 510, 511 f.; OLG Hamburg, NStZ 1998, 358; Herrmann/Sandkuhl/*Sandkuhl*, Beamtendisziplinarrecht – Beamtenstrafrecht, § 2 Rn. 83; *Fischer*, StGB, § 203 Rn. 2; Schönke/Schröder/*Lenckner*/*Eisele*, § 203 Rn. 3; LK-StGB/*Schünemann*, § 203 Rn. 14.

699 *Kindhäuser*-LPK-StGB, § 203 Rn. 1; Lackner/Kühl/*Heger*, StGB, § 203 Rn. 1.

700 *Fischer*, StGB, § 203 Rn. 2.

701 Schönke/Schröder/*Lenckner*/*Eisele*, § 203 Rn. 8; *Fischer*, StGB, § 203 Rn. 3 f.

702 Vgl. hierzu § 3 Abs. 1 BDSG: „Personenbezogene Daten sind Einzelangaben über persönliche oder sachliche Verhältnisse einer bestimmten oder bestimmbaren natürlichen Person (Betroffener)". Anonymisierte oder pseudonymisierte Angaben

von Betriebs- oder Geschäftsgeheimnissen – sein[703]. Der Schutzbereich ist damit weiter als der des § 17 UWG, welcher nur Betriebs- oder Geschäftsgeheimnisse schützt. Auch moralisch missbilligte oder strafrechtlich relevante Tatsachen können schutzwürdige Geheimnisse sein[704], beispielsweise also illegale Vorgänge innerhalb eines Unternehmens oder einer Behörde. Nicht umfasst werden allerdings unwahre Behauptungen oder Werturteile[705].

Geheim ist eine Tatsache, wenn sie nur einer einzelnen Person oder einem beschränkten Personenkreis bekannt oder zugänglich ist, wobei auch dasjenige noch als geheim gelten kann, was einzelnen Dritten schon bekannt ist oder was als Gerücht kursiert, nicht aber das, was bereits Gegenstand eines Ermittlungsverfahrens oder einer öffentlichen gerichtlichen Verhandlung war und Dritte hiervon hätten Kenntnis nehmen können oder was offenkundig ist[706].

Des Weiteren müssen ein **Geheimhaltungsinteresse** und ein **Geheimhaltungswille** vorliegen. Das Geheimhaltungsinteresse muss ein unter Berücksichtigung der persönlichen Situation des Geheimnisträgers „verständliches" Interesse sein[707]. Es kommt dabei nicht darauf an, dass es sich im Sinne eines objektiven Maßstabs um ein vernünftiges Interesse handeln muss. Der Geheimhaltungswille alleine reicht nicht aus[708]. Es soll vom reinen willkürlichen Interesse an der Geheimhaltung abgegrenzt werden[709]. Er ist aber notwendig, weil dem Betroffenen ein Geheimnis nicht aufgezwungen werden kann[710]. Das Geheimhaltungsinteresse kann aber auch schon durch Vertragsverhält-

---

im Sinne des § 3 Abs. 6, 6 a BDSG, nach denen ein Rückschluss auf die betroffene Person nicht möglich ist, stellen kein Geheimnis dar, vgl. auch Matt/Renzikowski/*Altenhain*, § 203 Rn. 17.

703 Schönke/Schröder/*Lenckner*/*Eisele*, § 203 Rn. 9; Matt/Renzikowski/*Altenhain*, § 203 Rn. 15 f.

704 Matt/Renzikowski/*Altenhain*, § 203 Rn. 16.

705 Matt/Renzikowski/*Altenhain*, § 203 Rn. 16.

706 BGHSt 20, 342, 383; OLG Frankfurt a.M. NStZ-RR 2005, 235 f.; *Fischer*, StGB, § 203 Rn. 5; Schönke/Schröder/*Lenckner*/*Eisele*, § 203 Rn. 6; *Kindhäuser*-LPK-StGB, § 203 Rn. 4; Matt/Renzikowski/*Altenhain*, § 203 Rn. 19.

707 Lackner/Kühl/*Heger*, § 203 Rn. 14; Schönke/Schröder/*Lenckner*/*Eisele*, § 203 Rn. 7; *Rengier*, Strafrecht BT II, § 31 Rn. 42.

708 *Kindhäuser*-LPK-StGB, § 203 Rn. 4; Lackner/Kühl/*Heger*, § 203 Rn. 14.

709 Schönke/Schröder/*Lenckner*/*Eisele*, § 203 Rn. 7.

710 Matt/Renzikowski/*Altenhain*, § 203 Rn. 20.

nisse zustande kommen, beispielsweise durch eine Mandatsbeziehung oder ein ärztliches Behandlungsverhältnis, unabhängig davon, ob es sich um eine sittlich oder rechtlich billigenswerte Tatsache handelt[711]. Auch Drittgeheimnisse, also solche Geheimnisse, die dem Schweigepflichtigen über dritte Personen mitgeteilt werden, sind dann erfasst, wenn es sich um eine Tatsache handelt, die untrennbar auf den Betroffenen bezogen ist. Bei anderen Zusammenhängen ist die Schutzbedürftigkeit der Tatsache über Dritte streitig[712].

Bei der Tatsache, dass beispielsweise eine organisationsinterne Straftat begangen wurde, handelt es sich nicht lediglich um ein Betriebs- oder Geschäftsgeheimnis, sondern richtigerweise auch um ein Privatgeheimnis des organisationsangehörigen Täters[713]. Der Missstand stellt damit nicht lediglich ein Eigengeheimnis der Organisation dar, sondern zusätzlich ein Drittgeheimnis, welches sich auf eine dritte Person bezieht[714]. Auch die Tatsache, dass eine Person unter einer schweren Krankheit leidet, stellt ein Geheimnis dieser Person dar[715].

4. Anvertraut oder sonst bekannt geworden

Das Geheimnis muss dem Täter sowohl in Abs. 1 als auch in Abs. 2 anvertraut worden oder sonst bekannt geworden sein. **Anvertraut** ist ein Geheimnis, wenn es im Rahmen einer **beruflichen Inanspruchnahme**, also in Ausübung der Tätigkeit des Täters und nicht lediglich privat, mitgeteilt worden ist, so dass ein innerer Zusammenhang zwischen der Berufsausübung und der Kenntniserlangung besteht; es ist dabei unabhängig, ob die Mitteilung von dem Betroffenen oder einem Dritten erfolgt ist[716]. **Sonst bekannt geworden** ist ein Geheimnis, wenn im Rahmen der Berufsausübung des Täters in Erfahrung ge-

711 *Fischer*, StGB, § 203 Rn. 6.
712 Vgl. dazu Matt/Renzikowski/*Altenhain*, § 203 Rn. 18.
713 *Schemmel/Ruhmannseder/Witzigmann*, Hinweisgebersysteme, Kapitel 4 Rn. 48; vgl. ferner *Lutterbach*, Whistleblowing, S. 83 f.
714 Vgl. *Lutterbach*, Whistleblowing, S. 84; Schönke/Schröder/*Lenckner/Eisele*, § 203 Rn. 8.
715 LK-StGB/*Schünemann*, § 203 Rn. 29.
716 OLG Hamburg NJW 1962, 689, 691; Lackner/Kühl/*Heger*, § 203 Rn. 16; *Kindhäuser*-LPK-StGB, § 203 Rn. 6; *Rengier*, Strafrecht BT II, § 31 Rn. 45.

bracht wurde, wenn ein Rechtsanwalt beispielsweise eine eigene Sachverhaltsaufklärung durchgeführt hat. Es handelt sich dabei um einen Auffangtatbestand für Fälle, in denen die Kenntnis vom Geheimnis nicht im Rahmen einer Vertrauensbeziehung erlangt worden ist[717].

5. Offenbarung

Unter einem Offenbaren versteht man die Mitteilung eines zu diesem Zeitpunkt noch bestehenden Geheimnisses an eine dritte Person, die die betreffenden Tatsachen nicht, nicht in dem Umfang, in dieser Form oder nicht sicher kennt. Geheimnisse können offenbart werden durch Mitteilungen an eine einzelne Person, Veröffentlichungen, Auskunftserteilungen, Gewährung von Akteneinsicht oder durch Verschaffung von Zugang zu Dateien[718]. Die Mitteilung kann auch an eine andere unter § 203 StGB fallende Person erfolgen[719]. Bei Geheimnissen aus dem persönlichen Lebensbereich muss die Information so umfangreich sein, dass nicht nur der Kern der Aussage erfasst wird, sondern auch die Person des Betroffenen erkennbar wird. Bei Betriebs- und Geschäftsgeheimnissen muss es sich um eine Aussage handeln, die eine wirtschaftliche Verwertung des Geheimnisses möglich macht[720].

6. Unbefugt (Rechtswidrigkeit)

a) Rechtsanwalt oder anderer Berufsgeheimnisträger im Whistleblower-System

Im Hinblick auf die Rechtswidrigkeit der Offenbarung kann auf die Rechtswidrigkeitsprüfung im Rahmen des § 17 UWG verwiesen wer-

717 Matt/Renzikowski/*Altenhain*, § 203 Rn. 22.

718 BGH NJW 1995, 2915, 2916; *Fischer*, StGB, § 203 Rn. 30; Lackner/Kühl/*Heger*, § 203 Rn. 17; Herrmann/Sandkuhl/*Sandkuhl*, Beamtendisziplinarrecht – Beamtenstrafrecht, § 2 Rn. 87.

719 *Rengier*, Strafrecht BT II, § 31 Rn. 47; von Heintschel-Heinegg/*Weidemann*, § 203 Rn. 32.

720 Matt/Renzikowski/*Altenhain*, § 203 Rn. 27.

den[721]. Bei § 203 StGB ergeben sich im Hinblick auf die **Einwilligung** allerdings Besonderheiten. Das Offenbaren des Geheimnisses muss ebenfalls unbefugt erfolgen. Es handelt sich nach herrschender Meinung[722] um ein unbefugtes Offenbaren, wenn kein Rechtfertigungsgrund hierfür besteht oder die Offenbarung ohne ein Recht zur Mitteilung erfolgt[723]. Da vom Betroffenen selbst, also vom Täter, regelmäßig keine Einwilligung erfolgen wird, stellt sich die Frage, ob auch der anvertrauende Dritte bei der Offenbarung von Drittgeheimnissen allein dispositionsbefugt ist[724]. Nach einer Ansicht ist nur derjenige dispositionsbefugt, den das Geheimnis betrifft[725]. Allerdings beruht auch unter Berücksichtigung des Individualschutzes die Schutzwürdigkeit des Geheimnisses nicht allein auf dem Geheimhaltungsinteresse, sondern ebenfalls auch auf dem Akt des Anvertrauens, zumal der Anvertrauende, der nicht unter § 203 StGB fällt, das Geheimnis auch an andere Personen weitergeben könnte, ohne dass der Betroffene strafrechtlichen Schutz genießen würde[726]. Damit ist der Anvertrauende nicht allein, aber zumindest neben der Person des Betroffenen verfügungsbefugt[727]. Der Anvertrauende, der eine Mandatsbeziehung zu einem Rechtsanwalt erst begründet und damit die Schweigepflicht nach § 203 StGB erst schafft, kann auch diese Schweigepflicht wieder aufheben[728], so dass der neu mandatierte Rechtsanwalt unter Umständen nicht unbefugt handeln und sich damit auch nicht nach § 203 StGB strafbar machen würde. Allerdings besteht im Falle des Whistleblowings die Besonderheit, dass der Rechtsanwalt, der vom Anvertrauenden mandatiert wird und der keine Mandatsbeziehung zum Unternehmen hat, also es sich hierbei nicht um einen Rechtsanwalt innerhalb des Whistleblower-Systems handelt, selbst mangels seiner Eigenschaft als Organisationsinsider (bzw. eng mit der Organisation verbundene Person) kein Whistleblower im Sinne der hier verwendeten Definition ist

721 Abschnitt E. I. 6.
722 Vgl. *Lutterbach*, Whistleblowing, S. 123.
723 Schönke/Schröder/*Lenckner*/*Eisele*, § 203 Rn. 21.
724 Vgl. *Lutterbach*, Whistleblowing, S. 123.
725 OLG Hamburg NJW 1962, 689, 691; Lackner/Kühl/*Lackner*, StGB, § 203 Rn. 18.
726 Schönke/Schröder/*Lenckner*/*Eisele*, § 203 Rn. 23.
727 *Fischer*, StGB, § 203 Rn. 34; Schönke/Schröder/*Lenckner*/*Eisele*, § 203 Rn. 23.
728 Vgl. *Lutterbach*, Whistleblowing, S. 123.

und damit die Frage nach seiner Strafbarkeit im Rahmen dieser Arbeit nicht von Belang ist.

Der Rechtsanwalt, der von der Organisation beauftragt worden ist, dort im Whistleblower-System tätig ist und der von einem Anvertrauenden eine Information erhält ist aber – sobald er die Information weitergibt – als Whistleblower zu betrachten, obwohl der Anvertrauende ihn selbst nicht mandatiert hat. Beim Anvertrauen muss keine konkrete vertragliche Sonderbeziehung zwischen Anvertrauendem und Rechtsanwalt bestehen[729]. Der Rechtsanwalt bekommt die Information „als (…) Rechtsanwalt" im Sinne des § 203 Abs. 1 Nr. 3 StGB geliefert, so dass er trotz mangelnder Sonderbeziehung zum Anvertrauenden als Whistleblower in Betracht kommt. Der Anvertrauende hat seinerseits aber nicht die Dispositionsbefugnis über das Geheimnis des Betroffenen, da er die Schweigepflicht des im Whistleblower-System tätigen Rechtsanwalts nicht begründet hat und damit auch darüber nicht verfügen kann. Somit kommt es im diesem Fall auf die Einwilligung des Betroffenen selbst an, welche bei wirklichkeitsnaher Betrachtung kaum vorliegen wird. Damit stellt sich im Rahmen des Whistleblowings die Frage nach einer Einwilligung in Bezug auf den Geheimnisverrat im Sinne des § 203 StGB zunächst nicht[730].

Der Whistleblower ist gerechtfertigt, wenn **Offenbarungspflichten oder -rechte** bestehen. Neben § 138 StGB, der (mit der Sonderregelung nach § 139 Abs. 3 S. 2 StGB) auch für Rechtsanwälte gilt, gibt es eine Reihe von Offenbarungspflichten[731], die in diesem Rahmen von keiner besonderen Relevanz sind.

Wie auch bei § 17 UWG kommt als Rechtfertigungsgrund auch der **rechtfertigende Notstand** nach § 34 StGB in Betracht, also dann, wenn das Offenbaren des Geheimnisses das einzige Mittel zum Schutz eines erheblich höherwertigen Interesses ist. Wie auch schon im Rahmen des § 17 UWG festgestellt, besteht hier die Problematik, dass repressive Strafverfolgungsinteressen nicht geschützt werden[732], also auch der Fall, dass nach einer bereits abgeschlossenen Tat die Sicher-

729 *Fischer*, StGB, § 203 Rn. 8 f.; *Kindhäuser*-LPK-StGB, § 203 Rn. 6 f.
730 Siehe aber Abschnitt F. II. 3.
731 So z.B. § 11 GwG; vgl. weiter MüKo-StGB/*Cierniak*/*Pohlit*, § 203 Rn. 89 f.
732 Schönke/Schröder/*Lenckner*/*Eisele*, § 203 Rn. 32.

heit besteht, dass weitere Taten folgen werden, aber eine Unsicherheit dahingehend besteht, wann dies konkret der Fall sein wird.

b) Betriebsarzt

Im oben geschilderten Fall des Betriebsarztes, der von einer hochansteckenden gefährlichen Krankheit eines Unternehmensbeschäftigten erfährt, ist eine Notstandslage im Sinne des § 34 StGB zu bejahen, da eine gegenwärtige Gefahr für Leib und Leben der anderen Unternehmensbeschäftigten gegeben ist. Diese Gefahr darf nicht anders abwendbar sein als durch Offenbarung der Krankheit durch den Arzt. Sollte der Patient sich weigern, die Räumlichkeiten des Unternehmens bis zur vollständigen Genesung zu verlassen, so kann die Offenbarung das mildeste Mittel sein, um den Patienten hierzu zu bewegen.

Bei der **Interessenabwägung** steht auf der einen Seite das allgemeine Persönlichkeitsrecht des Patienten aus Art. 2 Abs. 1 GG in Verbindung mit Art. 1 Abs. 1 GG sowie das Allgemeininteresse in die Verschwiegenheit des Arztes als Voraussetzung für eine funktionierende Gesundheitspflege[733]. Auf der anderen Seite steht der Schutz von Leib und Leben der anderen Unternehmensbeschäftigten, die in Unkenntnis der Infektion dem Risiko einer Erkrankung ausgesetzt sind. Dieses Risiko besteht insbesondere dann, wenn der Patient trotz Kenntnis seiner Erkrankung nicht willens ist, dem Unternehmen bis zur vollständigen Genesung fern zu bleiben.

Durch das hohe Ansteckungsrisiko ist der Grad der drohenden Gefahr besonders hoch, ebenso wie durch die Schwere der Krankheit das Ausmaß des potenziellen Schadens. Dadurch dass der Geheimnisträger zur Arbeit erschienen ist, hat er das Entstehen der Gefahrenlage selbst zu verantworten. Dadurch ist der Rang des gefährdeten Rechtsguts höher zu bewerten als die Interessen des Patienten.

In einem solchen Fall besteht sogar eine Rechtspflicht des Arztes, die drohende Gefahr zu offenbaren[734]. Hier sollte der Arzt freilich da-

733 *Vogels*, MDR 1999, 1444, 1445. Hier ist zu beachten, dass bei der Rechtfertigung einer Verletzung von Privatgeheimnissen im Gegensatz zu § 17 UWG nicht primär finanzielle Interessen im Vordergrund stehen.

734 Vgl. den Beschluss des OLG Frankfurt am Main vom 8. Juli 1999, OLG Frankfurt am Main, NStZ 2001, 150 ff.

rauf bedacht sein, die Mitteilung nicht offenkundig allen Betriebsangehörigen mitzuteilen, auch denjenigen nicht, bei denen ein Risiko der Ansteckung noch nicht gegeben war, sondern sich darauf zu beschränken, dies dem Arbeitgeber mitzuteilen sowie denjenigen Personen, bei denen das Risiko der Ansteckung gegeben ist oder war[735].

Anders wäre der Fall zu betrachten, wenn das Risiko der Ansteckung gering wäre und der Patient versichert, bis zur vollständigen Genesung nicht am Arbeitsplatz zu erscheinen. Hier überwiegt das allgemeine Persönlichkeitsrecht des Infizierten gegenüber dem Schutz von Leib und Leben der Kollegen, da eine Gefahr hier kaum noch bestehen dürfte und damit auch ein Schadenseintritt bei den Kollegen entfällt.

c) Amtsträger

Handelt es sich bei dem Täter um einen **Amtsträger**, so ist bei einem Informationsaustausch innerhalb der Behörde das Offenbaren eines Geheimnisses nicht unbefugt, so dass § 203 Abs. 2 StGB hierauf nicht anwendbar ist. Auch nicht unter § 203 Abs. 2 StGB fällt die Kommunikation mit den Aufsichtsbehörden[736]. Nach § 203 Abs. 2 S. 2, 2. HS StGB besteht hinsichtlich zuständigen Mitarbeitern innerhalb derselben Behörde ebenfalls keine Schweigepflicht, so dass bei einer solchen Mitteilung schon der Tatbestand nicht erfüllt ist[737]. Hier weicht die Vorschrift des § 203 Abs. 2 StGB von dem Dienstwegprinzip nach § 125 BBG und der damit einhergehenden Verschwiegenheitspflicht nach §§ 67 BBG, 37 BeamtStG zugunsten des Täters ab. Ein aus einer Behörde stammender Whistleblower ist damit trotz einer Mitteilung an eine Aufsichtsbehörde – und damit unter Umgehung der vorrangigen Meldung an den unmittelbaren Vorgesetzten – nicht nach § 203 Abs. 2 StGB strafbar.

Handelt es sich allerdings um Kommunikation, die mit **behördenexternen Personen** stattfinden soll, so bedarf es einer speziellen Be-

735 LK-StGB/*Schünemann*, § 203 Rn. 139.

736 OLG Frankfurt NStZ-RR 2003, 170; *Fischer*, StGB, § 203 Rn. 41; Herrmann/Sandkuhl/*Sandkuhl*, Beamtendisziplinarrecht – Beamtenstrafrecht, § 2 Rn. 90.

737 *Fischer*, StGB, § 203 Rn. 41.

fugnisnorm. Hier ist auf die Ausführungen unter Punkt a) zu verweisen.

Hinsichtlich des Beamten, der Strafverfolgungsbehörden mitteilt, dass sein Vorgesetzter korrupt ist, ist zu beachten, dass die Mitteilung von Korruptionsstraftaten (§§ 331 – 337 StGB) beispielsweise an Strafverfolgungsbehörden gemäß §§ 67 Abs. 2 S. 1 Nr. 3 BBG, 37 Abs. 2 S. 1 Nr. 3 BeamtStG von dem Grundsatz der Amtsverschwiegenheit ausgenommen ist. Hier ist die Mitteilung einfachgesetzlich gerechtfertigt. Vielfach werden neben Korruptionsstraftaten aber auch Begleitdelikte erfüllt sein. Hierbei handelt es sich – wie schon oben dargestellt – nicht lediglich um ein organisationsinternes Geheimnis, sondern auch um ein Privatgeheimnis des Täters. Hier ist exemplarisch an die Strafvereitelung im Amt nach § 258 a StGB, Urkundenfälschung nach § 267 StGB oder die Falschbeurkundung im Amt nach § 348 StGB zu denken. Diese Delikte sind von der Ausnahme der Amtsverschwiegenheit ausdrücklich nicht erfasst, so dass die Mitteilung dieser Delikte durch den Beamten an Strafverfolgungsbehörden – ohne eine entsprechende Genehmigung – zunächst rechtswidrig erfolgt[738].

Eine Rechtfertigung kann hier aber auch nach den Grundsätzen des rechtfertigenden Notstandes nach § 34 StGB gegeben sein. Bei den kollidierenden Rechtsgütern handelt es sich auf der einen Seite um das öffentliche Interesse des Schutzes dienstlicher Belange der Behörde sowie dem Schutz der von Amtshandlungen betroffenen Bürger[739]. Auf der anderen Seite wird beispielsweise im Falle einer Falschbeurkundung im Amt von § 348 StGB das allgemeine Vertrauen in die Wahrheitspflicht der mit der Aufnahme öffentlicher Urkunden betrauten Amtspersonen bezweckt[740]. Zunächst ist festzustellen, dass ein interner Abhilfeversuch Vorrang hat, was im Verlauf dieses Absatzes näher dargestellt wird. Bei der Abwägung der widerstreitenden Interessen ist darauf zu achten, dass es sich bei dem Amtsverschwiegenheitsgrundsatz um einen hergebrachten Grundsatz des Berufsbeamtentums handelt, der mit Art. 33 Abs. 5 GG Verfassungsrang hat. Die öffentliche Verwaltung hat nur dann die Möglichkeit, unparteiisch und rechtsstaatlich zu handeln, wenn gewährleistet ist, dass Informationen über dienstliche

738 *Lopacki*, ZBR 2016, 329, 331 f.

739 *Lopacki*, ZBR 2016, 329, 331.

740 BGHSt 37, 208, 209; *Fischer*, StGB, § 348 Rn. 1.

Vorgänge nicht nach Außen getragen werden[741]. Es handelt sich zwar bei der Begehung von Straftaten durch den Vorgesetzten auch um sein Privatgeheimnis, jedoch besteht bei einer Strafanzeige das Risiko, dass die gesamte Behörde Schaden nimmt, sollte das Geheimnis die Öffentlichkeit erreichen, ebenso wie der an der Amtshandlung des Vorgesetzten beteiligte Bürger. Sollte es sich bei der Straftat des Vorgesetzten um eine einmalige Angelegenheit gehandelt haben und hat der Schaden kein großes Ausmaß angenommen, so kommt man nach einer Abwägung zu dem Ergebnis, dass eine Mitteilung an die Strafverfolgungsbehörde nicht nach § 34 StGB gerechtfertigt sein könnte. Hier steht es dem Beamten frei, sich nach § 125 Abs. 2 BBG an den nächsthöheren Vorgesetzten zu wenden, um ein Disziplinarverfahren gegen seinen eigenen Vorgesetzten zu erreichen. Eine solche interne Herangehensweise ist die für die Behörde am wenigsten schädliche Variante. Auch hier gilt der Grundsatz, dass eine interne Meldung der externen Meldung vorgehen muss. Anderenfalls greift der Rechtfertigungsgrund nach § 34 StGB nicht.

Etwas anderes kann gelten, wenn interne Abhilfeversuche die Begehung von Straftaten nicht beenden können und zu erwarten ist, dass weitere Delikte begangen werden. In einem solchen Falle kann eine Mitteilung – je nach dem Grad des drohenden Schadens – gerechtfertigt sein.

7. Strafantrag

Nach § 205 StGB wird die Tat nach § 203 Abs. 1 und Abs. 2 StGB nur auf Antrag verfolgt.

741 Kugele/*Kugele*, BBG, § 67 Rn. 2; Metzler-Müller/Rieger/Seeck/Zentgraf/*Metzler-Müller*, BeamtStG, § 37 S. 378 f.

8. Konkurrenzen

Im Falle von Geschäftsgeheimnissen ist zumeist § 17 Abs. 1 UWG das speziellere Gesetz[742]. Tateinheit zwischen § 203 StGB und § 17 Abs. 1 UWG ist in Fällen denkbar, wenn es sich um ein Unternehmensgeheimnis handelt, das auch einer Privatperson zusteht, im Falle des Whistleblowings also des Täters als natürliche Person, die ebenfalls ein Interesse an der Geheimhaltung hat.

9. Zwischenergebnis

Nach alledem ist festzustellen, dass sich beim Whistleblowing Geheimnisträger – vor allem Rechtsanwälte innerhalb eines Whistleblowing-Systems – sowie Amtsträger wegen der Verletzung von Privatgeheimnissen strafbar machen können, sofern ein Strafantrag vorliegt.

III. § 353 b StGB – Verletzung des Dienstgeheimnisses und einer besonderen Geheimhaltungspflicht

Wie oben[743] bereits gesehen, unterliegen Beamte einer Verschwiegenheitspflicht nach §§ 67 Abs. 1 BBG, 37 Abs. 1 BeamtStG und haben über alle ihnen in ihrer amtlichen Tätigkeit oder bei Gelegenheit bekannt gewordenen dienstlichen Angelegenheiten Verschwiegenheit zu bewahren. § 353 b StGB schützt diese dienstliche Pflicht zur Amtsverschwiegenheit[744]. Im Gegensatz zu § 203 StGB schützt § 353 b StGB aber keine Individualinteressen, sondern Staatsgeheimnisse, also geheime Tatsachen sowie das Vertrauen der Allgemeinheit in den Grundsatz der Amtsverschwiegenheit[745].

Der objektive Tatbestand setzt **keine Fremdheit** des Geheimnisses voraus, sondern besteht in der Gefährdung wichtiger **öffentlicher In-**

742 Auch die unter Abschnitt E. V. genannten Delikte gehen § 203 StGB vor.

743 Abschnitt D. I. 2. a).

744 *Battis*, BBG, § 67 Rn. 2; *Zimmermann*, ArbRAktuell 2012, 58, 59 f.

745 Herrmann/Sandkuhl/*Sandkuhl*, Beamtendisziplinarrecht – Beamtenstrafrecht, § 2 Rn. 96; a.A. Schönke/Schröder/*Perron*, § 353 b Rn. 1.

teressen durch die Offenbarung von Geheimnissen, die dem Täter anvertraut oder sonst bekannt worden sind[746].

Exemplarisch kann hier der **Fall** der Tierärztin *Dr. Margrit Herbst*[747] angebracht werden. Als Angestellte im Fleischhygieneamt des Kreises Bad Segeberg hatte sie die Aufgabe, Rinder auf ihren Gesundheitszustand zu untersuchen. Im Jahre 1990 diagnostizierte sie erstmalig bei einem deutschen Rind die Krankheit BSE. Nachdem ihre Vorgesetzten auf die Warnungen von *Dr. Herbst* nicht reagierten, sondern weiterhin verdächtige Tiere zur Schlachtung freigaben, wandte sich *Dr. Herbst* schließlich an die Öffentlichkeit.

Ein weiterer denkbarer **Fall** ist die Durchführung systematischer Abhöraktionen sowie Postüberwachung bei Bürgern durch den Verfassungsschutz. Ein Beamter ist innerhalb der Behörde ermächtigt, geheime Vorgänge zu bearbeiten. Er stört sich an den Maßnahmen der Fernsprech- und Postüberwachung, weil er diese für illegal hält und wendet sich an die Presse[748].

Im Zusammenhang mit Whistleblowing wird auch das Beispiel der Weitergabe polizeilicher Einsatzprotokolle sowie Fotografien von Beweismitteln durch Polizisten von der Kölner Silvesternacht 2015/2016 an Medien angebracht[749]. Allerdings handelt es sich hierbei genau genommen nicht um Whistleblowing nach der hiesigen Definition, da in erster Linie Informationen über ein *laufendes Verfahren* nach Außen getragen werden, nicht aber Informationen über *organisationsinterne Missstände* innerhalb der Behörde. Etwas anderes würde gelten, wenn ein anderer Polizeibeamter den Missstand, dass ein Polizeibeamter Informationen an die Presse gibt, beispielsweise durch die Aufdeckung der Identität des polizeiinternen Informanten, preisgeben würde.

---

746 Schönke/Schröder/*Perron*, § 353 b Rn. 2; Herrmann/Sandkuhl/*Sandkuhl*, Beamtendisziplinarrecht – Beamtenstrafrecht, § 2 Rn. 96.

747 Vgl. hierzu schon Abschnitt B. III.

748 Fall angelehnt an den Fall *Pätsch*, BGH NJW 1966, 1227; BVerfG NJW 1970, 1498; vgl. auch *Blei*, JA 1970, 185.

749 So z.B. *Lopacki*, ZBR 2016, 329, 330.

1. Täter

Täter sind Amtsträger nach § 11 Abs. 1 Nr. 2 StGB und für den öffentlichen Dienst besonders Verpflichtete, also Beamte im engeren Sinn und Angestellte im öffentlichen Dienst (§ 11 Abs. 1 Nr. 3 und 4 StGB). Amtsträgern gleichgestellt werden nach der Gleichstellungsklausel des § 48 Abs. 1 und 2 WStG Soldaten der Bundeswehr; auch solche, die bereits aus dem Wehrdienst entlassen sind[750].

2. Dienstgeheimnis

Unter einem **Dienstgeheimnis** im Sinne des § 353 b StGB versteht man Tatsachen oder Erkenntnisse, die nur einem begrenzten Personenkreis bekannt sind, unabhängig davon, ob sie den dienstlichen oder privaten Bereich betreffen, solange sie anvertraut oder bekannt geworden sind[751]. Es reichen damit auch Informationen über Kollegen oder Vorgesetzte aus, die nicht unbedingt mit der dienstlichen Tätigkeit zusammenhängen[752]. Ein Geheimnis verliert nicht dadurch seinen Geheimnischarakter, wenn es beispielsweise außerhalb der Behörde einzelnen Personen bekannt ist; es muss sich nicht um einen geschlossenen Kreis von Mitwissern handeln[753]. Hierunter fallen auch Geheimnisse, die rechtswidriges Handeln Dritter umfassen[754] sowie illegale Geheimnisse[755].

Der Schutz illegaler Geheimnisse erfährt seine Grenzen jedoch im Bereich der äußeren Sicherheit, indem nach § 93 Abs. 2 StGB Tatsachen, die gegen die freiheitliche demokratische Grundordnung oder gegen zwischenstaatlich vereinbarte Rüstungsbeschränkungen verstoßen, nicht als Staatsgeheimnisse eingestuft werden. Hier hat der Ge-

750 *Fischer*, StGB, § 353 b Rn. 3 ff.; Lackner/Kühl/*Lackner*, StGB, § 353 b Rn. 2; *Brock*, öAT 2011, 243, 245; *Schuldt*, Geheimnisverrat, S. 70; *Zimmermann*, ArbRAktuell 2012, 58, 60.

751 BGH NJW 2003, 979; BGHSt 46, 339, 341; *Fischer*, StGB, § 353 b Rn. 10; *Schuldt*, Geheimnisverrat, S. 75.

752 *Zimmermann*, ArbRAktuell 2012, 58, 60.

753 Schönke/Schröder/*Perron*, § 353 b Rn. 3.

754 BGH NJW 2003, 979; *Fischer*, StGB, § 353 b Rn. 10.

755 Rotsch/*Rotsch*/*Wagner*, Criminal Compliance, § 34 C Rn. 55.

setzgeber einer öffentlichen Diskussion über solche schweren Rechtsbrüche den Vorrang eingeräumt und den strafrechtlichen Schutz solcher Tatsachen beschränkt[756]. Durch die strenge Ausgestaltung des Schutzes von Geheimnissen im öffentlichen Dienst geht dementsprechend deren strafrechtlicher Schutz weiter. Ausgenommen davon sind die eben in § 93 Abs. 2 StGB genannten Tatsachen, so dass im Umkehrschluss auch illegale Geheimnisse, die nicht die Qualität des § 93 Abs. 2 StGB erreichen, von § 353 b StGB geschützt sein müssen[757].

So kann es sich, angelehnt an die eingangs genannten Beispiele, bei Dienstgeheimnissen beispielsweise um illegale Praktiken innerhalb einer Behörde handeln oder aber die billigende Inkaufnahme einer Gefährdung für die Bevölkerung, indem dringend gebotene Maßnahmen zum Schutze der Bevölkerung nicht ergriffen werden.

3. Anvertraut oder sonst bekannt geworden

Das Dienstgeheimnis muss **anvertraut oder sonst bekannt geworden** sein. Hierbei ist es ausreichend, dass das Geheimnis einen inneren Zusammenhang zum Dienst aufweist, wobei es nicht von Belang ist, ob der Täter dienstlich damit befasst war und wie er davon Kenntnis erlangt hat[758]. Das Geheimnis muss dem Täter in eben dieser Eigenschaft nach Absatz 1 Nr. 1 bis 3 bekannt geworden sein.

4. Offenbarung

Der Täter muss das Geheimnis **offenbaren**, dieses also mitteilen, unabhängig davon ob der Empfänger eine zur Verschwiegenheit verpflichtete Person ist. Es genügt, dass Einsicht in Akten gewährt wird oder eine solche trotz Garantenstellung unterlassen wird.

756 LK-StGB/*Vormbaum*, § 353 b Rn. 35.

757 Vgl. hierzu auch Rotsch/*Rotsch*/*Wagner*, Criminal Compliance, § 34 C Rn. 55.

758 Vgl. BGHSt 46, 339, 340 f.; Lackner/Kühl/*Lackner*, StGB, § 353 b Rn. 7.

5. Gefährdung öffentlicher Interessen

Im Gegensatz zu § 203 StGB, bei dem es sich um fremde Geheimnisse handeln muss, setzt § 353 b StGB eine Gefährdung öffentlicher Interessen voraus, darf also nicht lediglich private Nachteile mit sich bringen[759].

Die Rechtsprechung[760] und die herrschende Meinung[761] lassen dabei sowohl die unmittelbare als auch die mittelbare Gefährdung öffentlicher Interessen genügen. Öffentliche Interessen sind dann *unmittelbar* gefährdet, wenn ein Unbefugter den Inhalt des Geheimnisses erfährt; eine *mittelbare* Gefährdung öffentlicher Interessen entsteht dadurch, dass die Allgemeinheit das Vertrauen gegenüber Behörden – insbesondere in die Unparteilichkeit, Unbestechlichkeit und in ihre Funktionsfähigkeit – verliert, da der Bruch des Geheimnisses in der Öffentlichkeit bekannt wird[762].

Für das Ausreichen einer bloß mittelbaren Gefährdung spricht, dass das Vertrauen der Öffentlichkeit in die Verwaltung von herausragender Bedeutung ist und dies schon für die Gefährdung öffentlicher Interessen ausreichen müsse. Es macht nach der Rechtsprechung des Bundesgerichtshofs für den äußeren Tatbestand keinen Unterschied, ob es sich um eine unmittelbare oder mittelbare Folge des Geheimnisbruchs handele[763]. Einschränkend wird hier aber nicht gefordert, dass der Tatbestand schon bei jeder Gefahr der Aufdeckung und des Bekanntwerdens gegeben sein soll[764]. Vielmehr müsse konkret festgestellt werden, ob der Verrat das Vertrauen gerade in die Verschwiegenheit dieser Behörde konkret erschüttert habe[765].

---

759 Matt/Renzikowski/*Sinner*, § 353 b Rn. 16; von Heintschel-Heinegg/*Heuchemer*, § 353 b Rn. 14.

760 BGHSt 46, 339, 341 f.; BGH NJW 2003, 979, 980; Herrmann/Sandkuhl/*Sandkuhl*, Beamtendisziplinarrecht – Beamtenstrafrecht, § 2 Rn. 103; vgl. auch *Fischer*, StGB, § 353 b Rn. 22.

761 Vgl. von Heintschel-Heinegg/*Heuchemer*, § 353 b Rn. 14.1; vgl. auch *Kindhäuser*-LPK-StGB, § 353 b Rn. 7; AnwK-StGB/*Hauck*, § 353 b Rn. 23.

762 BGHSt 11, 401, 404; LK-StGB/*Vormbaum*, § 353 b Rn. 2 und 26; von Heintschel-Heinegg/*Heuchemer*, § 353 b Rn. 14.1; vgl. auch *Hassemer*, JuS 1989, 236.

763 BGHSt 11, 401, 404; vgl. auch *Hassemer*, JuS 1989, 236, 237.

764 So z.B. das OLG Düsseldorf, NStZ 1985, 169, 170.

765 *Hassemer*, JuS 1989, 236, 237; vgl. auch BGH NStZ 2000, 596, 598.

Einige Stimmen in der Literatur hingegen lassen eine mittelbare Gefährdung nicht ausreichen[766]. Dem scheint sich die Rechtsprechung mittlerweile anzunähern mit dem Argument, dass die mittelbare Gefährdung zu unscharf sei und die Gefahr berge, zu Missverständnissen zu führen[767]. Zudem führt dies zu einer erheblichen Erweiterung des Tatbestandes ohne greifbare Kriterien für die Begrenzung dieser Ausweitung. Auch der Wortlaut lässt ein bloßes Ausreichen einer mittelbaren Gefährdung nicht zu, da ein über die bloße Offenbarung hinausgehender Schaden vorausgesetzt wird („und dadurch wichtige öffentliche Interessen gefährdet")[768]. Des Weiteren spricht gegen eine nur mittelbare Gefährdung, dass sonst die Strafbarkeit davon abhängt, ob im gegebenen Fall die Gefahr besteht, dass der Geheimnisbruch als solcher bekannt werden würde[769].

Unter die relevanten öffentlichen Interessen fällt beispielsweise das Ansehen der Verwaltung[770], das Vertrauen der Bevölkerung in deren Tätigkeit[771], die Integrität und Zuverlässigkeit oder Verschwiegenheit der Behörde[772].

Auch die Preisgabe illegaler Dienstgeheimnisse kann öffentliche Interessen gefährden. Wie bereits dargestellt, unterliegen Beamte einer strengen Amtsverschwiegenheit, die nur wenige Ausnahmen (beispielsweise bei Korruptionsdelikten) kennt. Auch bei einer Offenbarung illegaler Geheimnisse kann es zu einer Gefährdung öffentlicher Interessen kommen, denn hierdurch entsteht das Risiko, dass der öffentliche Verwaltungsapparat nach einer solchen Offenbarung in seiner Arbeit oder seinem Fortbestehen behindert wird. Dies ist dann

766 Matt/Renzikowski/*Sinner*, § 353 b Rn. 17; *Maurach/Schroeder/Maiwald*, BT2, § 81 Rn. 21.

767 BayObLG NStZ 1999, 568, 569; OLG Düsseldorf, NJW 1982, 2883, 2884. Der BGH lässt die mittelbare Gefährdung nur noch ausnahmsweise gelten, vgl. BGH NJW 2003, 979, 980; vgl. Herrmann/Sandkuhl/*Sandkuhl*, Beamtendisziplinarrecht – Beamtenstrafrecht, § 2 Rn. 104.

768 Matt/Renzikowski/*Sinner*, § 353 b Rn. 17; NK-StGB/*Kuhlen*, § 353 b Rn. 28.

769 LK-StGB/*Vormbaum*, § 353 b Rn. 26; NK-StGB/*Kuhlen*, § 353 b Rn. 28.

770 OLG Köln NJW 2010, 166, 167.

771 OLG Düsseldorf NJW 1989, 1872, 1873.

772 BGHSt 11, 401, 403 f.

nicht der Fall, wenn lediglich der Verlust des Ansehens einer Behörde droht[773].

Der Schutz illegaler Geheimnisse kann jedoch dann entfallen, wenn die Offenbarung des Geheimnisses nicht unbefugt war.

6. Unbefugt

Unbefugt handelt, wessen Tun nicht gerechtfertigt ist. Eine Befugnis ergibt sich aus Gesetz oder einer besonderen Anordnung des Vorgesetzten. Neben der **Anzeigepflicht** nach § 138 StGB kommen die bereits oben genannten **Ausnahmetatbestände** der §§ 67 Abs. 2 S. 1 Nr. 3 BBG, 37 Abs. 2 S. 1 Nr. 3 BeamtStG in Betracht, wenn ein durch Tatsachen begründeter Verdacht besteht, dass eine Korruptionsstraftat nach §§ 331 bis 337 StGB begangen worden ist[774]. Mit dieser Vorschrift wurde eine Ausnahme der Verschwiegenheitsverpflichtung normiert, die ein Whistleblowing in den eng gesteckten Fällen der §§ 67 Abs. 2 S. 1 Nr. 3 BBG, 37 Abs. 2 S. 1 Nr. 3 BeamtStG – und eben nicht in allen Fällen illegalen behördeninternen Handelns – möglich macht. Hiermit wird sichergestellt, dass Whistleblower aus der Verwaltung bei der Meldung einer Korruptionsstraftat gegenüber einer zuständigen obersten Dienstbehörde, einer Strafverfolgungsbehörde oder einer von der obersten Dienstbehörde bestimmten weiteren Behörde oder außerdienstlichen Stelle nicht mit der Verschwiegenheitspflicht in Konflikt geraten[775]. Diese beamtenrechtlichen Rechtfertigungsgründe gelten damit nicht generell für die Anzeige von Straftaten, sondern lediglich bei den oben genannten Delikten, so dass ein Strafbarkeitsrisiko bei allen anderen Straftaten ohne weiteres gegeben ist. Problematisch ist aus praktischer Sicht auch, dass die Einschätzung einer Korruptionsstraftat schwer fallen dürfte.

Der Vollständigkeit halber sei noch kurz auf § 67 Abs. 2 S. 1 Nr. 1 BBG, 37 Abs. 2 S. 1 Nr. 1 BeamtStG einzugehen. Eine **Mitteilung im dienstlichen Verkehr** ist nicht unbefugt. Hier besteht keine Verschwie-

773 Schönke/Schröder/*Perron*, § 353 b Rn. 6 a.

774 *Zimmermann*, ArbRAktuell 2012, 58, 60; *Brock*, öAT 2011, 243, 244 f.

775 Herrmann/Sandkuhl/*Sandkuhl*, Beamtendisziplinarrecht – Beamtenstrafrecht, § 2 Rn. 98; vgl. ferner *Abraham*, ZRP 2012, 11, 12.

genheitspflicht, denn es geht um Amtsträger „unter sich", so dass hier ein Informationsaustausch nicht beschränkt zu werden braucht[776]. Im Rahmen zulässiger Amtshilfe ist auch das Offenbaren zwischen Beamten verschiedener Behörden gerechtfertigt[777]. Dasselbe gilt für die Fälle, in denen der Dienstherr oder der Dienstvorgesetzte einer **Offenbarung des Dienstgeheimnisses zugestimmt**[778] hat, §§ 67 Abs. 3 BBG, 37 Abs. 3 BeamtStG[779].

Im Hinblick auf andere intern begangene Missstände oder Straftaten kommt auch hier die Rechtfertigung wegen eines rechtfertigenden Notstandes nach § 34 StGB in Betracht. Das Offenbaren illegaler Geheimnisse kann zur Wiederherstellung rechtmäßiger Zustände beitragen und weitere Gesetzesverstöße eindämmen[780].

Im Falle des eingangs genannten *Beispielsfalls*, in dem ein Beamter sich an die Presse wendet, um systematische Abhöraktionen durch den Verfassungsschutz zu monieren, sind der Informationsanspruch der Öffentlichkeit sowie das Grundrecht auf freie Meinungsäußerung gegen das Geheimhaltungsinteresse des Staates abzuwägen[781]. Zwar ist der Grad der drohenden Gefahren sowie der hierdurch eintretenden Schäden für die abgehörten Bürger hoch, da keine Anzeichen dafür gegeben sind, dass die Behörde die illegalen Abhöraktionen beenden will, so dass grundsätzlich die Interessen der Öffentlichkeit gegenüber dem Geheimhaltungsinteresse der Behörde überwiegen, allerdings hat der BGH[782] hier einen Schritt früher angesetzt und festgestellt, dass das vom Beamten gewählte Mittel nicht das mildeste Mittel war. Die Notstandshandlung muss zunächst darauf gerichtet sein, alle internen Möglichkeiten samt der Anrufung der Volksvertretung auszunutzen, bevor er – nach der Erfolglosigkeit dieser internen Mittel – sich an die Öffentlichkeit wenden kann. Dabei muss der Kreis der einzuweihen-

776 Metzler-Müller/Rieger/Seeck/Zentgraf/*Metzler-Müller*, BeamtStG, § 37 S. 382; *Battis*, BBG, § 67 Rn. 8.

777 SK-StGB/*Hoyer*, § 353 b Rn. 14.

778 Kann der Dienstvorgesetzte nicht über das Geheimnis verfügen, so ist auch eine rechtswidrig erteilte Genehmigung wirksam, LK-StGB/*Vormbaum*, § 353 b Rn. 30; SK-StGB/*Hoyer*, § 353 b Rn. 15.

779 LK-StGB/*Vormbaum*, § 353 b Rn. 30; MüKo-StGB/*Graf*, § 353 b Rn. 46.

780 SK-StGB/*Hoyer*, § 353 b Rn. 16.

781 Vgl. dazu MüKo-StGB/*Graf*, § 353 b Rn. 48.

782 BGHSt 20, 342, 364.

den Person auf ein Minimum beschränkt werden[783]. Dies gilt allerdings dann nicht, soweit oberste Rechts- und Verfassungswerte („Kern des Verfassungsrechts") verletzt werden, unter anderem die Volkssouveränität, die Gewaltenteilung, die Unabhängigkeit der Gerichte oder das Prinzip der Rechtsstaatlichkeit[784]. Sind diese Grundwerte betroffen, ist kein Umweg über interne Wege notwendig, sondern der direkte Gang an die Öffentlichkeit statthaft.

Im Fall von *Dr. Margrit Herbst* wurden interne Wege ausgenutzt, sind aber erfolglos geblieben und es wurden weiterhin mit BSE verseuchte Tiere zur Schlachtung freigegeben. Die Rechtsgüter Leib und Leben und damit der Informationsanspruch der Öffentlichkeit wiegen hier besonders hoch und überwiegen aufgrund des Grades der drohenden Gefahren und des zu erwartenden Schadens das Interesse der Behörde an der Geheimhaltung.

Zusammenfassend kann gesagt werden, dass auch hier das bereits oben Gesagte gilt, nachdem zunächst alle zumutbaren internen Möglichkeiten ausgeschöpft werden müssen[785]. Sollten alle staatlichen Mittel – also insbesondere die Unterrichtung des Vorgesetzten oder des Behördenleiters sowie oberster Behörden – versagen, so kommt letztlich die Meldung an die Öffentlichkeit in Betracht[786]. Das Informationsinteresse der Öffentlichkeit überwiegt in einem solchen Falle das Interesse der Behörde am Schutz des Geheimnisses[787].

7. Entschuldigender Notstand; übergesetzlicher entschuldigender Notstand

Der **entschuldigende Notstand** nach § 35 StGB als Entschuldigungsgrund ist im Rahmen der typischen Fälle des Whistleblowings kaum von Relevanz. Zwar sind die notstandsfähigen Rechtsgüter Leib, Leben und Freiheit auch im Rahmen des Whistleblowings relevant, wie bei-

783 LK-StGB/*Schmidt*, § 93 Rn. 33.

784 BGHSt 20, 342, 365; kritisch dazu *Schmid*, JZ 1970, 683, 686.

785 Vgl. hierzu auch BGH NJW 1966, 1227 (Fall *Pätsch*); BVerfGE 28, 191, 204 f.; *Brock*, öAT 2011, 243, 245.

786 *Brock*, öAT 2011, 243, 246.

787 Vgl. dazu MüKo-StGB/*Graf*, § 353 b Rn. 48.

spielsweise in den Fällen der BSE verseuchten Rinder oder beim Gammelfleischskandal. Der Schutzbereich des § 35 Abs. 1 StGB ist beschränkt auf den Täter selbst, seine Angehörigen oder ihm nahestehende Personen. Auch diese Personengruppen unterliegen beispielsweise der Gefahr, dass sie verseuchtes Fleisch konsumieren könnten.

Die Meldung durch den Whistleblower muss geeignet sein, die Gefahr zu beheben, was zunächst zu bejahen ist. Allerdings muss es sich auch um das relativ mildeste Mittel handeln[788]. An diesem Punkt scheitert die Anwendbarkeit des § 35 StGB, denn der potenzielle Whistleblower kann auf den Kreis der geschützten Personen einwirken und ihnen mitteilen, dass sie das kontaminierte Fleisch nicht konsumieren sollen. Die Gefahr ist hier *anders abwendbar* im Sinne von § 35 Abs. 1 S. 1 StGB. Der Rest der potenziell gefährdeten Bevölkerung ist in Bezug auf den Whistleblower von § 35 Abs. 1 StGB nicht geschützt. Hier muss auf den Rechtfertigungsgrund nach § 34 StGB zurückgegriffen werden.

Andere Fälle des Whistleblowings, in denen es weder um Leib, Leben oder Freiheit geht, sind von § 35 Abs. 1 StGB nicht erfasst. Somit könnte die Meldung, dass ein Großkonzern Schmiergelder zahlt oder aber dass der eigene Vorgesetzte korrupt ist nicht durch § 35 Abs. 1 StGB entschuldigt werden.

Der **übergesetzliche entschuldigende Notstand** ist überwiegend für die Fälle gedacht, in denen es um die Tötung von Menschen geht, um eine größere Anzahl von Menschenleben zu retten[789]. Aus diesem Grunde scheitert auch die Anwendbarkeit des übergesetzlichen entschuldigenden Notstandes in den Fällen des Whistleblowings.

8. Zwischenergebnis

Handelt es sich beim Whistleblower um einen Amtsträger, kann sich dieser bei einem unbefugten Verrat von Dienstgeheimnissen nach § 353 b StGB strafbar machen, sofern es durch die Offenbarung zu einer Gefährdung öffentlicher Interessen kommt.

788 Matt/Renzikowski/*Engländer*, § 35 Rn. 7; *Rengier*, Strafrecht AT, § 26 Rn. 9.
789 *Rengier*, Strafrecht AT, § 26 Rn. 40.

IV. Weitere Strafvorschriften zum Schutz von Unternehmensgeheimnissen

In verschiedenen weiteren Gesetzen befinden sich Ergänzungen zum Verrat von Geschäfts- und Betriebsgeheimnissen nach § 17 UWG. Es handelt sich hierbei namentlich um unter anderem folgende Vorschriften des Nebenstrafrechts: §§ 85 GmbHG, 333 HGB, 404 AktG, 151 GenG, 138 VAG sowie § 315 UmwG. Diese echten Sonderdelikte, die sich vor allem in dem von ihnen umfassten Täterkreis unterscheiden, stimmen im Übrigen weitgehend überein.

1. § 85 GmbHG

So unterliegen nach § 85 GmbHG Geschäftsführer, Mitglieder des Aufsichtsrates oder Liquidatoren (auch einer Unternehmergesellschaft) einer speziellen Geheimhaltungspflicht hinsichtlich Geheimnissen der Gesellschaft, namentlich Betriebs- oder Geschäftsgeheimnissen. Der Oberbegriff „Geheimnis der Gesellschaft" umfasst alle materiellen und immateriellen Geheimnisse der Gesellschaft; hinsichtlich des beispielhaft genannten Begriffs des Betriebs- und Geschäftsgeheimnisses kann auf die obigen Ausführungen zu § 17 UWG verwiesen werden[790]. Dies gilt auch für ausgeschiedene Mitglieder dieses Personenkreises, wenn sie das Geheimnis während ihrer Amtszeit erfahren haben[791]. An den materiellen oder immateriellen Geheimnissen der GmbH oder UG muss die Gesellschaft ein sachlich begründetes Interesse haben, was auch bei rechtswidrigen Geheimnissen der Fall ist[792]. Strittig ist, ob ein Geheimhaltungswille notwendig ist[793], was aber anzunehmen ist, da

790 Rowedder/Schmidt-Leithoff/*Schaal* – GmbHG, § 85 Rn. 9; Baumbach/Hueck/*Haas* – GmbHG, § 85 Rn. 7, 9; *Tiedemann*, Wirtschaftsstrafrecht BT, § 5 Rn. 235.

791 Lutter/Hommelhoff/*Kleindiek* – GmbHG, § 85 Rn. 2; Scholz/*Tiedemann*/*Rönnau*, GmbHG, § 85 Rn. 12; Roth/Altmeppen/*Altmeppen*, GmbHG, § 85 Rn. 2.

792 Lutter/Hommelhoff/*Kleindiek* – GmbHG, § 85 Rn. 3; Baumbach/Hueck/*Haas* – GmbHG, § 85 Rn. 7, 9; Scholz/*Tiedemann*/*Rönnau*, GmbHG, § 85 Rn. 19 f.

793 Gegen einen Geheimhaltungswillen: Baumbach/Hueck/*Haas* – GmbHG, § 85 Rn. 10; Lutter/ Hommelhoff/*Kleindiek* – GmbHG, § 85 Rn. 4; a.A. Rowedder/Schmidt-Leithoff/*Schaal*, GmbHG, § 85 Rn. 10; MüKo-GmbHG/*Wißmann*, § 85 Rn. 29 ff.

nicht ersichtlich ist, weswegen bei § 85 GmbHG etwas anderes gelten sollte als bei § 17 UWG, bei dem der Geheimhaltungswille ein unverzichtbares Merkmal darstellt[794]. Tathandlung ist die **unbefugte Offenbarung** (Abs. 1), also die Verschaffung der Kenntnis vom Geheimnis zugunsten einer Person, welche von diesem Geheimnis keine Kenntnis hat, und die **unbefugte Verwertung** (Abs. 2 S. 2)[795]. Der Täter muss jeweils vorsätzlich handeln.

§ 85 Abs. 2 Satz 1 GmbHG enthält **Qualifikationsmerkmale**, wonach eine verschärfte Strafdrohung für Täter besteht, die gegen Entgelt oder in der Absicht handeln, sich oder einen anderen zu bereichern oder einen anderen zu schädigen. Ebenso bestraft wird die unbefugte Verwertung des Geheimnisses nach § 85 Abs. 2 S. 2 GmbHG.

Rechtfertigungsgründe sind zum einen die Einwilligung des zur Einwilligung berechtigten Gesellschaftsorgans oder – in Eil- und Notfällen – die mutmaßliche Einwilligung der Gesellschaft[796]. Des Weiteren sind Rechtfertigungsgründe zu bejahen beim Bestehen gesetzlicher Auskunftspflichten, wie z.B. dem Gebot zur Offenlegung des Jahresabschlusses nach § 325 HGB oder der Auskunftspflicht gegenüber dem Gesellschafter nach § 51 a GmbHG. Des Weiteren ergeben sich Auskunftspflichten gegenüber dem Betriebsrat nach §§ 74 ff. BetrVG oder die Pflicht zur Unterrichtung des Arbeitgebers gegenüber Arbeitnehmern nach §§ 81 f. BetrVG[797]. Wie auch schon im Rahmen des § 17 UWG ausgeführt, ist eine Offenbarung bei bevorstehenden Taten im Sinne des § 138 StGB gerechtfertigt. Im Falle von fehlenden Zeugnisverweigerungsrechten nach §§ 53 f. StPO ist eine Zeugenaussage im Strafverfahren ebenfalls gerechtfertigt[798]. Im Rahmen des rechtfertigenden Notstands nach § 34 StGB ist eine Interessenabwägung, wie im Rahmen des § 17 UWG, vorzunehmen.

Aus **praktischer Sicht** kommt § 85 GmbHG allerdings kaum Bedeutung zu, zum einen, weil es sich um ein absolutes Antragsdelikt

794 Vgl. auch MüKo-AktG/*Schaal*, § 404 Rn. 27.

795 Rowedder/Schmidt-Leithoff/*Schaal*, GmbHG, § 85 Rn. 12 ff.; Baumbach/Hueck/*Haas* – GmbHG, § 85 Rn. 13.

796 Baumbach/Hueck/*Haas* – GmbHG, § 85 Rn. 17 f.; Rowedder/Schmidt-Leithoff/*Schaal* – GmbHG, § 85 Rn. 14; Scholz/*Tiedemann*/*Rönnau*, GmbHG, § 85 Rn. 40.

797 Scholz/*Tiedemann*/*Rönnau*, GmbHG, § 85 Rn. 37; Baumbach/Hueck/*Haas* – GmbHG, § 85 Rn. 19.

798 Scholz/*Tiedemann*/*Rönnau*, GmbHG, § 85 Rn. 39.

handelt und der Eintritt größerer Schäden durch Negativpublizität droht, zum anderen weil bei der Begehung einer Geheimnispflichtverletzung oftmals § 266 Abs. 1 StGB einschlägig sein wird, der eine höhere Strafe androht, und damit zumeist nur wegen Untreue ermittelt wird[799].

Auf **Konkurrenzebene** geht § 85 GmbHG den §§ 203, 204 StGB als lex specialis vor. Im Hinblick auf § 17 UWG wird Idealkonkurrenz angenommen, wenn der Geschäftsführer gleichzeitig Angestellter der GmbH ist[800], außer in den Fällen, in denen der Täter nach Ausscheiden aus dem Dienstverhältnis Geheimnisse offenbart oder verwertet[801]. In diesem Fall geht § 85 GmbHG vor.

2. § 333 HGB

Dasselbe gilt für Abschlussprüfer, deren Gehilfen oder den Beschäftigten einer Prüfstelle bei Geheimnissen, namentlich Betriebs- oder Geschäftsgeheimnissen, die bei der Prüfung des Jahresabschlusses, Einzelabschlusses oder Konzernabschlusses bekannt geworden sind. Ebenso wie §§ 85 GmbHG, 404 AktG bezweckt § 333 HGB den Schutz der Geheimhaltungsinteressen der Kapitalgesellschaft und der mit ihr verbundenen Unternehmen im Sinne des § 290 Abs. 1, 2 HGB, Gemeinschaftsunternehmen (§ 310 HGB) oder eines assoziierten Unternehmens (§ 311 HGB)[802]. Hinsichtlich des Geheimnisbegriffs sowie einer eventuellen Rechtfertigung kann wiederum auf oben verwiesen werden.

3. § 404 AktG

§ 404 AktG enthält einen entsprechenden Tatbestand für Vorstandsmitglieder, Mitglieder des Aufsichtsrates, für Abwickler, Prüfer oder deren Gehilfen. Auch hier ist Tathandlung das unbefugte Offenbaren

799 Scholz/*Tiedemann*/*Rönnau*, GmbHG, § 85 Rn. 7.
800 Rowedder/Schmidt-Leithoff/*Schaal* – GmbHG, § 85 Rn. 35.
801 Scholz/*Tiedemann*/*Rönnau*, GmbHG, § 85 Rn. 53 f.
802 MüKo-HGB/*Quedenfeld*, § 333 Rn. 1; vgl. auch HK-HGB/*Stork*, § 333 Rn. 1.

oder Verwerten eines Geheimnisses, welche flankiert wird durch die Qualifizierungstatbestände nach Abs. 2, welche weitgehend den Regelungen des § 85 Abs. 2 GmbHG entsprechen[803]. Der Aufbau des Delikts gleich dem des § 85 GmbHG, so dass vollumfänglich auf die obigen Ausführungen zu § 85 GmbHG – auch hinsichtlich der Rechtfertigungsgründe – verwiesen werden kann.

4. § 151 GenG

§ 151 Abs. 1 und Abs. 2 GenG sanktionieren die Geheimnisoffenbarung sowie die Verwertung von Mitgliedern des Vorstandes oder Aufsichtsrates oder des Liquidators sowie des Prüfers und seiner Gehilfen[804]. Auch hier gleicht der Deliktsaufbau den §§ 85 GmbHG, 333 HGB, 404 AktG.

5. § 138 VAG

Nach § 138 VAG machen sich Prüfer, ihre Gehilfen, Mitglieder des Vorstandes oder des Aufsichtsrates sowie Liquidatoren wegen Offenbarung bzw. Verwertung eines Geheimnisses des Versicherungsunternehmens oder Pensionsfonds, namentlich eines Betriebs- oder Geschäftsgeheimnisses strafbar, sofern nicht bereits eine Strafbarkeit nach §§ 333 HGB, 404 AktG vorliegt. Wiederum gleicht der Aufbau demjenigen der vorangestellten Delikte.

6. § 315 UmwG

Mitglieder des Vertretungsorgans, vertretungsberechtigte Gesellschafter oder Partner, Mitglieder des Aufsichtsrates oder Abwickler an der Umwandlung beteiligter Rechtsträger sowie Verschmelzungs-, Spaltungs- oder Übertragungsprüfer oder deren Gehilfen machen sich bei

803 Vgl. Hölters/*Müller-Michaels*, AktG, § 404 Rn. 5.
804 Vgl. dazu näher Pöhlmann/Fandrich/Bloehs/*Pöhlmann*, GenG, § 151 Rn. 1 ff.

einer Offenbarung bzw. Verwertung von Geheimnissen eines an einer Umwandlung beteiligten Rechtsträgers nach § 315 Abs. 1 bzw. Abs. 2 UmwG strafbar, soweit die Handlung nicht bereits nach §§ 85 GmbHG, 404 AktG, § 151 GenG bzw. des § 333 HGB strafbar ist.

V. §§ 93 ff. StGB – Landesverrat und Gefährdung der äußeren Sicherheit

Die §§ 93 ff. StGB schützen die äußere Sicherheit und die Stellung der Bundesrepublik Deutschland[805]. Staatsgeheimnisse im Sinne des § 93 Abs. 1 StGB können ohne weiteres Gegenstand von Whistleblowing sein.

Zur Veranschaulichung des folgenden Abschnitts soll zunächst folgendes *Beispiel* dargestellt werden:

> Das Bundesamt für Verfassungsschutz überwacht systematisch die Kommunikation ausländischer Politiker und anderer Staatspersonen des Staates X mittels einer Spionagesoftware[806]. Dem BfV ist bekannt, dass sich in diesem Staat terroristische Gruppierungen gebildet haben.
> Ein Beamter des BfV erfährt von der Überwachung und meldet diese Tatsache der deutschen Presse, weil er die Überwachung für rechtswidrig hält und der Ansicht ist, dass durch die öffentliche Aufmerksamkeit Druck aufgebaut wird, um die Überwachungsaktionen zu beenden. Er ist sich der Tatsache wohl bewusst, dass sich im Staat X terroristische Gruppierungen gebildet haben, die vor einem Anschlag nicht zurückschrecken, hält dies aber für unwahrscheinlich.
>
> Abwandlung 1:
> Der Beamte meldet dieses Geheimnis einem Regierungsmitglied des Staates X.
>
> Abwandlung 2:
> Der Beamte hat einen engen Bezug zum Staat X und möchte es der Bundesrepublik „heimzahlen". Er weiß, dass Terroristengruppen des Staates X

805 Matt/Renzikowski/*Dannenfeldt*, § 93 Rn. 1; AnwK-StGB/*Anders/Ziemann*, Vor § 93 Rn 1.

806 Der Fall ist angelehnt den am 20. Juli 2013 im Spiegel erschienenen Artikel über die Nutzung der Spionagesoftware XKeyscore durch den BND und das BfV: *Sydow*, Spiegel Online, URL: http://www.spiegel.de/politik/deutschland/bnd-und-bfv-setzen-nsa-spaehprogramm-xkeyscore-ein-a-912196.html (letzter Zugriff: 25. September 2017).

eine Abneigung gegen die „westlichen Mächte" haben und dass es unter Umständen zu Terroranschlägen in Deutschland kommen könnte. Dies nimmt er billigend in Kauf.

Nach § 93 Abs. 1 StGB versteht man unter Staatsgeheimnissen die nur einem begrenzten Personenkreis bekannten Tatsachen, Gegenstände oder Erkenntnisse, die vor einer fremden Macht geheim gehalten werden müssen, um eine Gefahr schwerer Nachteile für die äußere Sicherheit der Bundesrepublik Deutschland zu verhindern. Dies ist bei einer Überwachung ausländischer Politiker zu bejahen. Eingeschränkt wird dieser Begriff durch § 93 Abs. 2 StGB, der Tatsachen, die gegen die freiheitliche demokratische Grundordnung oder gegen zwischenstaatlich vereinbarte Rüstungsbeschränkungen verstoßen, aus dem Begriff der Staatsgeheimnisse ausnimmt. Die Überwachung im Sinne des Beispielsfalls fällt nicht unter § 93 Abs. 2 StGB[807].

Die Staatsschutzdelikte erfordern jeweils die Gefahr eines schweren Nachteils für die äußere Sicherheit der Bundesrepublik Deutschland. So macht sich derjenige wegen **Landesverrats** nach § 94 Abs. 1 StGB strafbar, der ein Staatsgeheimnis einer fremden Macht oder einem ihrer Mittelsmänner (Nr. 1) oder sonst an einen Unbefugten gelangen lässt oder öffentlich bekannt macht, um die Bundesrepublik Deutschland zu benachteiligen oder eine fremde Macht zu begünstigen (Nr. 2). Ein Täter nach *Abwandlung 2* des obigen *Beispielsfalls*, der billigend in Kauf nimmt, dass es zu terroristischen Akten innerhalb der Bundesrepublik Deutschland kommen kann, erfüllt zwar den Tatbestand des § 94 Abs. 1 Nr. 2 StGB, ist aber schon nicht als Whistleblower zu betrachten, da er die Überwachungstätigkeit nicht mitteilt, um diese zu beseitigen, sondern um der Bundesrepublik Deutschland Nachteile zuzufügen.

Auch derjenige, der in *Abwandlung 1* das Geheimnis an das Regierungsmitglied des Staates X weitergibt, ist nicht als Whistleblower anzusehen, da ein Whistleblower in erster Linie eine Meldung tätigt, um den gemeldeten Missstand zu beseitigen. Es ist nicht davon auszugehen, dass sich ein Staat von einem anderen diktieren lässt, welche

807 Durch die Überwachung ausländischer Politiker werden keine obersten Grundwerte des deutschen Staates verletzt.

Maßnahmen dieser zu unterlassen hat, so dass der Meldende hiervon realistischerweise auch nicht ausgehen kann.

Der Vollständigkeit halber ist zu erwähnen, dass auch der Verrat illegaler Geheimnisse im Sinne des § 93 Abs. 2 StGB nach § 97 a StGB unter Strafe gestellt ist, wenn ein solches Geheimnis einer fremden Macht oder einem ihrer Mittelsmänner mitgeteilt wird. Hierauf ist im Rahmen dieser Arbeit nicht näher einzugehen, da der Mitteilende im Falle des § 97 a StGB – wie schon im Fall des § 94 Abs. 1 Nr. 1 StGB – kein Whistleblower ist.

In Betracht kommt allerdings eine Strafbarkeit des Beamten aus dem *Grundfall* des *Beispielsfalls* nach § 95 Abs. 1 StGB wegen der **Offenbarung von Staatsgeheimnissen**. Der Beamte erfüllt die Voraussetzungen, die nach der hiesigen Definition an den Whistleblower zu stellen sind. Insbesondere handelt er als Organisationsinsider, um einen von ihm angeprangerten Missstand zu beseitigen. Eine Gefahr des schweren Nachteils für die äußere Sicherheit der Bundesrepublik Deutschland ist sehr wohl zu bejahen. Der Beamte handelte zumindest mit bedingtem Vorsatz, denn er war sich dessen bewusst, dass es sich um ein Staatsgeheimnis handelte. Eine weitergehende Absicht ist im Rahmen des § 95 Abs. 1 StGB nicht erforderlich[808]. Der objektive und subjektive Tatbestand ist erfüllt.

Der Beamte könnte aber aufgrund **rechtfertigenden Notstands** nach § 34 StGB gerechtfertigt sein. Auch hier gelten die bereits im Rahmen von § 353 b StGB geprüften Grundsätze, die der BGH[809] aufgestellt hat. Das Recht auf freie Meinungsäußerung umfasst zwar das Recht, Missstände innerhalb von Behörden auch an die Presse zu tragen mit dem Ziel, diese Missstände abzustellen[810]. Hierbei müssen zunächst die innerbehördlichen Möglichkeiten ausgeschöpft werden samt Anrufung der Volksvertretung, um dem Geheimnisinteresse des Staates am besten gerecht zu werden, bevor der Weg an die Öffentlichkeit eingeschlagen wird, wobei der Kreis der einzuweihenden Person nur auf wenige zuverlässige Personen einzuschränken ist. Allerdings

---

808 MüKo-StGB/*Lampe/Hegmann*, § 95 Rn. 14; Matt/Renzikowski/*Dannenfeldt*, § 95 Rn. 9.

809 BGHSt 20, 342, 362 ff.

810 LK-StGB/*Schmidt*, § 93 Rn. 33; vgl. auch MüKo-StGB/*Lampe/Hegmann*, § 95 Rn. 16.

ist hier ferner zu beachten, dass im Falle von Staatsgeheimnissen der Wille des Meldenden hinzukommen muss, durch seine Tat Abhilfe zu schaffen (subjektives Rechtfertigungselement)[811]. Selbst wenn der Beamte im vorliegenden Fall alle internen Möglichkeiten ausgeschöpft haben sollte, so ergibt eine Interessenabwägung, dass das Recht auf freie Meinungsäußerung gegenüber dem Geheimnisinteresse nicht überwiegt. Im konkreten Fall bestand eine konkrete Gefahr, dass es auf dem Gebiet der Bundesrepublik Deutschland zu terroristischen Anschlägen kommen könnte, was eine Gefahr für Leib und Leben eines großen Teils der Bevölkerung darstellt und damit Vorrang vor der Meinungsäußerungsfreiheit des Beamten hat. Hier überwiegt die Sicherheit der Bundesrepublik Deutschland[812].

Ein Whistleblower kann sich demnach auch nach § 95 Abs. 1 StGB strafbar machen, wenn er Staatsgeheimnisse ohne die Ausschöpfung interner Möglichkeiten nach Außen trägt.

VI. Ehrschutzdelikte – §§ 185 ff. StGB

Mittels einer Mitteilung von Missständen innerhalb einer Organisation oder von Fehlverhalten anderer Personen an interne oder externe Stellen, Behörden, gegenüber Medien oder der Öffentlichkeit können Persönlichkeitsrechte betroffen sein, so dass durch Whistleblowing auch Ehrschutzdelikte nach §§ 185 ff. StGB verwirklicht sein können. Der Vorwurf, jemand hätte beispielsweise eine Straftat begangen, stellt eine Ehrverletzung dar[813]. Schutzgut der §§ 185 ff. StGB ist die Ehre.

In systematischer Hinsicht umfasst § 186 StGB nicht erweislich wahre Tatsachenbehauptungen gegenüber Dritten. § 187 StGB enthält eine Qualifikation im Rahmen des objektiven Tatbestandes mit dem Erfordernis der Unwahrheit der Tatsache. Subjektiv muss der Täter wider besseres Wissen handeln. Demnach bleibt für den Auffangtatbestand des § 185 StGB Platz für ehrverletzende Tatsachenbehauptungen

811 LK-StGB/*Schmidt*, § 93 Rn. 33; MüKo-StGB/*Lampe/Hegmann*, § 95 Rn. 16.

812 Vgl. hierzu auch *Lutterbach*, Whistleblowing, S. 84.

813 *Joecks*, StGB, § 185 Rn. 12; vgl. auch *Zimmermann*, ArbRAktuell 2012, 58, 60.

gegenüber dem Betroffenen und die Äußerungen ehrverletzender Werturteile dem Betroffenen und Dritten gegenüber[814].

1. Beleidigung – § 185 StGB

Nach dem eben Gesagten kann sich ein Whistleblower nicht nach § 185 StGB wegen einer einfachen Beleidigung strafbar machen. Der Inhalt von Whistleblowermeldungen ist nach dem hiesigen Verständnis die Äußerung einer Tatsache gegenüber *dritten Personen*. Eine *Tatsachen*äußerung gegenüber dem Betroffenen ist damit schon naturgemäß kein Whistleblowing[815].

Äußerungen gegenüber Dritten, die keine Tatsachen betreffen, sondern lediglich ehrverletzende *Werturteile* beinhalten, sind ebenso wenig geeignet, vom Begriff des Whistleblowings umfasst zu werden.

2. Üble Nachrede – § 186 StGB

Im Gegensatz zu § 185 StGB erfasst der Tatbestand der üblen Nachrede nach § 186 StGB lediglich Tatsachenbehauptungen, die gegenüber Dritten geäußert werden. Wegen übler Nachrede wird bestraft, wer in Beziehung auf einen anderen eine Tatsache behauptet oder verbreitet, welche denselben verächtlich zu machen oder in der öffentlichen Meinung herabzuwürdigen geeignet ist, wenn nicht diese Tatsache erweislich wahr ist.

a) Objektiver Tatbestand

Unter **Tatsachen** sind nach der herrschenden Meinung alle konkreten gegenwärtigen oder vergangenen Sachverhalte zu verstehen, die sinnlich wahrnehmbar in die Wirklichkeit getreten sind und damit dem

814 *Rengier*, Strafrecht BT II, § 28 Rn. 4; Schönke/Schröder/*Lenckner*/*Eisele*, § 185 Rn. 1; zur Abgrenzung zwischen Werturteilen und Tatsachen siehe Schönke/Schröder/*Lenckner*/*Eisele*, § 186 Rn. 3 f.

815 Vgl. auch *Haußmann*/*Kaufmann*, ArbRAktuell 2011, 186, 188.

Beweis zugänglich sind[816]. Hierzu gehören auch innere Tatsachen, wie Motive oder die Absicht, eine Straftat zu begehen[817].

Werturteile hingegen sind anzunehmen, wenn die Äußerung durch Elemente der subjektiven Stellungnahme, des Dafürhaltens oder Meinens geprägt ist, wenn die Richtigkeit oder Unrichtigkeit der Behauptung eine Sache der persönlichen Überzeugung bleibt[818].

Die Unterscheidung ist nicht immer einfach, weswegen zur Bejahung einer Tatsache zumindest das Vorliegen eines Tatsachenkerns notwendig ist. Sollte die Äußerung sowohl wertende als auch tatsächliche Elemente enthalten, kommt es darauf an, welches Element nach dem Sinngehalt der Aussage überwiegt[819]. Unproblematisch ist es dagegen, wenn eine einheitliche Äußerung sowohl isolierte Tatsachenbehauptungen und Werturteile enthält[820].

Die behauptete Tatsache muss geeignet sein, den Betroffenen verächtlich zu machen oder in der öffentlichen Meinung herabzuwürdigen. Zwischen diesen beiden Alternativen besteht kein sachlicher Unterschied. Es kommt jeweils darauf an, ehrenrührige Tatsachen zuzuschreiben[821]. Objektiv muss die Tatsache geeignet sein, den Betroffenen in der öffentlichen Meinung als **verachtenswert** erscheinen zu lassen. Dies ist dann der Fall, wenn ihm der sittliche, personale oder soziale Geltungswert durch das Zuschreiben negativer Qualitäten ganz oder teilweise abgesprochen wird[822]. Die Anzeige einer Straftat oder der Vorwurf eines unsittlichen oder rechtswidrigen Verhaltens fällt hierunter[823]. **Behaupten** heißt, eine Tatsache als nach eigener Überzeugung wahr darzustellen, auch wenn man diese lediglich von dritter Seite erfahren hat[824]. Ein Behaupten kann auch in Form der Mitteilung

816 BGHSt 15, 24, 26; OLG Köln, NJW 1993, 1486, 1487; *Kindhäuser*-LPK-StGB, § 186 Rn. 5; Schönke/Schröder/*Lenckner*/*Eisele*, § 186 Rn. 3.

817 BGHSt 6, 357, 358 f.; Schönke/Schröder/*Lenckner*/*Eisele*, § 186 Rn. 3; *Rengier*, Strafrecht BT II, § 29 Rn. 2.

818 OLG Köln, NJW 1993, 1486, 1487; *Janal*, NJW 2006, 870, 870 f.; *Rengier*, Strafrecht BT II, § 29 Rn. 3.

819 *Rengier*, Strafrecht BT II, § 29 Rn. 3; *Fischer*, StGB, § 186 Rn. 3.

820 Schönke/Schröder/*Lenckner*/*Eisele*, § 186 Rn. 4.

821 *Fischer*, StGB, § 186 Rn. 4; Schönke/Schröder/*Lenckner*/*Eisele*, § 186 Rn. 5.

822 BGHSt 36, 145, 148; Schönke/Schröder/*Lenckner*/*Eisele*, § 185 Rn. 2; vgl. auch *Schemmel*/*Ruhmannseder*/*Witzigmann*, Hinweisgebersysteme, Kapitel 4 Rn. 67.

823 *Koch*, NJW 2005, 943, 944; Schönke/Schröder/*Lenckner*/*Eisele*, § 185 Rn. 2.

824 Lackner/Kühl/*Kühl*, § 186 Rn. 5; *Rengier*, Strafrecht BT II, § 29 Rn. 6.

eines Verdachts oder einer Vermutung liegen[825]. **Verbreiten** ist das Weitergeben von fremden Äußerungen, nicht solchen aus eigener Erkenntnis[826]. Hierunter fällt auch die Mitteilung eines Gerüchts als bloßes Gerücht[827].

Die Tatsache muss in **Beziehung auf einen anderen** behauptet oder verbreitet werden. Dies bedeutet, dass Adressat der Äußerung und derjenige, der von ihr betroffen ist, verschiedene Personen sein müssen. Dabei ist es nicht von Belang, ob der Betroffene bei der Äußerung anwesend ist oder ob er von dieser keine Kenntnis erlangt. Es fehlt aber am Drittbezug, wenn der Betroffene als Urheber der Äußerung dargestellt wird[828].

Die Anzeige durch einen Whistleblower kann also ohne Weiteres den objektiven Tatbestand des § 186 StGB erfüllen, wenn dritten Personen gegenüber geäußert wird, dass der Betroffene Straftaten begangen hat oder sich sittenwidrig verhalten hat.

b) Subjektiver Tatbestand

Subjektiv muss der Täter zumindest mit bedingtem Vorsatz gehandelt haben. Dabei ist es nicht von Belang, ob er vorsätzlich falsch anzeigte, da sich der Vorsatz auf das Mitteilen der ehrenrührigen Tatsache sowie auf die Kenntnisnahme durch einen Dritten, aber nicht auf deren Falschheit beziehen muss[829]. Die Unwahrheit ist objektive Bedingung der Strafbarkeit. Der Täter muss keine Beleidigungsabsicht haben[830].

825 OLG Hamm, NJW 1971, 853; vgl. auch *Schemmel/Ruhmannseder/Witzigmann*, Hinweisgebersysteme, Kapitel 4 Rn. 66.

826 *Kindhäuser*-LPK-StGB, § 186 Rn. 8; *Fischer*, StGB, § 186 Rn. 9.

827 Lackner/Kühl/*Kühl*, § 186 Rn. 5; *Kindhäuser*-LPK-StGB, § 186 Rn. 8.

828 Lackner/Kühl/*Kühl*, § 186 Rn. 6; *Kindhäuser*-LPK-StGB, § 186 Rn. 10; *Rengier*, Strafrecht BT II, § 29 Rn. 7.

829 *Koch*, NJW 2005, 943, 944; NK-StGB/*Zaczyk*, § 186 Rn. 21; Schönke/Schröder/*Lenckner/Eisele*, § 186 Rn. 11.

830 von Heintschel-Heinegg/*Valerius*, § 186 Rn. 22.

c) Objektive Strafbarkeitsbedingung

Die **Nichterweislichkeit der behaupteten Tatsache** ist nach herrschender Meinung[831] kein Tatbestandsmerkmal, sondern eine objektive Bedingung der Strafbarkeit und damit nicht Gegenstand des subjektiven Tatbestands, so dass der Vorsatz sich hierauf nicht zu erstrecken braucht. Wird im Strafverfahren (von Amts wegen gemäß §§ 155 Abs. 2, 244 Abs. 2 StPO[832]) der Nachweis der Wahrheit der Äußerung erbracht, ist der Tatbestand des § 186 StGB nicht verwirklicht. Sollte dies allerdings nicht gelingen oder bleiben Zweifel, so geht dies zu Lasten des Täters, da die Tatsache „nicht erweislich wahr" bleibt und der Täter somit das Risiko einer ergebnislosen Wahrheitsforschung trägt[833].

Der Tatbestand der üblen Nachrede ist damit auch dann erfüllt, wenn der Whistleblower zuvor gründlich recherchiert hat und nicht erkennen konnte, dass die Behauptung unwahr und ehrenrührig ist[834]. Gelingt der Beweis oder erweisen sich die behaupteten Tatsachen zumindest im Kern, also in ihren wesentlichen Punkten, als wahr, so handelt es sich insoweit um einen Strafausschließungsgrund[835]. Unbedeutende Abweichungen sind dabei unschädlich[836].

Grundsätzlich ist davon auszugehen, dass ein Whistleblower vor Mitteilung eines Missstandes sich so gründlich von der Wahrheit der von ihm anzuzeigenden Tatsachen informiert, recherchiert und auch Beweismaterial sammelt, dass kaum noch begründete Zweifel mehr an der Wahrheit verbleiben können. Nichtsdestotrotz kann nicht ausge-

---

831 BGHSt 11, 273, 274; *Kindhäuser*-LPK-StGB, § 186 Rn. 13; Schönke/Schröder/*Lenckner/Eisele*, § 186 Rn. 10; *Wessels/Hettinger*, Strafrecht BT 1 Rn. 499.

832 Die Regelung der objektiven Strafbarkeitsbedingung bedeutet nicht, dass der Täter nunmehr eine „Beweislast" hinsichtlich der Wahrheit der Tatsache zu tragen hätte. Es gilt der Amtsermittlungsgrundsatz, Matt/Renzikowski/*Gaede*, § 186 Rn. 14; *Wessels/Hettinger*, Strafrecht BT 1 Rn. 500; *Geisler*, Schuldprinzip, S. 439.

833 Der sonst geltende Grundsatz „in dubio pro reo" gilt hier nicht, der Täter trägt das volle Beweisrisiko, *Wessels/Hettinger*, Strafrecht BT 1 Rn. 500; von Heintschel-Heinegg/*Valerius*, § 186 Rn. 21; *Geisler*, Schuldprinzip, S. 439.

834 *Schemmel/Ruhmannseder/Witzigmann*, Hinweisgebersysteme, Kapitel 4 Rn. 71.

835 BGHSt 18, 182, 182 ff.; *Rengier*, Strafrecht BT II, § 29 Rn. 10 ff.; Schönke/Schröder/*Lenckner/Eisele*, § 186 Rn. 13 ff.; *Kindhäuser*-LPK-StGB, § 186 Rn. 13; *Schemmel/Ruhmannseder/Witzigmann*, Hinweisgebersysteme, Kapitel 4 Rn. 68; von Heintschel-Heinegg/*Valerius*, § 186 Rn. 21.

836 *Fischer*, StGB, § 186 Rn. 12.

schlossen werden, dass der einfache Beschäftigte, der keinen Zugang zu weiterführenden Informationen hat, mehrfach einen Vorgang beobachtet, der ihn glauben lässt, sein Vorgesetzter würde beispielsweise Schmiergeldzahlungen annehmen. Nachdem er sich bei den ersten Beobachtungen nicht sicher war, aber nunmehr auch noch innerhalb der Belegschaft darüber spekuliert wird, was es mit potenziellen Schmiergeldzahlungen auf sich habe, entschließt sich der Beschäftigte, diesen Umstand zu melden. Er kann das Vorliegen einer Straftat nicht beweisen, er war aber in dem ihm erlaubten Maße sorgfältig und der festen Überzeugung, dass Unrecht geschieht. Sollte sich nun herausstellen, dass es sich tatsächlich nicht um Schmiergeldzahlungen handelte, trägt der Beschäftigte das alleinige Risiko, so dass ihm eine Strafbarkeit nach § 186 StGB droht.

In der Literatur wird geltend gemacht, dass eine solche objektive Bedingung der Strafbarkeit einen Verstoß gegen das Schuldprinzip darstelle, weshalb der Täter in Bezug auf die Unwahrheit der Tatsache zumindest vorsätzlich oder fahrlässig handeln muss[837]. Hat sich der Täter dagegen mit der gebotenen Sorgfalt über die Wahrheit der von ihm getätigten Tatsachenäußerung vergewissert, so weist sein Verhalten keinen Handlungsunwert auf[838]. In einem solchen Fall würde die Strafbarkeit wegen übler Nachrede entfallen, wenn sich die Behauptung letztendlich als unwahr erweisen sollte, der Täter aber vor der Kundgabe der Tatsache gründlich recherchiert hat und trotzdem diese Unwahrheit nicht erkennen konnte. Auch wenn dies eine für den Whistleblower wünschenswerte Einschränkung des § 186 StGB wäre, so hilft dies nicht über die Tatsache hinweg, dass diese Interpretation im Wortlaut des § 186 StGB keinen Ausdruck findet und zudem nicht in ausreichendem Maße die Interessen des Betroffenen berücksichtigt, denn sie führt zu einer Verkürzung des strafrechtlichen Ehrenschutzes[839]. Gerade der oben geschilderte Fall mit der vermeintlichen Schmiergeldzahlung verdeutlicht, dass der Vorgesetzte als Unschuldiger schützenswerter ist, als der potenzielle Whistleblower. Im Rahmen

837 SK-StGB/*Rogall*, § 186 Rn. 20; NK-StGB/*Zaczyk*, § 186 Rn. 16, 19; vgl. auch Matt/Renzikowski/*Gaede*, § 186 Rn. 13; vgl. auch *Fischer*, StGB, § 186 Rn. 13 a.

838 Vgl. von Heintschel-Heinegg/*Valerius*, § 186 Rn. 19.

839 Vgl. von Heintschel-Heinegg/*Valerius*, § 186 Rn. 19; Schönke/Schröder/*Lenckner*/*Eisele*, § 186 Rn. 10; Lackner/Kühl/*Kühl*, § 186 Rn. 7 a.

der Ehrschutzdelikte muss zum Schutze der Betroffenen gewährleistet werden, dass der potenzielle Whistleblower nicht nur gründlich recherchiert haben muss, aber dass er auch genügend Beweise gesammelt haben muss, um kaum noch Zweifel an der Wahrheit aufkommen zu lassen. Eine Mitteilung ehrenrühriger Tatsachen kann aber dann straflos sein, wenn diese in Wahrnehmung berechtigter Interessen geschehen ist[840].

Es besteht daher auch für einen sorgfältig handelnden Whistleblower, der sich zuvor gründlich erkundigt hat und persönlich der Überzeugung ist, dass der von ihm gemeldete Missstand wahr ist, das Risiko der Strafbarkeit wegen übler Nachrede, wenn sich die Tatsache letzten Endes doch als unwahr erweist.

3. Verleumdung – § 187 StGB

Wegen Verleumdung macht sich strafbar, wer wider besseres Wissen in Beziehung auf einen anderen eine unwahre Tatsache behauptet oder verbreitet, die diesen verächtlich zu machen oder in der öffentlichen Meinung herabzuwürdigen oder dessen Kredit zu gefährden geeignet ist.

Voraussetzung ist zunächst, dass der Täter eine **unwahre Tatsache** behauptet oder verbreitet, wobei **feststehen** muss, dass die Tatsache unwahr ist. Im Gegensatz zu § 186 StGB ist hier der Beweis der Unwahrheit erforderlich[841]. Gelingt der Beweis der Unwahrheit nicht, so kann der Auffangtatbestand des § 186 StGB greifen[842]. Auch hier schaden geringfügige Abweichungen oder Übertreibungen nicht, da es auf den wesentlichen Tatsachenkern ankommt[843]. Die Tatsachenbehauptung muss geeignet sein, einen Dritten verächtlich zu machen oder herabzuwürdigen. Insoweit gilt hier das zu § 186 StGB Gesagte. Die Unwahrheit ist – anders als beim Tatbestand der üblen Nachrede – im Rahmen des § 187 StGB ein objektives Tatbestandsmerkmal[844]. Sollte

840 Siehe hierzu unten Abschnitt E. VI. 4.
841 Matt/Renzikowski/*Gaede*, § 187 Rn. 2.
842 Matt/Renzikowski/*Gaede*, § 187 Rn. 1; *Fischer*, StGB, § 187 Rn. 1.
843 Lackner/Kühl/*Kühl*, § 187 Rn. 1.
844 Schönke/Schröder/*Lenckner*/*Eisele*, § 187 Rn. 2.

der Beweis der Unwahrheit nicht gelingen, so wirkt sich dies zugunsten des Täters aus.

Sollte sich der Vorwurf als unzutreffend erweisen, kommt es im Rahmen des § 187 StGB also auf die Erfüllung des **subjektiven Tatbestandes** an[845]. Wie bei der üblen Nachrede muss sich der (zumindest bedingte) Vorsatz auf die Merkmale des objektiven Tatbestandes beziehen. Weiter wird das **sichere Wissen** von der Unwahrheit der vom Täter behaupteten Tatsache verlangt; dolus eventualis und Absicht reichen hier nicht aus[846].

Ein Whistleblower kann sich nicht wegen Verleumdung strafbar machen, da er keine wissentlich falschen Aussagen gegenüber Dritten äußert. Sollte dies der Fall sein, so handelt es sich nicht um einen Whistleblower im Sinne der hier vertretenen Definition. Ein unter die hiesige Definition fallender Whistleblower ist der Ansicht, dass die von ihm angezeigte Tatsache wahr ist. Die Voraussetzungen des subjektiven Tatbestandes sind damit im Falle des Whistleblowings nicht gegeben.

4. Wahrnehmung berechtigter Interessen nach § 193 StGB

Ein spezieller Rechtfertigungsgrund ist die Wahrnehmung berechtigter Interessen nach § 193 StGB[847]. Es handelt sich um eine einfachgesetzliche Ausprägung des Grundrechts auf freie Meinungsäußerung nach Art. 5 Abs. 1 GG[848], wonach die Befugnis erteilt wird, zur Wahrnehmung berechtigter Interessen, die Ehre Anderer zu verletzen.

Die Interessenkollision zwischen dem Interesse des Betroffenen an der Unterlassung der Ehrverletzung und dem Interesse des Hinweisgebers an der Ausübung des Grundrechts auf freie Meinungsäußerung wird mittels eine Güter- und Interessenabwägung gelöst[849]. Teilweise wird vertreten, dass es sich beim Rechtfertigungsgrund des § 193 StGB

845 *Schemmel/Ruhmannseder/Witzigmann*, Hinweisgebersysteme, Kapitel 4 Rn. 68.

846 *Fischer*, StGB, § 187 Rn. 4; Matt/Renzikowski/*Gaede*, § 187 Rn. 3.

847 BGHSt 18, 182, 184; *Kindhäuser*-LPK-StGB, § 193 Rn. 1; Lackner/Kühl/*Kühl*, § 193 Rn. 1; *Fischer*, StGB, § 193 Rn. 1; *Bohnert*, NStZ 2004, 301, 305.

848 BVerfGE 24, 278, 282; BGHSt 12, 287, 293; *Kindhäuser*-LPK-StGB, § 193 Rn. 1.

849 Vgl. dazu LK-StGB/*Hilgendorf*, § 193 Rn. 2.

um einen Fall des erlaubten Risikos handelt[850]. Dem ist jedoch nicht dahingehend zu folgen, dass dadurch auf eine Abwägung inkommensurabler Interessen völlig verzichtet werden kann. Denn was erlaubt ist, ist nicht kategorisch, sondern anhand einer einzelfallabhängigen Abwägung zu bestimmen[851]. Das Prinzip der Güter- und Interessenabwägung wird aber durch den Gesichtspunkt des erlaubten Risikos nicht verdrängt[852].

Die Wahrnehmung berechtigter Interessen stellt nach richtiger Ansicht keinen Rechtfertigungsgrund für § 187 StGB dar, da die Verfolgung berechtigter Zwecke und eine Verleumdung miteinander unvereinbar sind[853]. Dieser Punkt bedarf vorliegend keiner weiteren Klärung, da – wie bereits geprüft – ein Whistleblower nach hiesigem Verständnis sich grundsätzlich nicht wegen Verleumdung strafbar machen kann. Der Rechtfertigungsgrund der Wahrnehmung berechtigter Interessen ist auf Beleidigungsdelikte beschränkt und ist nicht analogiefähig[854]. Die folgenden Ausführungen gelten damit im Rahmen des Whistleblowings lediglich für den Tatbestand der üblen Nachrede nach § 186 StGB.

Zur Veranschaulichung kann das *Beispiel* aus Abschnitt E. VI. 2. c) angebracht werden, in dem ein Unternehmensbeschäftigter mehrfach vermeintlich beobachtet hat, wie sein Vorgesetzter Schmiergeldzahlungen angenommen hat. § 193 StGB ist hier nach den obigen Feststellungen anwendbar, da es sich bei dem im Raume stehenden Delikt um eine üble Nachrede im Sinne des § 186 StGB handelt.

Als die durch den Hinweisgeber wahrgenommenen **„berechtigten Interessen“** bei der Verwirklichung des Tatbestandes des § 186 StGB kommen solche von der Rechtsordnung als schutzwürdig anerkannten

850 *Fischer*, StGB, § 193 Rn. 1; NK-StGB/*Zaczyk*, § 193 Rn. 3; *Lenckner*, GS-Noll, 243, 249; so auch Schönke/Schröder/*Lenckner*/*Eisele*, § 193 Rn. 8 für § 186 StGB.

851 Matt/Renzikowski/*Gaede*, § 193 Rn. 2; vgl. auch NK-StGB/*Zaczyk*, Vor § 185 bis 200 Rn. 2.

852 LK-StGB/*Hilgendorf*, § 193 Rn. 3; so letztlich auch *Lenckner*, GS-Noll, 243, 249.

853 Lackner/Kühl/*Kühl*, § 193 Rn. 3; Schönke/Schröder/*Lenckner*/*Eisele*, § 193 Rn. 2; *Fischer*, StGB, § 193 Rn. 3. In besonderen Ausnahmefällen ist § 193 StGB auch auf § 187 StGB anwendbar, OLG Hamm, NJW 1971, 853 bzw. bei nicht angriffsweisem Vorgehen, BGHSt 14, 48, 51.

854 OLG Stuttgart, NStZ 1987, 121, 122; vgl. auch *Rengier*, Strafrecht BT II, § 29 Rn. 36.

Interessen in Betracht[855]. Neben eigenen privaten und fremden privaten Interessen kommen auch Interessen der Allgemeinheit, wie z.B. an der Strafverfolgung bei nicht leichtfertig erstatteten Strafanzeigen[856] oder bei der Meldung von Dienstverfehlungen[857] in Betracht, da hierdurch die Erhaltung des Rechtsfriedens gesichert wird[858]. Im hiesigen *Beispiel* nimmt der potenzielle Whistleblower das Interesse der Allgemeinheit an einem fairen Wettbewerb wahr, zumal eine Wiederholungsgefahr nicht ausgeschlossen werden kann. Dabei hat er die Strafanzeige nicht leichtfertig erstattet, da er den von ihm als Schmiergeldzahlung interpretierten Vorgang mehrfach beobachtet hat und auch schon innerhalb des Unternehmens über eine Schmiergeldzahlung spekuliert wurde.

Die beleidigende Äußerung ist ferner dann gerechtfertigt, wenn sie zur Wahrnehmung eigener oder fremder Interessen **angemessenes Mittel** ist, also geeignet, erforderlich und angemessen ist[859]. In diesem Rahmen muss bei der Abwägung die Ausstrahlungswirkung der Meinungs- und Pressefreiheit nach Art. 5 Abs. 1 GG berücksichtigt werden[860]. Geeignet ist das Ehrschutzdelikt, wenn es weitere Beweiserhebungen veranlassen kann. Erforderlichkeit ist gegeben, wenn dem Whistleblower zur Erreichung seines Ziels kein gleich wirksames milderes Mittel zur Verfügung steht. Angemessenheit ist zu bejahen, wenn nach einer Abwägung der einzelnen Umstände die Interessen des Täters mit denen des Beleidigten zumindest gleichwertig sind[861].

Strafanzeigen oder Anzeigen von Dienstpflichtverletzungen sind auch, wenn sie nicht erweislich wahr sind, nach § 193 StGB gerechtfertigt, wenn für den Verdacht zumindest Anhaltspunkte gegeben waren, die Anzeige also nicht jeglicher Grundlage entbehrt[862]. Strafanzeigen – auch vorsatzlose Falschanzeigen – sind für die Funktionstüchtigkeit

855 Schönke/Schröder/*Lenckner*/*Eisele*, § 193 Rn. 9.
856 OLG Köln NJW 1997, 1247; vgl. auch *Kindhäuser*-LPK-StGB, § 193 Rn. 5; vgl. auch *Zimmermann*, ArbRAktuell 2012, 58, 61.
857 *Rengier*, Strafrecht BT II, § 29 Rn. 40; Lackner/Kühl/*Kühl*, § 193 Rn. 7.
858 *Schemmel*/*Ruhmannseder*/*Witzigmann*, Hinweisgebersysteme, Kapitel 4 Rn. 73.
859 *Fischer*, StGB, § 193 Rn. 15; *Rengier*, Strafrecht BT II, § 29 Rn. 41.
860 *Rengier*, Strafrecht BT II, § 29 Rn. 43.
861 *Rengier*, Strafrecht BT II, § 29 Rn. 41; *Kindhäuser*-LPK-StGB, § 193 Rn. 7 ff.
862 Schönke/Schröder/*Lenckner*/*Eisele*, § 193 Rn. 20; Matt/Renzikowski/*Gaede*, § 193 Rn. 33.

der Strafrechtspflege unerlässlich[863]. Das Recht zur Anzeige steht jedermann zu[864]. Allerdings ist es bei ungewissen Tatsachen dem Täter verwehrt, diese als gewiss zu behaupten[865]. Aufklärungsanzeigen sind indes unproblematisch, wenn ein begründeter Anlass zur Aufklärung durch die Strafverfolgungsbehörden besteht und der Anzeigende sich dem Inhalt seiner Anzeige nicht sicher ist; eine eigene Informations- und Prüfungspflicht besteht nicht[866]. Dies gilt vor allem, wenn konkrete Gefahren für Rechtsgüter von bedeutendem Wert abgewehrt werden sollen und wenn bei ungewissen Tatsachen die Ungewissheit offengelegt wird. Eine Strafbarkeit wegen übler Nachrede kommt allenfalls dann in Betracht, wenn der Täter wusste, dass sein Hinweis unwahr ist oder auf haltloser Grundlage erstattet wurde oder aber wenn ungewisse Tatsachen als gewiss dargestellt werden[867].

Im obigen *Beispielsfall* ist die beleidigende Äußerung im Rahmen einer Strafanzeige als angemessenes Mittel zu sehen, wenn keine interne Abhilfe zu erwarten ist. Die Äußerung ist zudem geeignet, weitere Beweiserhebungen durch Strafverfolgungsbehörden zu veranlassen; zudem gab es Anhaltspunkte für einen Verdacht, so dass die Strafanzeige nicht jeglicher Grundlage entbehrt und ein Anlass hierfür bestand. Der Beschäftigte hat in diesem Falle keine eigene Informations- oder Prüfungspflicht. Demnach wäre der Beschäftigte bei einer Strafanzeige an eine Strafverfolgungsbehörde nach § 193 StGB gerechtfertigt.

Öffentliche Äußerungen, insbesondere Äußerungen gegenüber den **Medien**, werden in den meisten Fällen des Whistleblowings auf der Ebene des angemessenen Mittels scheitern. Organisationsinterne Meldungen oder (Aufklärungs-)Anzeigen stellen das mildere Mittel dar, um berechtigte Interessen zu wahren, so dass eine etwaige Flucht

863 BVerfGE 74, 257; *Koch*, NJW 2005, 943, 945.

864 Schönke/Schröder/*Lenckner*/*Eisele*, § 193 Rn. 20; *Fischer*, StGB, § 193 Rn. 32.

865 Schönke/Schröder/*Lenckner*/*Eisele*, § 193 Rn. 20; *Schemmel*/*Ruhmannseder*/*Witzigmann*, Hinweisgebersysteme, Kapitel 4 Rn. 75.

866 *Bockelmann*, NJW 1959, 1849; OLG Köln, NJW 1997, 1247, 1247 f.; Schönke/Schröder/*Lenckner*/*Eisele*, § 193 Rn. 20.

867 *Schemmel*/*Ruhmannseder*/*Witzigmann*, Hinweisgebersysteme, Kapitel 4 Rn. 76.

in die Öffentlichkeit unangemessen ist[868]. Der Beschäftigte aus dem *Beispielsfall* könnte sich demnach bei einer Äußerung gegenüber der Presse nicht auf § 193 StGB berufen.

Vorsatzlose Falschanzeigen, (Aufklärungs-)Anzeigen sowie unternehmens- und organisationsinterne Meldungen eines scheinbaren rechtswidrigen Verhaltens sind damit durch § 193 StGB gerechtfertigt[869]. Ein gutgläubig handelnder Whistleblower wird zumeist eine Strafbarkeit wegen eines der Beleidigungsdelikte nicht fürchten müssen, da hier § 193 StGB greifen wird. Anders hingegen bei Hinweisen an die Öffentlichkeit oder die Medien, wo eine Rechtmäßigkeit im Sinne des § 193 StGB fehlen dürfte[870]. Eine Strafbarkeit des Whistleblowers aufgrund übler Nachrede ist damit unwahrscheinlich.

5. Zwischenergebnis

Im Rahmen des Whistleblowings kommt lediglich die üble Nachrede nach § 186 StGB als Ehrschutzdelikt in Betracht. Die Tat des Whistleblowers wird aber in den meisten Fällen von § 193 StGB aufgrund der Wahrnehmung berechtigter Interessen gerechtfertigt sein.

VII. § 164 StGB – Falsche Verdächtigung

Neben Geheimnisschutzvorschriften und Ehrschutzdelikten kann sich der Whistleblower wegen falscher Verdächtigung nach § 164 StGB strafbar machen, wenn er den von ihm gemeldeten Sachverhalt nicht sorgfältig geprüft und vollständig dargelegt hat[871]. Von Whistleblowern beobachtete Verhaltensweisen, die diese selbst als illegal einstufen, können sich im Nachhinein als legal erweisen. Auch der tatsächli-

868 OLG Köln, NJW 1958, 802, 802 f.; Schönke/Schröder/*Lenckner*/*Eisele*, § 193 Rn. 10; dasselbe gilt im Beamtenverhältnis, siehe dazu VGH Baden-Württemberg, VBlBW 2005, 30; vgl. hierzu auch *Kindhäuser*-LPK-StGB, § 193 Rn. 12.

869 *Koch*, NJW 2005, 943, 945; *Schemmel*/*Ruhmannseder*/*Witzigmann*, Hinweisgebersysteme, Kapitel 4 Rn. 76.

870 *Koch*, NJW 2005, 943, 945; *Király*, FÖV 57, S. 38.

871 Vgl. *Zimmermann*, ArbRAktuell 2012, 58, 60.

che Vorgang kann sich anders zugespielt haben, als vom Whistleblower gemeldet, beispielsweise wenn er nur einen Teilbereich eines Vorgangs beobachtet hat oder Sachverhalte falsch interpretiert hat.

Fraglich ist, ob in solchen Fällen Whistleblower wegen falscher Verdächtigung nach § 164 StGB strafbar sein können. Festzuhalten ist, dass ein Whistleblower oftmals lediglich einen Verdacht melden kann und vor allem bei komplexen Vorgängen in Wirtschaftsunternehmen nicht einen rechtlich analysierten stichhaltigen Hinweis. Man kann von einem Hinweisgeber aber erwarten, dass er sich vor der Meldung von Gesetzesverstößen an die Öffentlichkeit oder an Strafverfolgungsbehörden vergewissert, dass die Meldung der vermeintlich illegalen Vorgänge nicht ins Blaue hinein erfolgt[872]. *Hefendehl*[873] bezeichnet den Straftatbestand der falschen Verdächtigung als Denunziationsschranke und kritisiert deshalb richtigerweise Whistleblowingsysteme, die die anonyme Anzeige gestatten, da hierdurch der von § 164 StGB gewährte Schutz vor falschen Verdächtigungen faktisch verloren ginge[874].

1. § 164 Abs. 1 StGB

Die Schutzrichtung des § 164 StGB geht nach herrschender Meinung in zwei Richtungen. Zum einen soll der Schutz der inländischen staatlichen Rechtspflege vor Irreführung und ungerechtfertigter Beanspruchung, zum anderen der Schutz des Einzelnen vor einer ungerechtfertigten Strafverfolgung gewährleistet werden[875].

Unter einem **Verdächtigen** versteht man das Hervorrufen, Verstärken oder Umlenken eines Verdachts durch eine Tatsachenbehauptung, welche geeignet ist, gegenüber einer unschuldigen Person ein behördliches Verfahren oder andere behördliche Maßnahmen herbeizufüh-

872 siehe hierzu auch *Schemmel/Ruhmannseder/Witzigmann*, Hinweisgebersysteme, Kapitel 4 Rn. 54.

873 *Hefendehl*, FS-Amelung, 617, 633 f.

874 Das Landeskriminalamt Niedersachsen z.B. nutzt seit Oktober 2003 das Business Keeper Monitoring System, welches anonyme Anzeigen erlaubt; vgl. hierzu auch *Nordmann*, PH 2006, 49, 51.

875 BGHSt 5, 66, 68; Lackner/Kühl/*Kühl*, § 164 Rn. 1; *Rengier*, Strafrecht BT II, § 50 Rn. 1; a.A. SK-StGB/*Rogall*/*Rudolphi*, § 164 Rn. 1 f.

ren[876]. Das Verdächtigen kann ausdrücklich oder konkludent erfolgen. Im Falle des Whistleblowings wird es zumeist eine ausdrückliche Erklärung gegenüber den Strafverfolgungsbehörden oder der Öffentlichkeit sein. Die falsche Verdächtigung ist an keine Form gebunden und kann auch anonym abgegeben werden[877]. Der Gegenstand der Verdächtigung ist die Behauptung einer **rechtswidrigen Tat**, also einer zum Begehungszeitpunkt aburteilbaren, tatbestandsmäßigen und rechtswidrigen Handlung im Sinne des § 11 Abs. 1 Nr. 5 StGB, nicht aber einer Ordnungswidrigkeit[878]. Die durch die Meldung mitgeteilten Tatsachen müssen ausreichend Grund für die Einleitung einer Strafverfolgung nach § 152 Abs. 2 StPO sein[879].

Der weitere Gegenstand der Verdächtigung kann eine **Verletzung einer Dienstpflicht** sein. Es muss sich dabei um disziplinarisch ahndbare Dienstpflichtverletzungen handeln, nicht lediglich Verletzungen von Standespflichten (beispielsweise bei Anwälten und Ärzten)[880].

2. Falschheit der Verdächtigung

Die Tatsachenbehauptung bzw. Verdächtigung muss **objektiv unwahr** sein, was sich bereits aus der Überschrift („falsche Verdächtigung“) und aus dem subjektiven Tatbestand („wider besseres Wissen“) ableiten lässt[881]. Dies kann auch dann der Fall sein, wenn der Sachverhalt nur unvollständig dargestellt wird oder durch Aufbauschen eines Delikts zu einem schwereren Delikt. Handelt es sich aber um wahre Tatsachen oder um einen wahren Tatsachenkern mit lediglich einigen unzutreffenden Einzelheiten, liegt keine Gefährdung der staatlichen Rechtspflege vor, so dass auch eine Strafbarkeit entfällt. Dasselbe gilt, wenn der Täter einen Vorgang zutreffend schildert, dieser Vorgang

876 BGHSt 14, 240, 246; *Fischer*, StGB, § 164 Rn. 3; *Kindhäuser*-LPK-StGB, § 164 Rn. 4; Lackner/Kühl/*Kühl*, StGB, § 164 Rn. 5.

877 *Zimmermann*, ArbRAktuell 2012, 58, 60.

878 Lackner/Kühl/*Kühl*, StGB, § 164 Rn. 5; Lackner/Kühl/*Heger*, StGB, § 11 Rn. 18.

879 *Kindhäuser*-LPK-StGB, § 164 Rn. 12; *Rengier*, Strafrecht BT II, § 50 Rn. 8.

880 Lackner/Kühl/*Kühl*, StGB, § 164 Rn. 5; *Kindhäuser*-LPK-StGB, § 164 Rn. 13.

881 *Fischer*, StGB, § 164 Rn. 6; *Rengier*, Strafrecht BT II, § 50 Rn. 10.; *Zimmermann*, ArbRAktuell 2012, 58, 60.

aber entgegen seiner Interpretation nicht gesetzeswidrig ist oder er aus diesem Vorgang falsche Schlüsse zieht[882].

Streitig ist, ob von § 164 StGB lediglich die Verdächtigung Unschuldiger erfasst wird oder ob es ausreichend ist, dass der gegen einen Schuldigen geäußerte Verdacht unrichtig ist. In der **Literatur**[883] wird die Ansicht vertreten, dass es ausreichend ist, wenn die Tatsachen unrichtig sind, wobei es nicht auf Schuld oder Unschuld des Verdächtigten ankommt. Der Täter macht sich auch dann strafbar, wenn er einen Schuldigen verdächtigt und dabei unrichtige Tatsachen äußert. Hier steht die unwahre Behauptung im Mittelpunkt. Der **Rechtsprechung** des BGH[884] zufolge muss es sich beim Verdächtigten um eine unschuldige Person handeln. Es liegt danach kein Verdächtigen vor, wenn zwar falsche Beweismittel vorgebracht werden, der Verdächtigte die rechtswidrige Tat aber „(möglicherweise) begangen hat“[885]. Steht die Unschuld des Verdächtigten nicht fest, so muss auch der Verdächtigende in dubio pro reo freigesprochen werden[886]. Überzeugender ist die Ansicht der Literatur, da die Strafverfolgungsbehörden auch dann unberechtigt in Anspruch genommen werden, wenn nach der tatsächlichen Lage Verdachtstatsachen im Sinne des § 152 Abs. 2 StPO fehlen und die Behörde wegen manipulierter Beweise zu ermitteln beginnt. Zudem hat der wirklich Schuldige einen rechtsstaatlichen Anspruch darauf, nicht aufgrund manipulierter Beweismittel mit strafrechtlichen Ermittlungen belastet zu werden[887].

Damit macht sich nach § 164 StGB strafbar, wer unwahre Tatsachenbehauptungen auch hinsichtlich tatsächlich schuldiger Personen aufstellt. Dies gilt nicht nach der Rechtsprechung des BGH, welcher in

882 *Rengier*, Strafrecht BT II, § 50 Rn. 10; *Schemmel/Ruhmannseder/Witzigmann*, Hinweisgebersysteme, Kapitel 4 Rn. 57; Schönke/Schröder/*Lenckner/Bosch*, § 164 Rn. 6/7; Matt/Renzikowski/*Maier*, § 164 Rn. 10.

883 Lackner/Kühl/*Kühl*, StGB, § 164 Rn. 7; *Schemmel/Ruhmannseder/Witzigmann*, Hinweisgebersysteme, Kapitel 4 Rn. 58; *Otto*, Jura 2000, 217, 217 f.; Schönke/Schröder/*Lenckner/Bosch*, § 164 Rn. 16.

884 BGHSt 35, 50, 53; so auch *Krey/Heinrich*, BT 1 Rn. 596 a f.; vgl. auch *Fischer*, StGB, § 164 Rn. 6; *Schemmel/Ruhmannseder/Witzigmann*, Hinweisgebersysteme, Kapitel 4 Rn. 58; Matt/Renzikowski/*Maier*, § 164 Rn. 18.

885 Vgl. dazu auch Schönke/Schröder/*Lenckner/Bosch*, § 164 Rn. 16.

886 *Rengier*, Strafrecht BT II, § 50 Rn. 11 f.

887 *Rengier*, Strafrecht BT II, § 50 Rn. 12; Schönke/Schröder/*Lenckner/Bosch*, § 164 Rn. 16; *Gaede* JuS 2003, 774, 778 f.

der Praxis grundsätzlich zu folgen ist und die den Täter besser stellt, indem sie die Vorbringung falscher Beweismittel nicht als Verdächtigung ansieht, wenn der Verdächtigte möglicherweise die Tat begangen hat.

Das Tatbestandsmerkmal der Falschheit der Verdächtigung wird beim Whistleblowing schon kaum vorhanden sein, da ein Whistleblower nach dem hiesigen Verständnis eine gutgläubig handelnde Person ist und es dem Wesen des Whistleblowings widersprechen würde, wenn die hinweisgebende Person einen unwahren Sachverhalt schildern würde. Solche Personen sind nach hiesiger Definition keine Whistleblower. Sollte der Whistleblower einen beobachteten Sachverhalt wahrheitsgemäß schildern, aber die Vorgänge rechtlich falsch interpretiert haben, entfällt ebenso die Strafbarkeit. Das Merkmal kann nur Relevanz in den unwahrscheinlichen Fällen haben, in denen der Hinweisgeber einen falschen Sachverhalt mitteilt, weil er einen tatsächlich beobachteten Sachverhalt unvollständig wahrgenommen hat und etwaige Vorgänge noch hinzudichtet oder aufbauscht, die er gesehen zu haben meint.

3. Adressat

Die Verdächtigung muss nach § 164 Abs. 1 StGB gegenüber einer Behörde, einem zur Entgegennahme von Anzeigen zuständigen Amtsträger oder militärischen Vorgesetzten oder öffentlich mitgeteilt werden. **Behörden** sind Organe der Staatsgewalt, die als eigene, vom Wechsel der für sie tätigen Personen unabhängige organisatorische Einheiten unter öffentlicher Autorität für staatliche Zwecke tätig sind[888]. Nach § 11 Abs. 1 Nr. 7 StGB sind auch Gerichte Behörden im Sinne des Strafgesetzbuchs. Bei den zur Entgegennahme von Anzeigen zuständigen **Amtsträgern** handelt es sich nach § 158 Abs. 1 StPO um die Beamten der Staatsanwaltschaft und des Polizeidienstes. Bei Dienstpflichtverletzungen kommen die Dienstvorgesetzten als taugliche Adressaten in Betracht. Bei militärischen Verstößen die militärischen

888 BVerfGE 10, 20, 48; NK-StGB/*Vormbaum*, § 164 Rn. 32; Schönke/Schröder/*Lenckner*/*Bosch*, § 164 Rn. 25; Lackner/Kühl/*Heger*, StGB, § 11 Rn. 20.

Vorgesetzten nach §§ 1 Abs. 4 SoldatenG, 27 ff. WehrdisziplinarO. Die Verdächtigung erfolgt **öffentlich**, wenn sie unabhängig von der Öffentlichkeit des Ortes von einem größeren, nach Zahl und Individualität unbestimmten oder durch nähere Beziehungen nicht verbundenen Personenkreis unmittelbar wahrgenommen werden kann[889]. Hierunter fällt auch die Verbreitung von Behauptungen über die Medien oder aber auch organisationsintern die Äußerung gegenüber Kollegen[890].

In Bezug auf das Whistleblowing folgt aus dem hier aufgezeigten Adressatenkreis, dass zumindest organisationsinterne Hinweise oder aber Hinweise an Stellen, die von der Organisation als Hinweisgebersystem implementiert worden sind, nicht unter den Tatbestand des § 164 StGB fallen.

4. § 164 Abs. 2 StGB

Nach § 164 Abs. 2 StGB wird bestraft, wer eine sonstige Behauptung tatsächlicher Art aufstellt. Es handelt sich dabei in Abgrenzung zu § 164 Abs. 1 StGB um Anschuldigungen, die weder Straftat noch Dienstpflichtverletzung darstellen[891].

Hiervon sind insbesondere Verletzungen bloßer Standes- oder Berufspflichten oder die Begehung von Ordnungswidrigkeiten umfasst[892].

5. Subjektiver Tatbestand zu § 164 Abs. 1 und Abs. 2 StGB

In subjektiver Hinsicht wird zumindest **bedingter Vorsatz** hinsichtlich der Merkmale des objektiven Tatbestandes und die **sichere Kenntnis**

---

889 BayObLG NStZ-RR 2003, 233; NK-StGB/*Vormbaum*, § 164 Rn. 37; Schönke/Schröder/*Lenckner*/*Eisele*, § 186 Rn. 19; Lackner/Kühl/*Kühl*, StGB, § 80 a Rn. 2.

890 *Zimmermann*, ArbRAktuell 2012, 58, 60; Schönke/Schröder/*Lenckner*/*Eisele*, § 186 Rn. 19; a.A. *Schemmel*/*Ruhmannseder*/*Witzigmann*, Hinweisgebersysteme, Kapitel 4 Rn. 60, wonach ohne nähere Begründung Medienvertreter nicht zum tauglichen Adressatenkreis gehören.

891 Schönke/Schröder/*Lenckner*/*Bosch*, § 164 Rn. 12; Matt/Renzikowski/*Maier*, § 164 Rn. 25; *Fischer*, StGB, § 164 Rn. 11.

892 *Schemmel*/*Ruhmannseder*/*Witzigmann*, Hinweisgebersysteme, Kapitel 4 Rn. 56; *Fischer*, StGB, § 164 Rn. 11.

bezüglich der Unwahrheit des Verdachtsmoments verlangt („wider besseres Wissen"). Wie bereits oben ausgeführt, handelt auch wider besseres Wissen, wer bewusst unrichtige Tatsachen hervorbringt, weil er von der Schuld des anderen überzeugt ist. Es liegt aber ein Verbotsirrtum vor, wenn er seine Handlung deswegen für erlaubt hält[893]. Zudem muss die **Absicht** hinzukommen, das betreffende Verfahren herbeizuführen[894], wobei unter Absicht hier der gesamte direkte Vorsatz umfasst wird. Bei öffentlichen Äußerungen wird es unter Umständen schwierig sein, einen direkten Vorsatz zur Herbeiführung eines Verfahrens nachzuweisen.

Ein Whistleblower ist nach der hier vertretenen Auffassung ein gutgläubiger Whistleblower, der in sachlicher Form einen von ihm tatsächlich beobachteten Sachverhalt mitteilt[895]. Spätestens am Merkmal des subjektiven Tatbestandes scheidet die Strafbarkeit des Whistleblowers demnach aus, da Anzeigende, die wider besseres Wissen einen anderen einer rechtswidrigen Tat verdächtigen, schon nach der hier vertretenen Definition keine Whistleblower sind. Eine (grob) fahrlässige Falschanschuldigung gibt es nach der heutigen Fassung des § 164 StGB nicht mehr, so dass ein Strafbarkeitsrisiko wegen falscher Verdächtigung für Whistleblower praktisch nicht gegeben ist. Der subjektive Tatbestand ist damit in der strafrechtlichen Theorie auch dann nicht erfüllt, wenn der Whistleblower für möglich hält und darauf vertraut, dass der Hinweis der Wahrheit entspricht[896].

---

893 Schönke/Schröder/*Lenckner*/*Bosch*, § 164 Rn. 30.

894 *Kindhäuser*-LPK-StGB, § 164 Rn. 21; *Rengier*, Strafrecht BT II, § 50 Rn. 23 f.; *Krey*/*Heinrich*, BT 1 Rn. 597; Schönke/Schröder/*Lenckner*/*Bosch*, § 164 Rn. 29 ff.; *Maurach*/*Schroeder*/*Maiwald*, BT2, § 99 Rn. 20.

895 Vgl. hierzu auch http://www.whistleblower-net.de/whistleblowing/rechtslage/rechtslage-in-deutschland/unzulassige-falsche-tatsachenbehauptungen-und-beleidigungen/ (letzter Zugriff: 20. Februar 2016).

896 *Schemmel*/*Ruhmannseder*/*Witzigmann*, Hinweisgebersysteme, Kapitel 4 Rn. 63; *Maurach*/*Schroeder*/*Maiwald*, BT2, § 99 Rn. 20.

6. Zwischenfazit

Als Zwischenfazit ist festzuhalten, dass ein gutgläubiger Whistleblower sich nicht wegen falscher Verdächtigung nach § 164 StGB strafbar machen kann[897].

VIII. § 145 d StGB – Vortäuschen einer Straftat

Der Whistleblower könnte sich des Weiteren wegen des Vortäuschens einer Straftat strafbar machen, wenn er einer Behörde oder einer zur Entgegennahme von Anzeigen zuständigen Stelle vortäuscht, dass eine rechtswidrige Tat begangen worden sei (Abs. 1 Nr. 1) oder dass die Verwirklichung einer der in § 126 Abs. 1 StGB (Störung des öffentlichen Friedens durch Androhung von Straftaten) genannten rechtswidrigen Taten bevorstehe.

Auch dieser Straftatbestand erfordert in all seinen Fällen auf subjektiver Seite, dass der Täter wider besseres Wissen handelt. Ein Täter, welcher weiß, dass die von ihm gemeldete rechtswidrige Tat in ihren objektiven und subjektiven Voraussetzungen nicht vorliegt, handelt schon nicht als Whistleblower, da ein solcher in gutem Glauben an die Richtigkeit der von ihm gemeldeten Tatsachen handeln muss.

897 Ungeachtet dessen sollten Hinweise und Anzeigen des Whistleblowers nur das beinhalten, was der Whistleblower tatsächlich selbst wahrgenommen hat und sich sachlich darauf beschränken. Zudem sollte sichergestellt werden, dass der Sachverhalt sorgfältig geprüft worden ist und belastbar dargelegt werden kann (siehe hierzu *Zimmermann*, ArbRAktuell 2012, 58, 60). Interpretationen oder Ausschmückungen des Sachverhalts in der Weise, dass das Ergebnis dessen eine unwahre Tatsachenbehauptung wird, können zu einer Strafbarkeit wegen falscher Verdächtigung führen. Der Whistleblower sollte sich nicht darauf verlassen, dass er vor einem Ermittlungsverfahren verschont bleibt, obwohl er unrichtige Angaben gemacht hat, aber an die Richtigkeit der Angaben geglaubt und sich darauf verlassen hat. Der Nachweis des inneren Tatbestandes ist schwieriger als derjenige des objektiven Tatbestandes, so dass die Wahrscheinlichkeit gegeben ist, dass trotz Mitteilung unrichtiger Tatsachen bei gutgläubiger Handlung ein Ermittlungsverfahren eingeleitet wird (vgl. *Schemmel/Ruhmannseder/Witzigmann*, Hinweisgebersysteme, Kapitel 4 Rn. 64).

Eine Strafbarkeit wegen des Vortäuschens einer Straftat kann damit von einem Whistleblower nach der hiesigen Definition nicht begangen werden.

IX. Fazit zur strafrechtlichen Würdigung

Als Fazit zu der Prüfung der möglichen Straftatbestände kann festgestellt werden, dass selbst bei einem gutgläubig handelnden Whistleblower, der sorgfältig recherchiert hat und deshalb an die Wahrheit der von ihm mitgeteilten Tatsachen und Missständen glaubt, ein Strafbarkeitsrisiko bleibt. Es besteht das Risiko zumindest wegen Geheimnisschutzvorschriften belangt zu werden. Eine Einwilligung des Geheimnisinhabers wirkt zwar rechtfertigend, doch wird es eine solche – jedenfalls wenn kein Whistleblower-System implementiert ist – zumeist nicht geben. Im Falle der Implementierung eines Whistleblower-Systems ist allerdings akribisch darauf zu achten, dass die Voraussetzungen der rechtfertigenden Einwilligung eingehalten werden, was wiederum einen gewissen administrativen Aufwand erfordert. Gesetzliche Offenbarungspflichten und -rechte sind sehr eng gefasst und haben einen geringen Anwendungsbereich und können pauschal nicht zugunsten aller Whistleblower wirken.

Der rechtfertigende Notstand nach § 34 StGB erfordert die Auswahl des mildesten Mittels, weswegen ein Whistleblower sich zunächst intern um die Lösung des Missstandes bemühen muss, bevor er weitere Schritte ergreift. Ein interner Abhilfeversuch kann allerdings dann obsolet sein, wenn beispielsweise interne Abhilfeversuche gescheitert sind. Im Rahmen des § 34 StGB ergibt sich allerdings die rechtliche Lücke – wie der *Beispielsfall* unter Abschnitt E. deutlich gemacht hat –, dass eine Rechtfertigung der Verletzung einer Schweigepflicht nicht greift, wenn die zu meldende Tat bereits abgeschlossen ist (repressive Strafverfolgungsinteressen), aber mit an Sicherheit grenzender Wahrscheinlichkeit weitere Straftaten begangen werden, allerdings noch nicht sicher ist, wann dies der Fall sein wird. Eine Lösung hierfür bietet die Literatur, nach welcher eine Rechtfertigung zu bejahen ist, wenn die Gefahr besteht, dass weiterhin Straftaten begangen werden. Allerdings besteht für den Whistleblower weiterhin eine immense Rechtsunsicherheit, wenn dieser Lösungsweg nicht ausdrücklich in Gesetzesform gegossen wird.

Bei Amtsträgern ist zwar das externe Whistleblowing ausdrücklich normiert, dieses ist jedoch lediglich in den eng umgrenzten Fällen der Meldung von Korruptionsstraftaten möglich.

Eine Strafbarkeit wegen übler Nachrede nach § 186 StGB wird im Rahmen des Whistleblowings von der Wahrnehmung berechtigter Interessen nach § 193 StGB gedeckt sein. Da der Whistleblower nach der hiesigen Definition eine gutgläubige Person sein muss und damit nicht „wider besseres Wissen" im Sinne der §§ 164, 145 d StGB handelt, entfällt eine Strafbarkeit wegen falscher Verdächtigung sowie wegen Vortäuschens einer Straftat.

F. Lösungsvorschlag

I. Beseitigung strafrechtlicher Folgen für Whistleblower

Löws[898] Aussage ist zuzustimmen, dass der beste „Denunziantenschutz" eine gesetzeskonforme Unternehmensführung ist, was im hiesigen Kontext nicht nur auf Unternehmen beschränkt werden kann, sondern allgemein auf diejenigen Organisationen, in denen Personen beschäftigt sind und als Whistleblower in Frage kommen. Die Straflosigkeit des Whistleblowings nach der hier aufgestellten Definition ist Grundvoraussetzung für die Entwicklung einer gesunden Whistleblowerkultur, die von dem negativ besetzten Begriff des Denunziantentums strikt abzugrenzen ist (vgl. oben Abschnitt C. I. 3. a)). Der Denunziant verdient keinen Schutz; der Whistleblower hingegen erfüllt gesellschaftlich erwünschte Verhaltensweisen, indem er auf Missstände hinweist, die ohne seine Anzeige wohl nie ans Tageslicht gelangen würden. Somit leistet er seinen Beitrag, Kriminalität und Gefahren für wichtige Rechtsgüter einzudämmen.

Die Entkriminalisierung des gutgläubigen Whistleblowings muss sowohl im materiellen Strafrecht Ausdruck finden, als auch schon einen Schritt zuvor, auf rein organisatorischer Ebene, indem Systeme oder Anlaufstellen eingerichtet werden, die es dem potenziellen Whistleblower ermöglichen, einen Hinweis über illegale Praktiken oder Missstände innerhalb der Organisation an geeignete **Whistleblower-Stellen** abzugeben. Ein solches System sichert der Person, die einen Missstand melden möchte zu, dass ihre Anzeige bei der Whistleblower-Stelle aufgrund einer Einwilligung gerechtfertigt ist und damit zu keinen strafrechtlichen Folgen führen wird (dazu Abschnitt F. II.). Diese Gewissheit müssen potenzielle Whistleblower haben, um nicht nur im Interesse der Gesellschaft, vielmehr auch im Interesse der Or-

898 *Löw*, BB 2008, 1449; vgl. auch *Sasse*, NZA 2008, 990, 993.

ganisationsleitung, auf kriminelle und gefährliche Tätigkeiten hinzuweisen.

Sollte eine Organisation jedoch kein solches System zur Verfügung stellen, muss auf Gesetzesebene die oben aufgezeigte Lücke innerhalb des **rechtfertigenden Notstandes** nach § 34 StGB geschlossen werden. Diese Lücke besteht in Fällen, in denen eine Straftat beendet ist und damit keine gegenwärtige Gefahr mehr gegeben ist, aber die hohe Wahrscheinlichkeit besteht, dass in Zukunft weitere Straftaten begangen werden. Hierzu empfiehlt sich eine Ergänzung des § 34 StGB, welcher solche Fälle von seiner Rechtfertigungswirkung umfassen soll (dazu Abschnitt F. III.).

II. Einführung eines Whistleblowing-Systems

Eine Möglichkeit für die Rechtfertigung der oben geprüften Delikte ist die Implementierung eines Whistleblowing-Systems, welches intern oder extern die Möglichkeit bietet, Straftaten oder Fehlverhalten innerhalb einer Organisation zu melden, ohne dass persönliche Nachteile befürchtet werden müssen[899]. Eine solche Einführung führt zu dem Ergebnis, dass die Mitteilung eines solchen Geheimnisses die Rechtswidrigkeit aufgrund rechtfertigender Einwilligung entfallen lässt.

Wie nach dem Vorbild des Sarbanes-Oxley Acts sollte jedes Unternehmen ein funktionierendes Compliance-System einrichten oder ein solches von externen Anbietern nutzen, um organisationsinterne Missstände aufzudecken und somit auf lange Sicht Skandale von Unternehmen fernzuhalten und eine „Reinigung des Unternehmens" oder der Organisation „von innen heraus" zu ermöglichen[900]. Eine solche Verpflichtung lässt sich in Deutschland nicht aus § 91 Abs. 2 AktG oder § 130 OWiG ableiten, sondern liegt vielmehr im Ermessen der jeweiligen Organisation. Nach § 91 Abs. 2 AktG ist der Vorstand von Aktiengesellschaften gesetzlich dazu verpflichtet, geeignete Maßnahmen zu treffen, insbesondere ein Überwachungssystem einzurichten, mittels

899 Vgl. dazu *Rosbach*, CCZ 2008, 101, 104.
900 Zu diesem Begriff siehe *Hefendehl*, FS-Amelung, 617; vgl. auch *Koch*, ZIS 2008, 500, 502, der von „Firmenhygiene" spricht.

dessen Entwicklungen, die den Fortbestand der Gesellschaft gefährden können, frühzeitig erkannt werden, allerdings besteht weder die Verpflichtung zur Umsetzung bestimmter Risikomanagementmodelle noch eines Whistleblowerschutz-Systems[901]. Eine generelle Pflicht zur Einrichtung eines Whistleblower-Systems besteht nicht[902]. Freilich gilt dies nicht für diejenigen deutschen (Tochter-) Unternehmen, die an der US-Börse gelistet sind, in den Anwendungsbereich des SOX fallen und damit schon nach den Vorschriften des SOX verpflichtet sind, eine Anlaufstelle einzurichten[903].

Empirische Studien zeigen auf, dass der Anteil deutscher Unternehmen, welche ein Whistleblowing-System besitzen, immer weiter steigt. So verfügten im Jahre 2005 etwa 17 % der deutschen Unternehmen über ein solches System. Bis ins Jahr 2007 ist der Anteil auf circa 21 % gestiegen[904].

1. Arten von Whistleblowing-Systemen

a) Interne Whistleblowing-Stelle

Die konkrete Ausgestaltung des Hinweisgebersystems ist dabei aus strafrechtlicher Sicht zweitrangig. Es kann sich hierbei um die Implementierung einer **internen** Stelle handeln, an die sich ein Whistleblower innerhalb der eigenen Organisation wendet, so dass eine Kenntniserlangung der Öffentlichkeit ausgeschlossen werden kann. Intern kommt beispielsweise der Vorstand, der Betriebsrat oder der Aufsichtsrat in Betracht, wobei der Whistleblower in solchen Fällen Zweifel daran haben könnte, ob diese Stellen nicht selbst in die von ihm zu meldenden Missständen involviert sind, so dass solche Stellen

901 *Koch*, ZIS 2008, 500, 502; MüKo-AktG/*Spindler*, § 91 Rn. 16; *Hüffer*; AktG, § 91 Rn. 9; *Strack*, Whistleblowing in Deutschland, S. 5; *Bock*, Criminal Compliance, S. 732; *Salvenmoser*/*Hauschka*, NJW 2010, 331; KK-OWiG-*Rogall*, § 130 Rn. 40; *Altenburg*, BLJ 2008, 3, 5; *Strack*, Whistleblowing in Deutschland, S. 5.

902 Eine eingeschränkte Pflicht zur Implementierung eines Whistleblower-Systems besteht beispielsweise für Kreditinstitute nach § 25 a Abs. 1 S. 6 Nr. 3 KWG; vgl. Rotsch/*Rotsch*/*Wagner*, Criminal Compliance, § 34 C Rn. 80.

903 Vgl. oben unter Abschnitt D. II. 2.

904 Rotsch/*Rotsch*/*Wagner*, Criminal Compliance, § 34 C Rn. 17.

wohl nicht das uneingeschränkte Vertrauen des potenziellen Whistleblowers genießen werden. Dasselbe gilt für Compliance-Beauftragte innerhalb des Unternehmens, bei denen nicht mit hinreichender Sicherheit festgestellt werden kann, dass diese mit den abgelieferten Informationen sowie der Identität des Whistleblowers vertraulich umgehen werden[905]. Bei einem internen Syndikusanwalt oder einem Justiziar stellt sich das Problem, dass dieser die Sonderrechte des Rechtsanwalts, wie das Zeugnisverweigerungsrecht nach § 53 Abs. 1 S. 1 Nr. 3 StPO sowie das Beschlagnahmeverbot nach § 97 StPO nicht genießt und damit das Risiko der Strafverfolgung für den Whistleblower besteht[906].

Aus dem Blickwinkel des potenziellen Whistleblowers spricht damit aus juristischer Sicht mehr für die Nutzung eines organisationsexternen Whistleblowing-Systems. Auch aus rein praktischer Sicht wird es ihm leichter fallen, Missstände aus dem Unternehmen heraus an eine externe Stelle zu tragen, da aus rein psychologischer Sicht hier die Hemmschwelle eine deutlich niedrigere ist und dem potenziellen Whistleblower nicht suggeriert wird, dass die Information über den von ihm zu meldende Missstand von den Personen empfangen wird, die zugleich Täter dieses Missstandes sein könnten.

b) Externe Whistleblowing-Stelle, die dem internen Whistleblowing zuzurechnen ist

Da die Einrichtung eines eigenen Systems neben sachlichen Ressourcen auch personelle Ressourcen erfordert und dadurch kostspielig ist, bleibt die Einrichtung einer solchen Whistleblower-Anlaufstelle größeren Unternehmen vorbehalten. Für kleine oder mittelständische Unternehmen bietet sich die Bestellung einer Ombudsperson oder eines **externen** Drittanbieters an[907]. Faktisch handelt es sich dabei um eine externe, da nicht organisationsinterne Stelle, die aber dem internen Whistleblowing zuzurechnen ist[908].

905 Rotsch/*Rotsch*/*Wagner*, Criminal Compliance, § 34 C Rn. 84; vgl. auch *Schemmel*/*Ruhmannseder*/*Witzigmann*, Hinweisgebersysteme, Kapitel 5 Rn. 15 ff.

906 LG Bonn NStZ 2007, 605, 606; Rotsch/*Rotsch*/*Wagner*, Criminal Compliance, § 34 C Rn. 85; *Bock*, Criminal Compliance, S. 740; *Buchert*, CCZ 2008, 148.

907 *Bock*, Criminal Compliance, S. 739; Martinek/Semler/Habermeier/Flohr/*Passarge*, Vertriebsrecht, § 82 Rn. 141.

908 Siehe dazu Abschnitt C. I. 1. a) aa).

In Betracht kommt damit die Auslagerung eines Whistleblowing-Systems beispielsweise an eine Ombudsstelle als neutrale Anlaufstelle, ohne dass der Whistleblower zuvor den Vorgesetzten informieren muss[909]. Bei der Ombudsperson sollte es sich um einen Rechtsanwalt handeln, der der anwaltlichen Verschwiegenheit unterliegt[910], um die oben genannten Nachteile bei der Einschaltung eines Syndikusanwalts zu umgehen. Zu beachten ist deshalb, dass Ombudspersonen, bei denen es sich nicht um Personen handelt, die einer Verschwiegenheitspflicht unterliegen, gegebenenfalls im Ermittlungsprozess vertrauliche Informationen offenlegen müssen und ihm Rahmen einer Zeugenvernehmung zu wahrheitsgemäßen Angaben verpflichtet sind[911]. Es ist daher empfehlenswert, einen Rechtsanwalt einzusetzen der einer Verschwiegenheitspflicht unterliegt und der ein Zeugnisverweigerungsrecht besitzt (§§ 53 Abs. 1 Nr. 2 und 3 StPO, 203 Abs. 1 Nr. 3 StGB, 383 Abs. 1 Nr. 6 ZPO, 43 a Abs. 2 BRAO)[912]. Problematisch ist in diesem Falle jedoch, dass die Ombudsperson Vertragspartner der Organisation ist, was in Bezug auf die Verschwiegenheit gegenüber Strafverfolgungsbehörden zwar keine Auswirkung hat. Allerdings empfiehlt sich eine vertragliche Ausgestaltung dahingehend, dass die Ombudsperson auch zur Verschwiegenheit gegenüber organisationsinternen Personen verpflichtet ist, was die Hemmschwelle des Whistleblowers, einen Missstand zu melden sowie Sanktionsrisiken zu senken vermag[913]. Der Vertrag zwischen der Organisation und der Ombudsperson kann zudem als einer mit Schutzwirkung zugunsten Dritter – also zugunsten des Hinweisgebers – interpretiert werden[914].

In Betracht kommt auch die Implementierung eines externen Systems, welches als Mittelsperson fungiert, beispielsweise der Business

909 *Weber-Rey*, AG 2006, 406, 407.

910 Vgl. Martinek/Semler/Habermeier/Flohr/*Passarge*, Vertriebsrecht, § 82 Rn. 141; *Strack*, Whistleblowing in Deutschland, S. 7.

911 *Haußmann/Kaufmann*, ArbRAktuell 2011, 186.

912 *Buchert*, CCZ 2008, 148; *Bock*, Criminal Compliance, S. 740; Rotsch/*Rotsch/Wagner*, Criminal Compliance, § 34 C Rn. 86.

913 Problematisch ist hier allerdings, dass nach der Rechtsprechung der Beschlagnahmeschutz nur insoweit gilt, als die Mandatsbeziehung betroffen ist: LG Hamburg NJW 2011, 942, 943; Rotsch/ *Rotsch/Wagner*, Criminal Compliance, § 34 C Rn. 86 f.

914 *Buchert*, CCZ 2008, 148, 150; *Bock*, Criminal Compliance, S. 740.

Keeper AG[915]. Seit dem Jahr 2001 existiert das von der privaten Business Keeper AG aus Potsdam eingerichtete Hinweisgebersystem „Business Keeper Monitoring System“ (BKMS)[916]. Dieses System ermöglicht es dem potenziellen Hinweisgeber, auch unter technisch gewährleisteter Abschirmung seiner Identität, Regelverstöße zu melden ohne dabei die Prozessabläufe oder Strukturen der Organisation zu verändern. Dabei handelt es sich um eine Kommunikationsplattform, die es dem Hinweisgeber (entweder anonym oder unter Aufdeckung seiner Identität) ermöglicht, mit einem Hinweisbearbeiter in Kontakt zu treten. Bei den Bearbeitern handelt es sich um Personen direkt bei den Kunden, die das BKMS System nutzen, beispielsweise Ombudspersonen oder Korruptionsbeauftragte. Das System steht dabei praktisch zwischen dem Hinweisgeber und dem Empfänger und verfolgt den Zweck, die Hinweise vor Zugriffen Dritter zu schützen und die technische Sicherheit – die Kommunikation findet verschlüsselt statt – zu garantieren. Der Empfänger der Hinweise bearbeitet diese und hat die Möglichkeit mit dem Whistleblower Rücksprache zu halten und in einen Dialog zu treten. Anders als bei anonymen Hinweisen mittels konventioneller Methoden, die meist nur auf eine Tatsache hinweisen sollen, aber keine Möglichkeit der Rückfrage oder der Kommunikation gestatten, ist das BKMS System auf einen kommunikativen Dialog ausgerichtet und ermöglicht es dem Hinweisempfänger nachzufragen und noch eventuell bestehende Unklarheiten aus dem Weg zu räumen[917]. Die Business Keeper AG garantiert hierbei, dass außer dem Hinweisempfänger weder Dritte noch die Business Keeper AG selbst Einsicht in die Meldungen haben[918]. Die Anonymität des Hinweisgebers wird

---

915 Vgl. dazu *Zimmer/Seebacher*, CCZ 2013, 31, 33; *Rosbach*, CCZ 2008, 101, 104.

916 www.business-keeper.com/whistleblowing-compliance.html (letzter Zugriff: 20. Februar 2016); kritisch zur praktischen Wirksamkeit des BKMS Systems: *Backes/Lindemann*, Staatlich organisierte Anonymität als Ermittlungsmethode bei Korruptions- und Wirtschaftsdelikten, S. 18 ff.: in einem Zeitraum von 15 Monaten (Oktober 2003 bis Dezember 2004) gingen über das BKMS 553 Hinweise ein. Nur rund 10% der Meldungen führten zu Verurteilungen; siehe auch *Hefendehl*, FS-Amelung, 617, 625 f.; *Altenburg*, BLJ 2008, 3, 5; *Bock*, Criminal Compliance, S. 734.

917 *Zimmer/Seebacher*, CCZ 2013, 31, 33.

918 www.business-keeper.com/de/bkms-compliancesystem/bkms-system.html (letzter Zugriff: 20. Februar 2016); *Altenburg*, BLJ 2008, 3, 5.

technisch garantiert[919], je nach Art der Information kann die Möglichkeit eines Rückschlusses auf die Identität des Whistleblowers allerdings wohl nie ausgeschlossen werden. Zu den Nutzern des BKMS gehören neben dem Landeskriminalamt Niedersachsen und der Polizei Baden-Württemberg weitere Behörden und mehrere Großunternehmen[920]. Wie schon im Rahmen der Definition des Whistleblowings festgestellt, sollten anonyme Anzeigen zwar zugelassen werden, sollten allerdings unerwünscht sein, da durch anonyme Anzeigen die Gefahr des Missbrauchs und nicht ernst gemeinter Anzeigen steigt.

2. Vorteile eines Whistleblower-Systems für die Organisation und den Whistleblower

Unabhängig davon, ob es sich beim Whistleblowing-System um eine interne oder externe Stelle handelt, hat dies für die Organisation den Vorteil, dass von vornherein eine Meldung nach außen, also an die Öffentlichkeit, unterbunden werden kann, da der potenzielle Whistleblower keine Notwendigkeit verspüren wird, Behörden oder Medien zu informieren[921], wenn ihm ausdrücklich vermittelt und deutlich gemacht wird, dass eine unabhängige Stelle existiert, die seine Anliegen entgegennimmt und vertraulich bearbeitet mit der Aussicht, dass geeignete Maßnahmen ergriffen werden, um die gemeldeten Missstände zu beenden. Damit können auch Compliance-Vorgaben eingehalten

---

919 *Altenburg*, BLJ 2008, 3, 5.

920 www.business-keeper.com/de/hinweisgebersystem/referenzen.html (letzter Zugriff: 20. Februar 2016): neben dem LKA Niedersachsen und der Polizei Baden-Württemberg sind Nutzer des BKMS: die marokkanische Anti-Korruptionsbehörde (Instance Centrale de Prévention de la Corruption – ICPC), die kenianische Anti-Korruptionsbehörde (Ethics and Anti-Corruption Commission – EACC), die Bertelsmann Gruppe, die Commerzbank AG, die Deutsche Telekom AG und ihre Tochter die T-Mobile Polska, die Fraport AG, die MAN Gruppe, die BuyIn GmbH, die evangelische Jugendhilfe Godesheim gGmbH, die Kaufmännische Krankenkasse KKH, die Nestlé Deutschland AG, die Deutsche Bahn AG sowie die ZF Friedrichshafen AG.

921 Vgl. dazu auch *Mengel*, Compliance und Arbeitsrecht, Kapitel 7 Rn. 39; *Berndt/Hoppler*, BB 2005, 2623, 2627 f.; *Bock*, Criminal Compliance, S. 734 f.

werden, so dass den Grundsätzen einer ordnungsgemäßen Führung des Unternehmens entsprochen wird[922].

Für den potenziellen Hinweisgeber hat dies den Vorteil, dass durch die Implementierung eines Hinweisgebersystems eine rechtfertigende Einwilligung hinsichtlich mit dem Whistleblowing zusammenhängender Straftaten besteht und damit keine strafrechtlichen Sanktionen oder andere persönliche Nachteile drohen[923]. Es handelt sich um ein „Frühwarnsystem", welches organisationsbezogenes Fehlverhalten schon in einem frühen Stadium eindämmen kann und Risiken, sowohl im Zusammenhang mit Criminal Compliance, sowie solche von strafrechtlicher Relevanz oder die zu Unternehmensgeldbußen führen können, minimiert[924].

Festzuhalten ist des Weiteren, dass ein internes oder externes Whistleblowing-System nicht nur den Vorteil hat, dass Missstände und Fehlentwicklungen frühzeitig erkannt werden und ihnen rechtzeitig und angemessen entgegengesteuert werden kann, sondern auch, dass es sich dabei um ein günstiges und probates Mittel handelt, einer negativen Publizität entgegenzuwirken bzw. diese gar nicht erst entstehen zu lassen. Negative Publizität führt zu Reputationsverlusten bei Geschäftspartnern, Investoren und Ratingagenturen und kann im schlimmsten Fall wirtschaftlich den Tod eines Unternehmens bedeuten[925]. Unternehmen, die ihren Fokus auf Verantwortung richten, sind auf lange Sicht gesehen wirtschaftlich erfolgreicher. Warren Buffet sagte: „Es dauert zehn Jahre, einem Unternehmen ein positives Image zu verleihen, aber nur Sekunden, um dieses zu verlieren". Unternehmen wie Enron, WorldCom oder Arthur Andersen sind aufgrund eines immensen Reputationsverlustes untergegangen[926]. Unternehmen haben daher ein originäres Interesse daran, Pflichtverletzungen und Missstände von der Öffentlichkeit fernzuhalten[927].

922 *Busekist/Fahrig*, BB 2013, 119, 120; *Bürkle*, DB 2004, 2158.

923 Vgl. auch *Bock*, Criminal Compliance, S. 733; *Rosbach*, CCZ 2008, 101, 104.

924 *Schemmel/Ruhmannseder/Witzigmann*, Hinweisgebersysteme, Kapitel 3 Rn. 15 ff.; Rosch/*Rotsch*/ *Wagner*, Criminal Compliance, § 34 C Rn. 81.

925 *Bürkle*, DB 2004, 2158, 2159; *Simonet*, RdA 2013, 236, 236 f.

926 Gazdar/Habisch/Kirchhof/Vaseghi/*Kirchhof*, Erfolgsfaktor Verantwortung, S. 15; *Rosbach*, CCZ 2008, 101.

927 Siehe dazu auch *Klasen/Schaefer*, BB 2012, 641; vgl. auch *Eschenfelder*, Licht ins Dunkel, 18, 19.

Des Weiteren führt die Möglichkeit, Whistlebloweranzeigen abzugeben, zu dem positiven Ergebnis, dass innerhalb der Organisation das Vertrauen der Mitarbeiter steigt und ihnen die Angst genommen wird, bei Missständen eine Meldung abzugeben. Vielmehr werden sie ermutigt, verantwortungsvoll vorzugehen und Anzeigen von Kollegen nicht als Denunziantentum zu interpretieren. *Bock* ist dahingehend zuzustimmen, dass es eine deutlich straftatwahrscheinlichkeitssenkende Wirkung hat, wenn Mitarbeitern die Möglichkeit gegeben wird, den Verdacht von Normverstößen ohne Furcht vor Sanktionen an eine bestimmte Whistleblowingstelle melden zu können, da hierdurch eine Abschreckungswirkung entstehen kann[928].

Hat ein Whistleblower hingegen nicht die Möglichkeit, sich an unternehmensinterne Stellen zu wenden, weil das Risiko besteht, dass diese selbst in die zu meldenden illegalen Handlungen involviert sind und steht kein Whistleblower-System zur Verfügung, bleibt dem Hinweisgeber nur die Möglichkeit, sich an eine externe Person oder Organisation zu wenden. Ein potenzieller Whistleblower wird sich hingegen genau überlegen, ob er im Falle des Bestehens eines internen Systems sich sofort an die Öffentlichkeit wendet oder aber den intern vorgeschriebenen Meldeweg geht, sofern ihm zugesichert wird, dass er keine Sanktionen zu fürchten hat[929].

3. Formale strafrechtliche Erfordernisse

Bei der Einrichtung eines Whistleblower-Systems bzw. der Verschaffung der Möglichkeit, ein externes System zu nutzen, müssen strafrechtliche Vorgaben erfüllt sein, um dem Whistleblower Straffreiheit zu garantieren. Hierbei müssen bei der Ausgestaltung bzw. der Implementierung eines internen oder externen Whistleblower-Systems die strengen Erfordernisse der **rechtfertigenden Einwilligung** vorliegen. Sollten diese Erfordernisse fehlen, besteht die Gefahr, dass eine wirksame Einwilligung verneint wird, was in der Strafbarkeit des Whistleblowers resultieren kann. Des Weiteren besteht das Risiko, dass der Emp-

928 So *Bock*, Criminal Compliance, S. 732 f.

929 Vgl. auch *Simonet*, RdA 2013, 236, 238; *Bussmann/Matschke*, wistra 2008, 88, 94.

fänger der Meldung sich wegen Beihilfe zum Geheimnisverrat strafbar macht[930].

Bei der Einrichtung müssen unbedingt die in Abschnitt E. I. 6. a) aa) aufgezeigten Voraussetzungen erfüllt sein, also insbesondere die Erklärung der Einwilligung vor der Tat und das Bestehen der Einwilligung im Zeitpunkt der Tat sowie eine sorgfältige Dokumentation all dessen, so dass sich sowohl der Whistleblower als auch die Organisation rechtssicher auf die Einwilligung oder aber deren Fehlen berufen können.

Zu beachten ist allerdings, dass bei der Einrichtung eines Whistleblower-Systems durch ein Unternehmen lediglich die Meldung hinsichtlich derjenigen Geheimnisschutzvorschriften gerechtfertigt ist, über die das Unternehmen auch im Rahmen der rechtfertigenden Einwilligung disponieren kann. Es handelt sich dabei um die Geschäfts- und Betriebsgeheimnisse nach § 17 UWG sowie nach § 203 StGB. Nicht erfasst werden hiervon Privatgeheimnisse, die ebenfalls nach § 203 StGB geschützt sind. Insbesondere würde beispielsweise die Meldung, dass der Vorgesetzte innerhalb einer Organisation Schmiergelder annimmt, nicht gerechtfertigt sein, da der Vorgesetzte selbst als Geheimnisträger keine rechtfertigende Einwilligung für die Offenbarung dieses Privatgeheimnisses erteilt hat. Damit kann ein von einer Organisation eingerichtetes Whistleblower-System nur für die Fälle rechtfertigend wirken, in denen das vertretungsberechtigte Organ (z.B. der Unternehmensinhaber) tatsächlich Dispositionsbefugnis hat.

In den Fällen der **Privatgeheimnisse** nach § 203 StGB muss die dispositionsbefugte Person selbst einwilligen[931]. Dies ist bei einem Vorgesetzten, der Schmiergeldzahlungen annimmt zunächst kaum denkbar. Zu denken ist an eine vertragliche Verpflichtung von organisationsinternen Personen, private Geheimnisse, die in einem engen Zusammenhang mit der Organisation stehen oder die Gefahren für die Organisation selbst oder die Mitarbeiter der Organisation bergen,

930 Vgl. schon oben in Abschnitt E. I. 6. a) aa) (3).

931 Bei einem Eigengeheimnis ist es diejenige Person, auf die sich die geheimzuhaltende Tatsache bezieht, bei einem Drittgeheimnis der Dritte, LK-StGB/*Schünemann*, § 203 Rn. 97; Matt/Renzikowski/*Altenhain*, § 203 Rn. 34. Wie bereits unter Abschnitt E. II. 6. a) dargestellt, ist sowohl der Betroffene als auch der Anvertrauende dispositionsbefugt.

vom strafrechtlichen Schutz auszunehmen, also diesbezüglich für die Offenbarung solcher Geheimnisse eine rechtfertigende Einwilligung zu erteilen. Dies sollte beschränkt werden auf Straftaten, Missstände oder Gefahren und auf eine Mitteilung lediglich an das von der Organisation verwendete Whistleblower-System. Eine weitergehende Regelung beispielsweise in Bezug auf private Beziehungen zwischen Beschäftigten derselben Organisation sollte hiervon ausgenommen werden. Eine solche Regelung kann in einem Geschäftsführerdienstvertrag oder einem Anstellungsvertrag vorgesehen werden. Dies würde zu dem Ergebnis führen, dass die Meldung von Straftaten, die Mitarbeiter innerhalb einer Organisation begehen oder von sonstigen Missständen oder Gefahren durch einen im Whistleblower-System tätigen Rechtsanwalt, einen Betriebsarzt oder durch einen Beamten aufgrund einer rechtfertigenden Einwilligung nicht mehr unbefugt erfolgen würde.

Hier müssen freilich auch die engen Voraussetzungen der rechtfertigenden Einwilligung vorliegen. Insbesondere muss der Geheimnisträger die Einwilligung im Vorfeld abgeben, einwilligungsfähig sein und sich darüber bewusst sein, welche Konsequenz die rechtfertigende Einwilligung hat. Die Tragweite sollte aus diesem Grunde ausführlich vertraglich festgehalten werden, um Missverständnisse zu vermeiden. Durch die Unterzeichnung des Vertrages gibt der Betroffene seine ausdrückliche Einwilligung. Es muss dem Mitarbeiter aber vorbehalten bleiben können, die Einwilligung nicht abgeben zu müssen oder diese jederzeit widerrufen zu können. Im Falle einer Drohung oder einer Täuschung ist die Einwilligung nicht wirksam[932].

Darüber hinaus müssen die potenziellen Whistleblower darüber informiert werden, welche Personen eine solche Einwilligung abgegeben haben. Dies sollte – wie bereits unter Abschnitt E. I. 6. a) aa) dargestellt – aus Beweisgründen in Form eines Informationsschreibens geschehen oder im Intranet der betroffenen Organisation abrufbar sein. Dabei muss das Informationsschreiben taggenau auf dem neuesten Stand gehalten werden, damit der potenzielle Whistleblower die Möglichkeit hat, sich darüber in Kenntnis zu setzen, ob die Einwilli-

932 Vgl. dazu *Rengier*, Strafrecht AT, § 23 Rn. 23:

gung noch besteht, denn dieser muss in Kenntnis und aufgrund der Einwilligung handeln[933].

Eine solche vertragliche Regelung zur rechtfertigenden Einwilligung wird allerdings in der Praxis kaum durchsetzbar sein, denn eine solche kann nur rein auf freiwilliger Basis geschehen und es ist nicht davon auszugehen, dass sich die gesamte Belegschaft einer Organisation hierauf einlassen wird. Eine Verpflichtung hierzu – beispielsweise durch eine Drucksituation – steht einer wirksamen rechtfertigenden Einwilligung entgegen. Sollten sich nur einzelne Personen bereit erklären, eine solche vertragliche Regelung zu unterzeichnen, so könnte dies innerhalb der Organisation zu Unruhe führen und wiederum zu einer Drucksituation für diejenigen führen, die bisher keine rechtfertigende Einwilligung abgegeben haben.

In Bezug auf **Dienstgeheimnisse** nach § 353 b StGB kann eine vom Geheimnis betroffene Privatperson nicht in eine Weitergabe einwilligen, da § 353 b StGB auch das Vertrauen in die Verschwiegenheit amtlicher Stellen schützt[934]. Eine Bestrafung nach § 353 b StGB entfällt, wenn der Dienstvorgesetze eine Offenbarung genehmigt, dies gilt aber nur, insoweit ein Vorgesetzter über das Geheimnis selbst verfügen kann[935]. *Amelung*[936] ist dahingehend zuzustimmen, dass eine Einwilligung das Unrecht bei der Verletzung von Amtsgeheimnissen im Sinne des § 353 b StGB nicht ausschließen kann, da dieser auch dem Schutz öffentlicher Interessen dient. Anders kann dies aussehen, wenn das öffentliche Interesse darin liegt, dass ein Privatgeheimnis geschützt wird. In solchen Fällen kann zwar die Einwilligung der Privatperson das Tatbestandsmerkmal der Gefährdung öffentlicher Interessen entfallen lassen[937]. Die Ausgestaltung eines Whistleblower-Systems erfolgt allerdings nicht durch den Privatmann, so dass die Einrichtung eines Whistleblower-Systems bei Dienstgeheimnissen mangels rechtfertigender Einwilligung großen Bedenken begegnet. Dies gilt ebenfalls für die von §§ 93 ff. StGB geschützten Staatsgeheimnisse.

---

933 *Wessels/Beulke/Satzger*, Strafrecht AT Rn. 567.
934 Vgl. nur MüKo-StGB/*Graf*, § 353 b Rn. 45.
935 LK-StGB/*Vormbaum*, § 353 b Rn. 30.
936 *Amelung*, FS-Dünnebier, 487, 513.
937 *Amelung*, FS-Dünnebier, 487, 513.

4. Datenschutzrechtliche Ebene

Bei der Nutzung eines Whistleblowing-Systems sind datenschutzrechtliche Aspekte zu berücksichtigen. Im Rahmen des Whistleblowings werden persönliche Daten sowohl der beschuldigten Person als auch des Whistleblowers selbst durch die Meldung des Missstandes übermittelt und ebenfalls gespeichert. Es handelt sich dabei um personenbezogene Daten im Sinne des § 3 Abs. 1 BDSG[938]. Die Erhebung, Verarbeitung und Nutzung personenbezogener Daten ist nach § 4 Abs. 1 BDSG nur zulässig, soweit das BDSG oder eine andere Vorschrift dies erlaubt oder anordnet oder die betroffene Person eingewilligt hat.

Der SOX stellt dabei keine derartige „andere Vorschrift“ dar, da hierzu nur nationale Rechtsvorschriften zählen[939]. Eine Einwilligung des betroffenen Beschäftigten wird in den meisten Fällen nicht vorliegen, da es sich nach § 4 a BDSG um eine freiwillige Einwilligung handeln muss, der Beschäftigte sich aber zu einer Abgabe gezwungen sehen könnte, um das Beschäftigungsverhältnis nicht zu gefährden[940], so dass diese Alternative im Rahmen des Whistleblowing vernachlässigt werden kann.

a) Datenschutz beim internen Whistleblowing-System

Als Ermächtigungsgrundlage ist zunächst **§ 32 Abs. 1 S. 1 BDSG** heranzuziehen, wonach personenbezogene Daten eines Beschäftigten für Zwecke des Beschäftigungsverhältnisses erhoben, verarbeitet oder genutzt werden dürfen, wenn dies für die Entscheidung oder Begründung des Beschäftigungsverhältnisses für dessen Durchführung oder Beendigung erforderlich ist. Nach § 3 Abs. 11 BDSG fallen unter den Begriff der Beschäftigten neben Arbeitnehmern (Nr. 1) auch Beamte (Nr. 8). Fraglich ist, ob im Falle präventiver Zwecke des Whistle-

---

938 Thüsing/*Forst*, Beschäftigtendatenschutz, § 6 Rn. 9; Wabnitz/Janovsky/*Knierim*, WStR, Kap. 5 Rn. 149; *Mengel*, Compliance und Arbeitsrecht, Kapitel 7 Rn. 40; Martinek/Semler/Habermeier/Flohr/*Passarge*, Vertriebsrecht, § 82 Rn. 145; *Reufels/Deviard*, CCZ 2009, 201, 206.

939 Vgl. Gola/Schomerus/*Gola/Klug/Körffer*, BDSG, § 4 Rn. 7; *Mengel*, Compliance und Arbeitsrecht, Kapitel 7 Rn. 41.

940 *Mengel*, Compliance und Arbeitsrecht, Kapitel 7 Rn. 42; Rotsch/*Rotsch/Wagner*, Criminal Compliance, § 34 C Rn. 68.

blowings, welches auf die Verhinderung von Straftaten und Missständen gerichtet ist, Zwecke des Beschäftigungsverhältnisses verfolgt werden. Nach richtiger Ansicht ist § 32 Abs. 1 S. 1 BDSG nur dann anwendbar, wenn es sich um Haupt- oder Nebenpflichten eines Beschäftigungsverhältnisses handelt, also wenn der geordnete und wirtschaftlich erfolgreiche Ablauf des Wertschöpfungsprozesses im Sinne des Austauschs der Arbeitsleistung gegen Arbeitsentgelt betroffen ist[941]. In den meisten Fällen geht man davon aus, dass Meldepflichten der Beschäftigten in Verbindung mit der Einführung eines Whistleblower-Systems über die arbeitsvertraglich geregelten Pflichten hinausgehen und keinen eindeutigen Bezug zum Arbeitsverhältnis aufweisen[942], so dass § 32 Abs. 1 S. 1 BDSG im Falle der Einführung eines Whistleblower-Systems nicht einschlägig ist.

Damit kommt **§ 28 Abs. 1 S. 1 Nr. 2 BDSG** als Ermächtigungsgrundlage in Betracht, wonach die Erhebung, Speicherung, Veränderung und Übermittlung personenbezogener Daten zulässig ist, soweit diese zur Wahrung berechtigter Interessen erforderlich ist und kein schutzwürdiges Interesse des Betroffenen am Ausschluss der Verarbeitung oder Nutzung überwiegt. Die Interessenabwägung erfolgt danach, ob der Verstoß des Betroffenen gewisses Gewicht aufweist und ob die gemeldete Tatsache auf objektiven Grundlagen fußt. Diese darf nicht fahrlässig, leichtfertig oder vorsätzlich falsch sein[943].

Im Falle der Aufdeckung von Straftaten dürfen personenbezogene Daten nach **§ 32 Abs. 1 S. 2 BDSG** nur verarbeitet werden, wenn ein Straftatverdacht besteht und hierzu tatsächliche Anhaltspunkte bestehen, die einen konkreten Tatverdacht begründen[944].

b) Datenschutz beim externen Whistleblowing-System

Im Falle des externen Whistleblowings stellen sich weitere datenschutzrechtliche Fragen. Zum einen sollte darauf geachtet werden, dass

---

941 *Reufels/Deviard*, CCZ 2009, 201, 207 mit Verweis auf § 28 Abs. 1 Nr. 1 BDSG a.F.; Rotsch/*Rotsch/Wagner*, Criminal Compliance, § 34 C Rn. 69; Gola/Schomerus/*Gola/Klug/Körffer*, BDSG, § 32 Rn. 9ff.; *Fahrig*, NZA 2010, 1223.

942 Rotsch/*Rotsch/Wagner*, Criminal Compliance, § 34 C Rn. 69; *Reufels/Deviard*, CCZ 2009, 201, 207.

943 Rotsch/*Rotsch/Wagner*, Criminal Compliance, § 34 C Rn. 70.

944 *Reufels/Deviard*, CCZ 2009, 201, 207.

gegenüber der externen Stelle keine vollständige Funktionsübertragung stattfindet, da in einem solchen Falle zusätzlich die strengen Voraussetzungen des § 29 BDSG zu beachten sind, wonach höhere Anforderungen an eine Rechtfertigung der Datenerhebung und -verarbeitung gestellt werden. Vielmehr ist anzuraten, die externe Stelle im Sinne einer Auftragsdatenverarbeitung nach § 11 BDSG zu verpflichten; die externe Stelle gilt als der verantwortlichen Stelle zugehörig und ist damit kein Dritter im Sinne des § 3 Abs. 8 S. 2 BDSG[945]. § 11 Abs. 2 BDSG statuiert hierbei, dass der Auftrag schriftlich zu erteilen ist und unter anderem der Gegenstand und die Dauer des Auftrags, der Umfang, die Art und der Zweck der vorgesehenen Erhebung, Kontrollrechte des Auftraggebers und die Löschung beim Auftragnehmer gespeicherter Daten nach Beendigung des Auftrags festzulegen sind.

c) Fazit zur datenschutzrechtlichen Ebene

Diese datenschutzrechtlichen Vorgaben sind bei der Implementierung und dem Betrieb eines Whistleblower-Systems zu beachten. Anonyme Meldungen sind nach Möglichkeit so weit wie möglich einzudämmen, da hier die Gefahr entstehen kann, dass unwahre Tatsachen über Mitarbeiter oder Kollegen verbreitet oder diese unrechtmäßigerweise belastet werden. Des Weiteren müssen die Rechte des Betroffenen gewahrt werden, indem dieser beispielsweise über Datenlöschung informiert wird und eben Zurückhaltung gegenüber dem anonymen Whistleblowing gehalten wird, indem dieses nicht ausdrücklich unterstützt wird, aber trotzdem möglich bleiben soll[946].

III. Vorschlag de lege ferenda: Einführung eines neuen § 34 Abs. 2 StGB

Wie im letzten Abschnitt festgestellt, bleibt ein redlicher Whistleblower straffrei, wenn ein internes oder externes Whistleblower-System eingerichtet ist, da seine Meldung und damit auch ein etwaiger Geheimnisverrat durch Einwilligung gerechtfertigt ist. Sollte eine Or-

945 *Reufels/Deviard*, CCZ 2009, 201, 207.

946 Vgl. auch *Strack*, Whistleblowing in Deutschland, S. 6; *Hefendehl*, FS-Amelung, 617, 640; *Haußmann/Kaufmann*, ArbRAktuell 2011, 186, 189.

ganisation – was momentan in den meisten Organisationen der Fall ist – kein Whistleblower-System implementiert haben, so entfällt eine rechtfertigende Einwilligung.

Aus diesem Grunde muss im materiellen Strafrecht eine Regelung geschaffen werden, die dem gutgläubigen Whistleblower Straffreiheit gewährt, der auf begangene oder bevorstehende Straftaten oder Missstände, die Gefahren für Leben, Leib und weitere schutzwürdige Rechtsgüter des Allgemeininteresses (im Sinne des § 34 StGB) darstellen, hinweist, um diese zu verhindern. Missstände und Straftaten, die innerhalb einer Organisation bestehen oder verübt werden, kommen ohne Hilfe von Insidern kaum ans Tageslicht, so dass ein großes öffentliches Interesse an der Aufdeckung besteht. Hierdurch können Unglücksfälle (beispielsweise die Challenger-Katastrophe) im Vorfeld unterbunden werden oder beispielsweise Umweltschutz- oder Korruptionsdelikte aufgedeckt werden.

In Deutschland bestehen de lege lata keine Whistleblower-Schutzgesetze, wie dies in den USA oder in Großbritannien der Fall ist. Die bisherigen Gesetzesentwürfe der Bundestagsfraktionen DIE LINKE, SPD und BÜNDNIS 90/DIE GRÜNEN, die sich auf arbeitsrechtliche Regelungen beschränkten, wurden – wie bereits zu Beginn dargestellt – nie Gesetz, ebenso wie die Einführung eines neuen § 612 a BGB, der das externe Whistleblowing nach einer (zumutbaren) Beschreitung des internen Weges für zulässig erklären sollte. Zwar gibt es eine Reihe von Vorschriften, die Anzeigen auch an externe Stellen zulassen, doch sind diese nur für eng umgrenzte Fälle vorgesehen. Die Regelungen für Beamte in den §§ 67 Abs. 2 S. 1 Nr. 3 BBG, 37 Abs. 2 S. 1 Nr. 3 BeamtStG gelten lediglich für Korruptionsdelikte und sind damit in ihrem persönlichen und sachlichen Anwendungsbereich beschränkt.

Aus strafrechtlicher Sicht ergibt sich damit die Notwendigkeit, einen Rechtfertigungsgrund für Fälle des redlichen Whistleblowings zu schaffen. Gemeint sind damit diejenigen Fälle, in denen ein Whistleblower nach sorgfältiger Überprüfung von der Richtigkeit der von ihm zu meldenden Tatsache überzeugt ist und nicht vorsätzlich oder leichtfertig die Unrichtigkeit der Tatsache in Kauf nimmt. Der persönliche Anwendungsbereich ist hierbei nicht beschränkt und bezieht sich auf alle Insider, sowohl diejenigen im privaten als auch im öffentlichen Sektor.

Der einzuführende Rechtfertigungsgrund ist dabei im Rahmen des rechtfertigenden Notstandes anzusiedeln. Wie in Abschnitt E. I. 6. g) im Rahmen der Prüfung des § 34 StGB festgestellt, ist eine Güter- und Interessenabwägung unabdingbar, um die Interessen der Organisation und die Interessen des Whistleblowers bzw. der Allgemeinheit an der Aufdeckung des Missstandes in Einklang zu bringen und nicht jegliche interne Petitessen als Gegenstand des schützenswerten Whistleblowings zu qualifizieren. Repressive Interessen werden vom rechtfertigenden Notstand nicht geschützt, so dass in Fällen, in denen eine Tat bereits beendet und abgeschlossen ist und damit eine Gefahr nicht mehr gegenwärtig im Sinne des § 34 StGB ist, eine Meldung an Dritte strafbar ist. In Fällen, in denen – wie das *Beispiel* in Abschnitt E. zeigt – regelmäßig Straftaten begangen werden, aber noch nicht absehbar ist, wann die nächste Tat begangen wird, also noch keine gegenwärtige Gefahr besteht, ist der Rechtfertigungsgrund nach § 34 StGB nicht anwendbar. Dies gilt freilich nur für Straftaten, die nicht bereits anzeigepflichtige Taten im Sinne des § 138 StGB sind.

Weiterhin müssen aber auch Meldungen über nicht strafwürdige Verhaltensweisen, die aber eine Gefahr für wichtige Rechtsgüter herbeiführen können, vor strafrechtlichen Sanktionen geschützt werden. Hier ist nochmals darauf hinzuweisen, dass der Whistleblower nur dann schutzwürdig ist, wenn er die von ihm gemeldeten Tatsachen auf ihre Richtigkeit überprüft hat und weder vorsätzlich oder leichtfertig falsche Tatsachen hervorbringt.

Eine materiell-rechtliche Lösung bietet die Einführung eines zweiten Absatzes in § 34 StGB. Der bisherige § 34 StGB wird zu § 34 Abs. 1 StGB und bleibt unverändert. Vorgeschlagen wird folgender Wortlaut:

> „§ 34 Rechtfertigender Notstand
>
> (1)[1] Wer in einer gegenwärtigen, nicht anders abwendbaren Gefahr für Leben, Leib, Freiheit, Ehre, Eigentum oder ein anderes Rechtsgut eine Tat begeht, um die Gefahr von sich oder einem anderen abzuwenden, handelt nicht rechtswidrig, wenn bei Abwägung der widerstreitenden Interessen, namentlich der betroffenen Rechtsgüter und des Grades der ihnen drohenden Gefahren, das geschützte Interesse das beeinträchtigte wesentlich überwiegt. [2] Dies gilt jedoch nur, soweit die Tat ein angemessenes Mittel ist, die Gefahr abzuwenden.

(2)[1] Dies gilt in Fällen einer nicht gegenwärtigen Gefahr für die in Absatz 1 genannten Rechtsgüter auch dann, wenn eine Gefahr bereits zu einem früheren Zeitpunkt bestanden hat und eine solche aufgrund hinreichend begründeter Tatsachen mit an Sicherheit grenzender Wahrscheinlichkeit wieder eintreten wird und eine Abwägung der widerstreitenden Interessen, namentlich der betroffenen Rechtsgüter und des Grades der ihnen drohenden Gefahren, ergibt, dass das geschützte Interesse das beeinträchtigte wesentlich überwiegt. [2] Absatz 1 Satz 2 bleibt unberührt."

Die allgemein formulierte Regelung des Entwurfs zu § 34 Abs. 2 StGB beschränkt sich dabei nicht nur auf den engen Anwendungsbereich des Whistleblowings und ist damit kein typisches Whistleblower-Schutzgesetz, sondern umfasst alle Fälle, in denen Gefahren durch Straftaten oder sonstige Taten bestehen, die die in § 34 Abs. 1 n.F. StGB genannten schutzwürdigen Rechtsgüter betreffen. Die in Abschnitt E. I. 6. g) aufgezeigte Gesetzeslücke wird durch den Gesetzesentwurf geschlossen und sichert zu, dass Whistleblower, die erst nach einer beendeten Tat von dieser erfahren oder eine Tat beobachtet haben, während diese noch gegenwärtig war, aber bisher noch nicht den Mut aufgebracht haben, diese zu melden, keine Strafbarkeit zu befürchten haben. Es muss allerdings bereits zu einem früheren Zeitpunkt eine Gefahr für die in Absatz 1 n.F. genannten Rechtsgüter bestanden haben, um nicht jeglichen präventiven Meldungen Vorschub zu leisten, sondern nur solchen, aus denen sich ergibt, dass eine Gefahr gegeben war und die hohe Wahrscheinlichkeit besteht, dass diese sich zu einem zukünftigen Zeitpunkt nochmals realisieren kann. Gerechtfertigt ist dabei die Anzeige der nicht mehr gegenwärtigen Gefahr, allerdings nur im Hinblick auf weitere zukünftige Gefahren. Sollte es keine ausreichenden Hinweise oder Tatsachen geben, die eine zukünftige Gefahr begründen, so bleibt die bisherige Rechtslage erhalten. Das Merkmal „hinreichend begründete Tatsachen" statuiert, dass es sich um Tatsachen handeln muss, die weder wissentlich noch leichtfertig unwahr sind, um nur redlichen Whistleblowern Schutz zuteilwerden zu lassen.

Der Entwurf des § 34 Abs. 2 Satz 2 StGB, der die Regelung enthält, dass § 34 Abs. 1 S. 2 n.F. StGB unberührt bleibt, stellt sicher, dass auch hier das mildeste Mittel anzuwenden ist, also zunächst ein interner Abhilfeversuch zu erfolgen hat und nur wenn eine solche keine Abhilfe verspricht, die Meldung an externe Stellen möglich ist. Dies begegnet auch den Interessen der betroffenen Organisation, um Reputationsschäden zu vermeiden. Sollten allerdings schon Missstände gemeldet worden sein und ist keine interne Abhilfe geleistet worden, so ist nach dem Entwurf des § 34 Abs. 2 StGB eine direkte Meldung an Strafverfolgungsbehörden oder sonstige zuständige Behörden gerechtfertigt. Auch hier wird eine Meldung an die Medien oder an Pressevertreter nicht das mildeste Mittel darstellen, so dass einem Whistleblower bei der Beanspruchung solcher Alternativen der rechtfertigende Schutz nicht zuteilwird. Dies entspricht der bereits unter Abschnitt E. I. 6. g) aufgezeigten gesetzlichen Wertung.

G. Ausblick: Richtlinie (EU) 2016/943 des Europäischen Parlaments und des Rates

Im Rahmen eines Ausblicks soll auf die EU-Richtlinie 2016/943 über den Schutz vertraulichen Know-Hows und vertraulicher Geschäftsinformationen (Geschäftsgeheimnisse) vor rechtswidrigem Erwerb sowie rechtswidriger Nutzung und Offenlegung vom 8. Juni 2016 (nachfolgend: Geheimnisschutz-RL) eingegangen werden, die am 5. Juli 2016 in Kraft getreten ist.

Zweck dieser Richtlinie ist die Schaffung eines europaweiten Mindeststandards, um Geschäftsgeheimnisse vor rechtswidrigem Erwerb, rechtswidriger Nutzung und rechtswidriger Offenlegung zu schützen[947]. Hintergrund dessen ist, dass Geschäftsgeheimnisse innerhalb des europäischen Binnenmarktes nicht in gleichem Maße geschützt sind. Dadurch, dass im europäischen Raum bisher kein einheitliches Verständnis zum Schutz von Geschäftsgeheimnissen gegeben ist, werden insbesondere Unternehmen beeinträchtigt, die Geschäftsgeheimnisse in ein anderes EU-Land übertragen, in dem das Schutzniveau geringeren Anforderungen entspricht[948]. Hierdurch kommt es zu einer Behinderung des freien Wettbewerbs sowie des freien Warenverkehrs bei europäischen Unternehmen. Zwar ergeben sich Schutzverpflichtungen aus Art. 39 TRIPs für alle Mitgliedsstaaten, doch waren diese nicht einheitlich in Europa geregelt[949].

Um eine Harmonisierung des Schutzes von Geschäftsgeheimnissen herbeizuführen, veröffentlichte die Europäische Kommission im November 2013 einen ersten Entwurf der Richtlinie. Im Mai 2014 wurde vom EU-Rat die erste konsolidierte Fassung verabschiedet und im Juni 2015 veröffentlichte das Europäische Parlament einen Bericht über den Entwurf; danach fanden die Trilog-Verhandlungen zwischen

---

947 *Eufinger*, ZRP 2016, 229.

948 *Baranowski/Glaßl*, BB 2016, 2563.

949 *Ann*, GRUR-Prax 2016, 465.

dem EU-Parlament, der Kommission und dem Rat statt[950]. Am 15. Juni 2016 wurde die Richtlinie im Amtsblatt der Europäischen Union veröffentlicht[951].

Bezogen auf das Whistleblowing normiert die Richtlinie in Art. 3 Abs. 2 Geheimnisschutz-RL eine Grundlage für die Offenlegung von Geschäftsgeheimnissen, wonach eine Offenlegung als rechtmäßig gilt, als diese durch Unionsrecht oder nationales Recht vorgeschrieben oder erlaubt ist. Art. 4 Geheimnisschutz-RL wendet sich sodann der rechtswidrigen Offenlegung von Geschäftsgeheimnissen zu. Nach Art. 4 Abs. 3 Geheimnisschutz-RL ist die Offenlegung rechtswidrig, wenn sie ohne Zustimmung des Geschäftsgeheimnisinhabers beispielsweise durch eine Person erfolgt ist, die gegen eine Vertraulichkeitsvereinbarung oder sonstige Verpflichtung, das Geschäftsgeheimnis nicht offenzulegen, erfolgt ist.

In der Vorbemerkung zur Richtlinie ist ausdrücklich festgelegt, dass die in der Richtlinie vorgesehenen Maßnahmen nicht dazu dienen sollen, Whistleblower-Aktivitäten einzuschränken, so dass sich der Schutz von Geschäftsgeheimnissen nicht auf Whistleblower-Fälle erstreckt, in denen die Offenlegung von Geschäftsgeheimnissen dem öffentlichen Interesse dient, indem ein regelwidriges Verhalten, ein Fehlverhalten oder eine illegale Tätigkeit von unmittelbarer Relevanz aufgedeckt wird[952]. Es fällt auf, dass auch die Richtlinie den Anzeigegegenstand des Whistleblowings nicht lediglich als rechtswidriges Handeln deutet, sondern – wie auch im Rahmen dieser Arbeit definiert – weiter geht.

So regelt Art. 5 lit. b) Geheimnisschutz-RL weiter, dass die Offenlegung von Geschäftsgeheimnissen zur Aufdeckung eines beruflichen oder sonstigen Fehlverhaltens oder einer illegalen Tätigkeit erlaubt ist, sofern der Hinweisgeber in der Absicht gehandelt hat, das allgemeine öffentliche Interesse zu schützen[953]. Hieraus wird ersichtlich, dass die dort geregelten Maßnahmen, Verfahren und Rechtsbehelfe gerade nicht dazu dienen sollen, das Whistleblowing einzudämmen. Damit

950 *Baranowski/Glaßl*, BB 2016, 2563; *Ann*, GRUR-Prax 2016, 465; *Kalbfus*, GRUR 2016, 1009.
951 *Ann*, GRUR-Prax 2016, 465.
952 Vgl. dazu auch *Eufinger*, ZRP 2016, 229.
953 Vgl. hierzu auch *Baranowski/Glaßl*, BB 2016, 2566 f.

regelt der europäische Gesetzgeber Fallgruppen, in denen der Schutz von Geschäftsgeheimnissen hinter andere schutzwürdige Belange zurücktritt; dies geht über die aufgezeigten Grenzen der Offenbarungspflicht gemäß § 138 StGB und des rechtfertigenden Notstands nach § 34 StGB sogar deutlich hinaus[954].

Des Weiteren wird auf einen vorrangigen innerbetrieblichen Abhilfeversuch verzichtet, was im Rahmen des rechtfertigenden Notstandes de lege lata die mildere Alternative darstellt.

Auch ist in Art. 5 lit. b) Geheimnisschutz-RL keine Adressatenregelung zu finden. Die Rede ist nur von der „Aufdeckung eines […] Fehlverhaltens", so dass sich nach der Geheimnisschutzrichtlinie Whistleblower auch an öffentliche Stellen wie Strafverfolgungsbehörden oder aber direkt an die Presse wenden können.

Diesen Regelungen würde es widersprechen, wenn der deutsche Gesetzgeber vorschreiben würde, dass eine Meldung vorrangig an interne Stellen oder an einen bestimmten Adressaten zu richten ist[955].

Der Gesetzgeber sollte in der Umsetzung der Geheimnisschutzrichtlinie in deutsches Recht gleichwohl darauf hinwirken, dass eine Verpflichtung zur Implementierung von Whistleblower-Systemen geregelt wird. Art. 5 lit. c) Geheimnisschutz-RL regelt, dass die Offenlegung von Geschäftsgeheimnissen durch Arbeitnehmer gegenüber ihren Vertretern im Rahmen der rechtmäßigen Erfüllung ihrer Aufgaben dieser Vertreter gemäß Unionsrecht oder dem nationalen Recht privilegiert ist, sofern die Erfüllung dieser Aufgaben erforderlich war. Darunter kann ein Whistleblower-System im Unternehmen verstanden werden, so dass ein solches internes Whistleblowing auch durch die Richtlinie privilegiert ist[956]. Damit geht aber keine Verpflichtung für den Whistleblower einher, sich primär an das Whistleblower-System zu wenden. Dies würde der Regelung in Art. 5 lit. b) Geheimnisschutz-RL widersprechen, die gerade keine Abstufung in Bezug auf den Adressatenkreis vornimmt. Nichtsdestotrotz wird ein redlicher Whistleblower, dessen Ziel es ist, die entdeckten Missstände zu been-

954 Vgl. auch *Eufinger*, ZRP 2016, 229, 230; vgl. auch *Kalbfus*, GRUR 2016, 1009, 1015.

955 Im Sinne von „Schranken-Schranken", *Eufinger*, ZRP 2016, 229, 231; vgl. auch *Kalbfus*, GRUR 2016, 1009, 1015.

956 *Eufinger*, ZRP 2016, 229, 231.

den, nicht zwingend ein Interesse daran haben, seinen Arbeitgeber unter Umständen in den Ruin zu treiben, indem er sich in erster Linie an die Presse wendet. Aus diesem Grunde sollte der Gesetzgeber den unternehmensinternen Einsatz von Whistleblower-Systemen mittels einer gesetzlichen Regelung fördern.

Die Richtlinie ist nach Art. 19 Abs. 1 Geheimnisschutz-RL bis zum 9. Juni 2018 in nationales Recht zu implementieren[957]. Ob der Gesetzgeber ein eigenständiges Gesetz mit Regelungen für den Umgang mit Hinweisgebern erlässt oder dies weiterhin in veschiedenen Gesetzen als Querschnittsthema behandelt, bleibt offen[958]. Der Vorteil eines eigenständigen Gesetzes wäre, dass sämtliche – sowohl zivilrechtliche als auch strafrechtliche – Gesichtspunkte schließlich in einem Gesetz gebündelt wären[959].

Nach alldem kann gesagt werden, dass die Geheimnisschutzrichtlinie den Schutz von Whistleblowern erheblich verbessern wird, insbesondere auch, weil die engen Voraussetzungen des § 138 StGB und § 34 StGB nicht mehr eingehalten werden müssen und damit das Strafbarkeitsrisiko des Whistleblowers deutlich geringer wird. Wie diese Richtlinie konkret in nationales Recht umgesetzt wird, bleibt abzuwarten.

Allerdings ist an der Geheimnisschutzrichtlinie zu kritisieren, dass der Adressatenkreis völlig offen und nicht zunächst eine interne Klärung – sofern Erfolg versprechend – vorgesehen ist. Wie sich im Rahmen dieser Arbeit herausgestellt hat, sind sehr wohl mildere Mittel – als die nach der Geheimnisschutzrichtlinie mögliche sofortige Meldung an die Presse – gegeben. Der Geheimnisschutz des Unternehmens wird durch eine solch extensive Regelung sehr stark zugunsten des Whistleblowers verlagert, in dessen Hand es liegt, an wen er sich wenden möchte. Eine Beschränkung dahingehend – heißt also zunächst einen das Unternehmen am wenigsten schädigenden Adressaten aufzusuchen – wäre wünschenswert gewesen.

957 *Ann*, GRUR-Prax 2016, 465; *Eufinger*, ZRP 2016, 229.

958 *Ann*, GRUR-Prax 2016, 465; vgl. auch *Kalbfus*, GRUR 2016, 1009, 1016.

959 *Eufinger*, ZRP 2016, 229, 231.

H. Fazit

Das Phänomen des Whistleblowings hat in den letzten Jahren an medialer Aufmerksamkeit gewonnen. Anders als in den USA, ist dieser Begriff in Deutschland erst seit WikiLeaks dem NSA-Skandal der breiten Öffentlichkeit ein Begriff. Zum einen werden Whistleblower als Denunzianten beschimpft und damit in das Licht des Denunziantentums der jüngeren Historie Deutschlands gerückt. Zum anderen werden Whistleblower als Personen gefeiert, denen das Allgemeinwohl am Herzen liegt und die keinerlei Böses im Schilde führen.

Die Wahrheit liegt freilich in der Mitte. Whistleblowing ist strikt vom schädlichen Denunziantentum abzugrenzen. Allerdings ist ein Whistleblower kein ethischer Dissident[960], wie *Deiseroth* ihn nennt. Vielmehr können einen Whistleblower auch ganz andere als rein altruistische Motive lenken. Auf die Motive kommt es aber gar nicht an. Vielmehr geht es primär darum, illegale oder illegitime Verhaltensweisen, aus denen Gefahren für wichtige Rechtsgüter resultieren können, aus dem inneren Kreis einer Organisation, sei es ein Unternehmen oder eine Behörde, aufzudecken, und die Gefahren hierdurch einzudämmen.

Im Idealfall hat die betroffene Organisation ein Whistleblower-System implementiert, so dass ein anzeigewilliger potenzieller Whistleblower sich an eine Stelle mittels des internen Whistleblowings – an eine interne Stelle oder an eine organisatorisch ausgelagerte externe Stelle, die dem internen Whistleblowing zuzurechnen ist – wenden kann und dem gemeldeten Missstand abgeholfen werden kann.

Sollte dies nicht der Fall sein und kann nach einem zumutbaren internen Abhilfeversuch dem Missstand nicht abgeholfen werden, so bleibt dem Whistleblower nur die Möglichkeit, sich mittels des externen Whistleblowings an außenstehende Dritte zu wenden, die von der betroffenen Organisation nicht zu einem Empfang von Hinweisen au-

960 *Deiseroth*, Zivilcourage lernen, S. 125; vgl. Abschnitt C. I. 2. c).

torisiert worden ist. Dies führt in den meisten Fällen zu massiven Reputationsverlusten und weiteren schädlichen Auswirkungen für die Organisation, weswegen es nicht nur im Interesse des Whistleblowers ist, dass ein funktionierendes Whistleblower-System existiert, sondern gerade auch im Interesse der Organisation.

Der Weg an die Öffentlichkeit oder an die Presse sollte hingegen gemieden werden, da sich hieraus unkontrollierbare mediale Wirkungen ergeben können, die im schlimmsten Fall zur Insolvenz und dem völligen Reputationsverlust der Organisation führen können.

Die Ausgestaltung von Whistleblower-Systemen erfordert die Einhaltung sowohl datenschutzrechtlicher Bestimmungen als auch im Hinblick auf eine rechtfertigende Wirkung eine präzise Ausgestaltung, die einigen administrativen Aufwand erfordert. Sind diese Voraussetzungen erfüllt, so kann der Whistleblower Missstände melden, ohne strafrechtliche Sanktionen befürchten zu müssen.

Zwar bestehen einige Vorschriften im deutschen Recht[961], die Anzeigerechte oder Anzeigepflichten statuieren und dem Whistleblower vor Sanktionen Schutz bieten. Doch weisen diese Normen nur einen sehr engen persönlichen oder sachlichen Anwendungsbereich auf, so dass hieraus keine generellen Schutzvorschriften für Whistleblower abgeleitet werden können. Gesetzesentwürfe hinsichtlich eines Hinweisgeberschutzgesetzes[962] bzw. eines Whistleblower-Schutzgesetzes[963] sind im Entwurfsstadium geblieben und nie geltendes Recht geworden. Dasselbe gilt für die Einführung eines neuen § 612a BGB. Auch ist festzustellen, dass auf dem Sektor des öffentlichen Rechts lediglich im Hinblick auf Korruptionsstraftaten nach §§ 331 – 337 StGB Whistleblowerschutz besteht.

Daraus ergeben sich für den Whistleblower nicht nur arbeitsrechtliche Konsequenzen, sondern auch strafrechtliche. Allen voran sind hier die §§ 17 UWG, 203, 353b StGB sowie weitere Geheimnisschutzvorschriften[964] zu nennen. Sollte ein Whistleblower-System vorhanden sein, so kann unter den engen Voraussetzungen der strafrechtlichen Einwilligung eine Rechtfertigung anzunehmen sein. Weitere Rechtfer-

961 Siehe dazu Abschnitt D. I. 3. b).
962 BT-Drucks. 17/8567 (SPD); vgl. dazu Abschnitt A. I.
963 BT-Drucks. 17/9782 (Grüne); vgl. dazu Abschnitt A. I.
964 Siehe Abschnitt E. IV.

tigungsgründe sind die Anzeigepflicht nach § 138 StGB, welche im Rahmen des Whistleblowings aber kaum zur Geltung kommen wird, sowie verschiedene Anzeigerechte, die den soeben genannten engen persönlichen und sachlichen Anwendungsbereich haben und damit nicht generell als Rechtfertigungsgrund heranzuziehen sind.

Sollte kein Whistleblower-System gegeben sein, kommt der rechtfertigende Notstand in Betracht. Wichtigstes Kriterium ist hier die Güter- und Interessenabwägung sowie die Wahl des mildesten Mittels, was zunächst einen internen Abhilfeversuch voraussetzt. Dieser muss zumutbar sein. Dies ist dann nicht der Fall, wenn in der Vergangenheit bereits interne Abhilfeversuche gescheitert sind oder der Arbeitgeber selbst für die zu meldenden Missstände verantwortlich ist. Somit ergibt sich gerade aus § 34 StGB ein dem Grunde nach ausreichender Schutz für Whistleblower.

Allerdings ist eine Gesetzeslücke in den Fällen zu sehen, in denen keine gegenwärtige Gefahr für ein Rechtsgut im Sinne des § 34 StGB mehr besteht, weil der Whistleblower erst von der die Gefahr begründenden Tat erfahren hat, nachdem diese beendet war. Eine andere Möglichkeit ist, dass der Whistleblower erst nach einer gewissen Zeit den Mut fasst, den Missstand zu melden, und zwar ebenfalls nachdem keine gegenwärtige Gefahr mehr bestand. Besteht allerdings die hohe Wahrscheinlichkeit, dass weitere Taten begangen werden, die eine solche Gefahr in Zukunft auslösen werden, wie im obigen *Beispiel*, nachdem immer bei Hochwasser Giftmüll ins Gewässer geschüttet wird, niemand aber vorhersagen kann, wann das nächste Hochwasser kommt, so könnte der Whistleblower mangels Gegenwärtigkeit der Gefahr sich nicht auf den Rechtfertigungsgrund des § 34 StGB berufen und müsste die nächste gegenwärtige Gefahr abwarten, so dass er straflos eine Meldung nach Außen abgeben könnte. Diese Lücke kann mit der im Rahmen dieser Arbeit vorgeschlagenen Ergänzung des § 34 StGB geschlossen werden.

Die üble Nachrede nach § 186 StGB wird in den Fällen des Whistleblowings nach der hier vertretenen Definition durch § 193 StGB gerechtfertigt sein. Ebenso macht sich ein redlicher Whistleblower mangels des Tatbestandsmerkmals „wider besseres Wissen" nicht wegen falscher Verdächtigung nach § 164 StGB bzw. Vortäuschens einer Straftat nach § 145 d StGB strafbar.

Zusammenfassend ist zu sagen, dass das über 2.000 Jahre alte, eingangs genannte Zitat von *Gaius Julius Cäsar* („Den Verrat liebe ich, aber die Verräter lobe ich nicht") in der heutigen Zeit noch immer Aktualität besitzt. Der Whistleblower wird in Deutschland von Kollegen und Vorgesetzten als Verräter oder Denunziant angesehen, obwohl er Allgemeinwohlbelange erfüllt. Dennoch hat der strafrechtliche Schutz eines Whistleblowers nicht nur Vorteile für ihn selbst. Implementiert eine Organisation ein Whistleblower-System, so kann auch sie hieraus profitieren und Missstände im Vorfeld beseitigen sowie reputationsschädigende Äußerungen verhindern. Auf lange Sicht führt dies zu einem gesunden Betriebsklima und im Falle wirtschaftlich tätiger Unternehmen zu Vertrauenssteigerungen von Seiten der Kunden und Geschäftspartner.

Die Einführung eines Whistleblower-Systems und der damit einhergehende strafrechtliche Schutz des Whistleblowers erfüllen damit einen Teilaspekt der tatsächlich hieraus zu ziehenden Vorteile. Jeder Organisation ist damit anzuraten, ein Whistleblower-System nicht nur im Hinblick auf ihre Beschäftigten, vielmehr auch im Hinblick auf den eigenen Erfolg und die Reputation zu etablieren.

Wie die Umsetzung der Geheimnisschutzrichtlinie der EU in nationales Recht erfolgen wird, bleibt abzuwarten.

I. Literaturverzeichnis

Abraham, Jens — Whistleblowing – Neue Chance für eine Kurswende
Zeitschrift für Rechtspolitik 2012, 11
(zit.: *Abraham*, ZRP 2012, 11)

Achenbach, Hans
Ransiek, Andreas
Rönnau, Thomas (Hrsg.) — Handbuch Wirtschaftsstrafrecht
4. Auflage, Heidelberg 2015
(zit.: HWSt-*Bearbeiter*)

Adam, Bo — Tierärztin warnte vor BSE und wurde entlassen
Die Welt Online vom 31. Dezember 2000
URL: www.welt.de/print-wams/article619105/ Tieraerztin-warnte-vor-BSE-und-wurde-entlassen.html
(letzter Zugriff: 20. Februar 2016)
(zit.: *Adam*, Die Welt Online)

Aldoney Ramírez, Rodrigo — Der strafrechtliche Schutz von Geschäfts- und Betriebsgeheimnissen
Kenzingen 2009
(zit.: *Aldoney Ramírez*, Geschäfts- und Betriebsgeheimnisse)

Altenburg, Johannes — Whistleblowing – Korruptionsbekämpfung durch Business Keeper Monitoring Systems? –
Bucerius Law Journal 2008, S. 3 ff.
(zit.: *Altenburg*, BLJ 2008, 3)

Amelung, Knut	Die Zulässigkeit der Einwilligung bei den Amtsdelikten – Zum Verhältnis von Staatsschutz und Individualschutz im deutschen Amtsstrafrecht in: Festschrift für Hanns Dünnebier zum 75. Geburtstag am 12. Juni 1982, S. 487 – 518 Berlin/New York 1982 (zit.: *Amelung*, FS-Dünnebier, 487)
Ann, Christoph	EU-Richtlinie zum Schutz vertraulichen Know-Hows – Wann kommt das neue deutsche Recht, wie sieht es aus, was ist noch offen? Gewerblicher Rechtsschutz und Urheberrecht – Praxis im Immaterialgüter- und Wettbewerbsrecht 2016, S. 465 ff. (zit.: *Ann*, GRUR-Prax 2016, 465)
Backes, Otto *Lindemann, Michael*	Staatlich organisierte Anonymität als Ermittlungsmethode bei Korruptions- und Wirtschaftsdelikten Heidelberg 2006 (zit.: *Backes/Lindemann*, Staatlich organisierte Anonymität als Ermittlungsmethode bei Korruptions- und Wirtschaftsdelikten)
Bannenberg, Britta	Korruption in Deutschland und ihre strafrechtliche Kontrolle – eine kriminologisch-strafrechtliche Analyse Neuwied/ Kriftel 2002 (zit.: *Bannenberg*, Korruption in Deutschland)
Bannenberg, Britta *Jehle, Jörg-Martin*	Wirtschaftskriminalität Mönchengladbach 2010 (zit.: Bannenberg/Jehle/*Bearbeiter*, Wirtschaftskriminalität)

Baranowski, Anne
Glaßl, Ramón
Anforderungen an den Geheimnisschutz nach der neuen EU-Richtlinie
Betriebs-Berater 2016, S. 2563 ff.
(zit.: *Baranowski/Glaßl*, BB 2016, 2563)

Battis, Ulrich
Bundesbeamtengesetz – Kommentar
5. Auflage, München 2017
(zit.: *Battis*, BBG)

Baumbach, Adolf
Hueck, Alfred (Hrsg.)
GmbHG – Gesetz betreffend die Gesellschaften mit beschränkter Haftung – Kommentar
20. Auflage, München 2013
(zit.: Baumbach/Hueck/*Bearbeiter* – GmbHG)

Bauschke, Hans-Joachim
Whistleblowing – ein Zwischenbericht
Zeitschrift für das öffentliche Arbeits- und Tarifrecht 2012, S. 271 ff.
(zit.: *Bauschke*, öAT 2012, 271)

Bechtold, Rainer
Bosch, Wolfgang
GWB – Kartellgesetz – Gesetz gegen Wettbewerbsbeschränkungen Kommentar
8. Auflage, München 2015
(zit.: Bechtold/Bosch/*Bearbeiter*, GWB)

Becker, Cornelius
Whistleblowing – Anzeigerecht und Anzeigepflicht des Arbeitnehmers in der Privatwirtschaft
Frankfurt a.M. 2012
(zit.: *Becker*, Whistleblowing)

Berndt, Thomas
Hoppler, Ivo
Whistleblowing – ein integraler Bestandteil effektiver Corporate Governance
Betriebs-Berater 2005, S. 2623 ff.
(zit.: *Berndt/Hoppler*, BB 2005, 2623)

Beulke, Werner — Strafprozessrecht
12. Auflage, Heidelberg, München, Landsberg, Frechen, Hamburg 2012
(zit.: *Beulke*, Strafprozessrecht)

Blei, Hermann — Neue Entscheidungen
Juristische Arbeitsblätter 1970, S. 185 ff.
(zit.: *Blei*, JA 1970, 185)

Bock, Dennis — Criminal Compliance
1. Auflage, Baden-Baden 2011
(zit.: *Bock*, Criminal Compliance)

Bockelmann, Paul — Zur Auslegung des § 164 Abs. 5 StGB
Neue Juristische Wochenschrift 1959, S. 1849 ff.
(zit.: *Bockelmann*, NJW 1959, 1849)

Bohnert, Joachim — Der beschuldigte Amtsträger zwischen Aussagefreiheit und Verschwiegenheitspflicht
Neue Zeitschrift für Strafrecht 2004, S. 301 ff.
(zit.: *Bohnert*, NStZ 2004, 301)

Boisjoly, Russell P.
Curtis, Ellen Foster
Mellican, Eugene — Roger Boisjoly and the Challenger Disaster: The Ethical Dimensions
Journal of Business Ethics 1989, S. 217 -230
(zit.: *Boisjoly, Curtis, Mellican*, Journal of Business Ethics 1989, 217)

Borchers, Detlef — Die Wurzeln von WikiLeaks, in: WikiLeaks und die Folgen – Die Hintergründe. Die Konsequenzen. Berlin 2011
(zit.: *Borchers* in: Die Wurzeln von WikiLeaks)

Borrie, Gordon — Blowing the Whistle: Business Ethics and Accountability
The Political Quarterly 1996, S. 141 ff.
(zit.: *Borrie*, The Political Quarterly 1996, 141)

Briegel, Torsten — Einrichtung und Ausgestaltung unternehmensinterner Whistleblowing-Systeme
1. Auflage, Wiesbaden 2009
(zit.: *Briegel*, Whistleblowing-Systeme)

Brock, Martin — Neue Regeln für Whistleblower im öffentlichen Dienst – Folgen der Heinisch-Entscheidung des EuGH [sic] vom 21.07.2011
Zeitschrift für das öffentliche Arbeits- und Tarifrecht 2011, S. 243 ff.
(zit.: *Brock*, öAT 2011, 243)

Brüssow, Rainer
Petri, Dirk — Arbeitsstrafrecht
1. Auflage, München 2008
(zit.: *Brüssow/Petri*, Arbeitsstrafrecht)

Buchert, Rainer — Der externe Ombudsmann – ein Erfahrungsbericht
Hinweisgeber brauchen Vertrauen und Schutz
Corporate Compliance Zeitschrift 2008, S. 148 ff.
(zit.: *Buchert*, CCZ 2008, 148)

Bürkle, Jürgen — Weitergabe von Informationen über Fehlverhalten in Unternehmen (Whistleblowing) und Steuerung auftretender Probleme durch ein Compliance-System
Der Betrieb 2004, S. 2158 ff.
(zit.: *Bürkle*, DB 2004, 2158)

Busche, Jan *Stoll, Peter-Tobias* *Wiebe, Andreas*	TRIPs – Internationales und europäisches Recht des geistigen Eigentums Kommentar 2. Auflage, Köln 2013 (zit.: Busche/Stoll/Wiebe/*Bearbeiter*, TRIPs)
von Busekist, Konstantin *Fahrig, Stephan*	Whistleblowing und der Schutz von Hinweisgebern Betriebs-Berater 2013, S. 119 ff. (zit.: *Busekist/Fahrig*, BB 2013, 119)
Bussmann, Kai-D. *Matschke, Sebastian*	Der Einfluss nationalen Rechts auf Kontroll- und Präventionsmaßnahmen von Unternehmen – ein Vergleich zwischen den USA und Deutschland – Zeitschrift für Wirtschafts- und Steuerstrafrecht 2008, S. 88 ff. (zit.: *Bussmann/Matschke*, wistra 2008, 88)
Bussmann, Kai-D. *Werle, Markus M.*	Addressing Crime in Companies – First Findings from a Global Survey of Economic Crime British Journal of Criminology 46 (2006), S. 1128 ff. (zit.: *Bussmann/Werle*, BJC 46 (2008), 1128)
Casper, Matthias	Whistleblowing zwischen Denunziantentum und integralem Baustein von Compliance-Systemen in: Liber amicorum für Martin Winter, S. 77 – 98 Köln 2011 (zit.: *Casper*, FS-Winter, 77)
Dannecker, Gerhard	Der Schutz von Geschäfts- und Betriebsgeheimnissen Betriebs-Berater 1987, S. 1614 ff. (zit.: *Dannecker*, BB 1987, 1614)

De George, Richard T.	Whistle-blowing in: Lexikon der Wirtschaftsethik, herausgegeben von Georges Enderle, Karl Homann, Martin Honecker, Walter Kerber und Horst Steinmann Freiburg, Basel, Wien 1993 (zit.: *De George* in: Lexikon der Wirtschaftsethik)
Domscheit-Berg, Daniel	Inside WikiLeaks – Meine Zeit bei der gefährlichsten Website der Welt Berlin 2011 (zit.: *Domscheit-Berg*, Inside WikiLeaks)
Deiseroth, Dieter	Berufsethische Verantwortung in der Forschung: Möglichkeiten und Grenzen des Rechts Münster 1997 (zit.: *Deiseroth*, Berufsethische Verantwortung in der Forschung)
Deiseroth, Dieter *Derleder, Peter*	Whistleblower und Denunziatoren Zeitschrift für Rechtspolitik 2008, 248 ff. (zit.: *Deiseroth/Derleder*, ZRP 2008, 248)
Deiseroth, Dieter	Whistleblower-Schutz Rechtsvergleichende Anmerkungen zur Situation in den USA und in Deutschland Betrifft Justiz 2004, S. 296 ff. (zit.: *Deiseroth*, Betrifft Justiz 2004, 296)

Deiseroth, Dieter
Falter, Annegret (Hrsg.)
Whistleblowerpreis 2003 – Daniel Ellsberg
Schriftenreihe: Wissenschaft in der Verantwortung
Berlin 2003
(zit.: Deiseroth/Falter/*Bearbeiter*, Whistleblowerpreis 2003)

Deiseroth, Dieter
Whistleblowing in Zeiten von BSE – Der Fall Margrit Herbst
Berlin 2001
(zit.: *Deiseroth*, Whistleblowing in Zeiten von BSE)

Deiseroth, Dieter
Zivilcourage lernen
Analysen – Modelle – Arbeitshilfen
Tübingen 2004
URL: www.bpb.de/system/files/pdf/7NTX8Y.pdf
(letzter Zugrff: 13. September 2015)
(zit.: *Deiseroth*, Zivilcourage lernen)

Deutscher Bundestag
Plenarprotokoll. Stenographischer Bericht der 83. Sitzung der 17. Wahlperiode (19. Januar 2011), S. 9263 – 9344.
(zit.: *Name des Redners*, Plenarprotokoll 83/17)

Dolata, Uwe
Compliance contra Wirtschaftskriminalität – Korruption im Wandel der Zeit
Hamburg 2014
(zit.: *Dolata*, Compliance contra Wirtschaftskriminalität)

Duden
Deutsches Universalwörterbuch
Mannheim, Zürich 2011
(zit.: *Duden*, Deutsches Universalwörterbuch)

Düsel, Jens
Gespaltene Loyalität – Whistleblowing und Kündigungsschutz in Deutschland, Großbritannien und Frankreich
1. Auflage, Baden-Baden 2009
(zit.: *Düsel*, Gespaltene Loyalität)

Ehrich, Issio
Bradley Manning – der naive „Verräter“
N-TV Online vom 26. Juli 2013
URL: www.n-tv.de/politik/Bradley-Manning-der-naive.Verraeter-article11065051.html
(letzter Zugriff: 20. Februar 2016)
(zit.: *Ehrich*, N-TV Online)

Eisenberg, Ulrich
Kriminologie
5. Auflage, München 2000
(zit.: *Eisenberg*, Kriminologie)

Elliston, Frederick A.
Anonymity and Whistleblowing
Journal of Business Ethics 1982, S. 167 ff.
(zit.: *Elliston*, Journal of Business Ethics 1982, 167)

Emmerich, Volker
Unlauterer Wettbewerb,
9. Auflage, München 2012
(zit.: *Emmerich*, Unlauterer Wettbewerb)

Engländer, Armin
Zimmermann, Till
Whistleblowing als strafbarer Verrat von Geschäfts- und Betriebsgeheimnissen?
Neue Zeitschrift für Wirtschafts-, Steuer- und Unternehmensstrafrecht 2012, 328 ff.
(zit.: *Engländer/Zimmermann*, NZWiSt 2012, 328)

Erb, Volker	Inwieweit schützt § 17 UWG ein ausländisches „Bankgeheimnis“? in: Strafrecht als Scientia Universalis – Festschrift für Claus Roxin zum 80. Geburtstag am 15. Mai 2011 – Band 2, S. 1103 – 1119 Berlin/New York 2011 (zit.: *Erb*, FS-Roxin II, 1103)
Erbs, Georg *Kohlhaas, Max*	Strafrechtliche Nebengesetze Stand: 197. Ergänzungslieferung, München 2014 (zit.: Erbs/Kohlhaas/*Bearbeiter*, Nebengesetze)
Eschenfelder, Dirk Eike	Licht ins Dunkel Finance Sonderbeilage, Februar/ März 2013, S. 18 f. (zit.: *Eschenfelder*, Licht ins Dunkel, 18)
Eufinger, Alexander	EU-Geheimnisschutzrichtlinie und Schutz von Whistleblowern Zeitschrift für Rechtspolitik 2016, 229 ff. (zit.: *Eufinger*, ZRP 2016, 229)
Fahrig, Stephan	Die Zulässigkeit von Whistleblowing aus arbeits- und datenschutzrechtlicher Sicht Neue Zeitschrift für Arbeitsrecht 2010, 1223 (zit.: *Fahrig*, NZA 2010, 1223)
Fezer, Karl-Heinz (Hrsg.)	Lauterkeitsrecht – Kommentar zum Gesetz gegen den unlauteren Wettbewerb (UWG) Band 2: §§ 5 – 20 UWG 2. Auflage, München 2002 (zit.: Fezer/*Bearbeiter*, Lauterkeitsrecht)

Fischer, Thomas Strafgesetzbuch mit Nebengesetzen
63. Auflage, München 2016
(zit.: *Fischer*, StGB)

Fleischhauer, Jan Hauptsache groß
Spiegel Online vom 1. Juli 2002
URL: www.spiegel.de/spiegel/print/d-23011337.html
(letzter Zugriff: 20. Februar 2016)
(zit.: *Fleischhauer*, Spiegel Online)

Forst, Gerrit Strafanzeige gegen den Arbeitgeber – Grund zur Kündigung des Arbeitsvertrags?
Neue Juristische Wochenschrift 2011, 3477 ff.
(zit.: *Forst*, NJW 2011, 3477)

Frank, Christoph
Titz, Andrea Die Kronzeugenregelung zwischen Legalitätsprinzip und Rechtsstaatlichkeit
Zeitschrift für Rechtspolitik 2009, 137 ff.
(zit.: *Frank/Titz*, ZRP 2009, 137)

von Frentz, Clemens Enron – Chronik einer Rekord-Pleite
Manager Magazin Online vom 25. September 2003
URL: http://www.manager-magazin.de/unternehmen/artikel/a-178836.html
(letzter Zugriff: 20. Februar 2016)
(zit.: *von Frentz*, Manager Magazin Online)

Frister, Helmut Strafrecht Allgemeiner Teil – Ein Studienbuch
7. Auflage, München 2015
(zit.: *Frister*, Strafrecht AT)

Gach, Bernt *Rützel, Stefan*	Verschwiegenheitspflicht und Behördenanzeigen von Arbeitnehmern Betriebs-Berater 1997, S. 1959 ff. (zit.: *Gach/Rützel*, BB 1997, 1959)
Gaede, Karsten	Der praktische Fall – Strafrecht: Täterschaft und Teilnahme beim Bandendiebstahl Juristische Schulung 2003, S. 774 ff. (zit.: *Gaede*, JuS 2003, 774)
Gazdar, Kaevan *Habisch, Andre* *Kirchhof, Klaus* *Vaseghi, Sam*	Erfolgsfaktor Verantwortung – Corporate Social Responsibility professionell managen 1. Auflage, Berlin Heidelberg 2006 (zit.: Gazdar/Habisch/Kirchhof/Vaseghi/*Bearbeiter*, Erfolgsfaktor Verantwortung)
Geisler, Claudius	Zur Vereinbarkeit objektiver Bedingungen der Strafbarkeit mit dem Schuldprinzip Berlin, 1998 (zit.: *Geisler*, Schuldprinzip)
Gercke, Björn *Julius, Karl-Peter* *Temming, Dieter* *Zöller, Mark A.*	Strafprozessordnung 5. Auflage, Heidelberg/ München/ Landsberg/ Frechen/ Hamburg 2012 (zit.: HK-StPO-*Bearbeiter*)
Gola, Peter *Schomerus, Rudolf*	BDSG – Bundesdatenschutzgesetz 12. Auflage, München 2015 (zit.: Gola/Schomerus/*Bearbeiter*, BDSG)
Göpfert, Burkard *Landauer, Martin*	“Arbeitsstrafrecht” und die Bedeutung von Compliance-Systemen: Straftaten “für” das Unternehmen Neue Zeitschrift für Arbeitsrecht – Beilage 2011, S. 16 ff. (zit.: *Göpfert/Landauer*, NZA-Beil. 2011, 16)

Götting, Horst-Peter
Nordemann, Axel (Hrsg.)
Nomos Kommentar
UWG-Handkommentar
2. Auflage, Baden-Baden 2013
(zit.: HK-UWG/*Bearbeiter*)

Goettle, Gabriele
Rinderwahnsinn? Zu Besuch bei einer BSE-Sachkundigen
Die Tageszeitung Online vom 30. Juni 2003
URL: www.taz.de/1/archiv/?dig=2203/06/30/a0150
(letzter Zugriff: 30. März 2015)
(zit.: *Goettle*, taz Online)

Grace, Damian
Cohen, Stephen
Business Ethics
5. Auflage, Victoria 2013
(zit.: *Grace/Cohen*, Business Ethics)

Graeff, Peter
Schröder, Karenina
Wolf, Sebastian (Hrsg.)
Der Korruptionsfall Siemens
Analysen und praxisnahe Folgerungen des wissenschaftlichen Arbeitskreises von Transparency International Deutschland
1. Auflage, Baden-Baden 2009
(zit.: Graeff/Schröder/Wolf/*Bearbeiter*, Korruptionsfall Siemens)

Greenwald, Glenn
MacAskill, Ewen
Poitras, Laura
Edward Snowden: the whistleblower behind the NSA surveillance revelations
The Guardian Online vom 11. Juni 2013
URL: www.theguardian.com/world/2013/jun/09/edward-snowden-nsa-whistleblower-surveillance
(letzter Zugriff: 20. Februar 2016)
(zit.: *Greenwald/MacAskill/Poitras*, The Guardian Online)

Groneberg, Rut — Whistleblowing – Eine rechtsvergleichende Untersuchung des US-amerikanischen, englischen und deutschen Rechts unter besonderer Berücksichtigung des Entwurfs eines neuen § 612 a BGB
Berlin 2011
(zit.: *Groneberg*, Whistleblowing)

Große-Vorholt, André — Wirtschaftsstrafrecht: Risiken – Verteidigung – Prävention
2. Auflage, Köln 2007
(zit.: *Große-Vorholt*, Wirtschaftsstrafrecht)

Gutjahr, Jan — Whistleblowing im öffentlichen Sektor
Masterarbeit an der Hochschule für öffentliche Verwaltung und Finanzen Ludwigsburg vom 20. März 2013
(URL: opus.hslb.bsz-bw.de/frontdoor/index/docId/332)
(letzter Zugriff: 21. Mai 2015)
(zit.: *Gutjahr*, Whistleblowing im öffentlichen Sektor)

Harte-Bavendamm, Henning
Henning-Bodewig, Frauke — Gesetz gegen den unlauteren Wettbewerb (UWG) – Kommentar
3. Auflage, München 2013
(zit.: Harte-Bavendamm/Henning-Bodewig/*Bearbeiter*, UWG)

Hassemer, Winfried — Anmerkung zum Urteil des OLG Köln vom 30. Juni 1987 – AZ.: 2 Ss 234/87
Juristische Schulung 1989, S. 236 f.
(zit.: *Hassemer*, JuS 1989, 236)

Hassemer, Winfried — Stellungnahme zum Artikelgesetz – Die Kronzeugenregelung
Strafverteidiger 1989, S. 72 ff.
(zit.: *Hassemer*; StV 1989, 72)

Haußmann, Katrin
Kaufmann, Muriel
Auswirkungen absehbarer Änderungen im Datenschutzrecht auf Whistleblowing-Systeme
Arbeitsrecht Aktuell 2011, S. 186 ff.
(zit.: *Haußmann/Kaufmann*, ArbRAktuell 2011, 186)

Heermann, Peter
Schlingloff, Jochen
Münchener Kommentar zum Lauterkeitsrecht
Band 2 – §§ 50 – 20 UWG
2. Auflage, München 2014
(zit.: Heermann/Schlingloff/*Bearbeiter*, Lauterkeitsrecht)

Hefendehl, Roland
Außerstrafrechtliche und strafrechtliche Instrumentarien zur Eindämmung der Wirtschaftskriminalität
Zeitschrift für die gesamte Strafrechtswissenschaft 119 (2007), S. 816 ff.
(zit.: *Hefendehl*, ZStW 119 [2007], 816)

Hefendehl, Roland
Alle lieben Whistleblowing
in: Grundlagen des Straf- und Strafverfahrensrechts – Festschrift für Knut Amelung zum 70. Geburtstag, S. 617 – 643
Berlin 2009
(zit.: *Hefendehl*, FS-Amelung, 617)

Heidel, Thomas
Schall, Alexander (Hrsg.)
HGB – Handkommentar
2. Auflage, Baden-Baden 2015
(zit.: HK-HGB/*Bearbeiter*)

von Heintschel-Heinegg, Bernd (Hrsg.)
Strafgesetzbuch – Kommentar
2. Auflage, München 2015
(zit.: von Heintschel-Heinegg/*Bearbeiter*)

Hellmann, Uwe *Beckemper, Katharina*	Wirtschaftsstrafrecht 4. Auflage, Stuttgart 2013 (zit.: *Hellmann/Beckemper*, Wirtschaftsstrafrecht)
Herrmann, Klaus *Sandkuhl, Heide*	Beamtendisziplinarrecht – Beamtenstrafrecht 1. Auflage, München 2014 (zit.: Herrmann/Sandkuhl/*Bearbeiter*, Beamtendisziplinarrecht – Beamtenstrafrecht)
Hettinger, Michael	Der Irrtum im Bereich der äußeren Tatumstände – eine Einführung Juristische Schulung 1992, Lernbogen S. 65 ff. (zit.: *Hettinger*, JuS 1992, L 65)
Hölters, Wolfgang (Hrsg.)	Aktiengesetz – Kommentar 2. Auflage, München 2014 (zit.: Hölters/*Bearbeiter*, AktG)
Höpner, Axel	Kampf der Korruption Handelsblatt Online vom 15. November 2011 URL: www.handelsblatt.com/unternehmen/industrie/siemens-kampf-der-korruption/5836868.html (letzter Zugriff: 20. Februar 2016) (zit.: *Höpner*, Handelsblatt Online)
Hornung, Ela	Denunziation als soziale Praxis – Fälle aus der NS-Militärjustiz Wien, Köln, Weimar 2010 (zit.: *Hornung*, Denunziation)
Hüffer, Uwe	Aktiengesetz – Kommentar 10. Auflage, München 2012 (zit.: *Hüffer*; AktG)

Hütten, Christoph
Stromann, Hilke
Umsetzung des Sarbanes-Oxley Act in der Unternehmenspraxis
Betriebs-Berater 2003, S. 2223 ff.
(zit.: *Hütten/Stromann*, BB 2003, 2223)

Janal, Ruth
Profilbildende Maßnahmen: Möglichkeiten der Unterbindung virtueller Mund-zu-Mund-Propaganda
Neue Juristische Wochenschrift 2006, S. 870 ff.
(zit.: *Janal*, NJW 2006, 870)

Jarass, Hans D.
Pieroth, Bodo
Grundgesetz für die Bundesrepublik Deutschland – Kommentar
13. Auflage, München 2014
(zit.: Jarass/Pieroth/*Bearbeiter*, GG)

Joecks, Wolfgang
Strafgesetzbuch – Studienkommentar
11. Auflage, München 2014
(zit.: *Joecks*, StGB)

Kaiser, Günther
Kriminologie
3. Auflage, Heidelberg 1996
(zit.: *Kaiser*, Kriminologie)

Kaiser, Ingo
Zulässigkeit des Ankaufs deliktisch erlangter Steuerdaten
Neue Zeitschrift für Strafrecht 2011, S. 383 ff.
(zit.: *Kaiser*, NStZ 2011, 383)

Kalbfus, Björn
Die neuere Rechtsprechung des BGH zum Schutz von Betriebs- und Geschäftsgeheimnissen
Wettbewerb in Recht und Praxis 2013, S. 584 ff.
(zit.: *Kalbfus*, WRP 2013, 584)

Kalbfus, Björn	Die EU-Geschäftsgeheimnis-Richtlinie Welcher Umsetzungsbedarf besteht in Deutschland? Gewerblicher Rechtsschutz und Urheberrecht 2016, S. 1009 ff. (zit.: *Kalbfus*, GRUR 2016, 1009)
Karlsruher Kommentar *Senge, Lothar (Hrsg.)*	Karlsruher Kommentar zum Gesetz über Ordnungswidrigkeiten 4. Auflage, München 2014 (zit.: KK-OWiG-*Bearbeiter*)
Karlsruher Kommentar *Hannich, Rolf (Hrsg.)*	Karlsruher Kommentar zur Strafprozessordnung mit GVG, EGGVG und EMRK 7. Auflage, München 2013 (zit.: KK-StPO/*Bearbeiter*)
Kelly, James	The Year of the Whistle-Blowers TIME Magazine Online vom 22. Dezember 2002 URL: http://content.time.com/time/magazine/article/0,9171,402010,00.html (letzter Zugriff: 20. Februar 2016) (zit.: *Kelly*, TIME Magazine Online)
Kempcke, Günter	Handwörterbuch der deutschen Gegenwartssprache in zwei Bänden Band 1: A – K Berlin 1984 (zit.: Handwörterbuch der deutschen Gegenwartssprache)
Kiethe, Kurt *Hohmann, Olaf*	Der strafrechtliche Schutz von Geschäfts- und Betriebsgeheimnissen Neue Zeitschrift für Strafrecht 2006, S. 185 ff. (zit.: *Kiethe/Hohmann*, NStZ 2006, 185)

Kindhäuser, Urs *Neumann, Ulfrid* *Paeffgen, Hans-Ullrich (Hrsg.)*	Nomos Kommentar zum Strafgesetzbuch Band 1 – Allgemeiner Teil – §§ 1 – 79 b 5. Auflage, Baden-Baden 2017 Band 2 – Besonderer Teil – §§ 80 – 231 StGB 4. Auflage, Baden-Baden 2013 Band 3 – Besonderer Teil – §§ 232 – 358 StGB 4. Auflage, Baden-Baden 2013 (zit.: NK-StGB/*Bearbeiter*)
Kindhäuser, Urs	Strafgesetzbuch – Lehr- und Praxiskommentar 6. Auflage, Baden-Baden 2015 (zit.: *Kindhäuser*-LPK-StGB)
Király, Andrei	Der rechtliche Schutz von Whistleblowern – Lehren aus US-amerikanischen Regelungen Zeitschrift für Rechtspolitik 2011, 146 ff. (zit.: *Király*, ZRP 2011, 146)
Király, Andrei	Whistleblower in der öffentlichen Verwaltung – Ihre Rechtsstellung bei der Korruptionsbekämpfung Deutsches Forschungsinstitut für öffentliche Verwaltung Speyer – Discussion Papers abzurufen unter: 192.124.238.248/fbpdf/dp-057.pdf (letzter Zugriff: 20. Februar 2016) (zit.: *Király*, FÖV 57)

Klasen, Evelyn
Schaefer, Sandra
Whistleblower, Zeuge und „Beschuldigter“ – Informationsweitergabe im Spannungsfeld grundrechtlicher Positionen
Betriebs-Berater 2012, 641 ff.
(zit.: *Klasen/Schaefer*, BB 2012, 641)

Klein, Franz
Abgabenordnung
Kommentar
13. Auflage, München 2016
(zit.: Klein/*Bearbeiter*, AO)

Kloepfer, Michael
Verfassungsrecht – Band II
Grundrechte
München 2010
(zit.: *Kloepfer*, Grundrechte)

Koch, Arnd
Denunciatio – Zur Geschichte eines strafprozessualen Rechtsinstituts
Frankfurt a.M. 2006
(zit.: *Koch*, Denunciatio)

Koch, Arnd
Die „fahrlässige Falschanzeige“ – oder: Strafrechtliche Risiken der Anzeigeerstattung
Neue Juristische Wochenschrift 2005, S. 943 ff.
(zit.: *Koch*, NJW 2005, 943)

Koch, Arnd
Korruptionsbekämpfung durch Geheimnisverrat? Strafrechtliche Aspekte des Whistleblowing
Zeitschrift für Internationale Strafrechtsdogmatik 2008, S. 500 ff.
(zit.: *Koch*, ZIS 2008, 500)

Köhler, Helmut
Bornkamm, Joachim
Gesetz gegen den unlauteren Wettbewerb
Kommentar
32. Auflage, München 2014
(zit.: Köhler/Bornkamm/*Bearbeiter*, UWG)

König, Stefan	Wieder da: Die „große" Kronzeugenregelung Neue Juristische Wochenschrift 2009, S. 2481 ff. (zit.: *König*, NJW 2009, 2481)
Körner, Harald Hans *Patzak, Jörn* *Volkmer, Mathias*	Betäubungsmittelgesetz, Arzneimittelgesetz, Grundstoffüberwachungsgesetz 8. Auflage, München 2016 (zit.: Körner/*Bearbeiter*, BtMG)
Korfkamp, Jens	Zivilcourage im Alltag fördern – Das Argumentationstraining gegen Stammtischparolen – ein Praxismodell aus der politischen Bildungsarbeit in: Das ist doch keine Kunst! Kulturelle Grundlagen und künstlerische Ansätze von Alphabetisierung und Grundbildung, S. 228 – 247 Münster/ München/ Berlin 2010 (zit.: *Korfkamp*, Das ist doch keine Kunst!, 228)
Kragler, Peter	Schutz des geheimen Know-how – Rechtliche Grundlagen und Maßnahmenkatalog Landsberg/Lech 1987 (zit.: *Kragler*, Schutz des geheimen Know-how)
Krey, Volker *Heinrich, Manfred*	Strafrecht Besonderer Teil – Band 1 – Besonderer Teil ohne Vermögensdelikte 14. Auflage, Stuttgart 2008 (zit.: *Krey/Heinrich*, BT 1)
Krümpelmann, Justus	Vorsatz und Motivation Zeitschrift für die gesamte Strafrechtswissenschaft 87 (1975), S. 888 ff. (zit.: *Krümpelmann*, ZStW 87 [1975], 888)

Kugele, Dieter (Hrsg.)	BBG – Kommentar zum Bundesbeamtengesetz Band 1 1. Auflage, Münster 2011 (zit.: Kugele/*Bearbeiter*, BBG)
Kühl, Kristian	Strafrecht – Allgemeiner Teil 7. Auflage, München 2012 (zit.: *Kühl*, StGB-AT)
Kühling, Jürgen	Geleitwort anlässlich der Whistleblower-Preisverleihung im Jahre 1999 an Alexander Nikitin URL: www.vdw-ev.de/images/stories/vdwdokumente/whistleblower/geleitwort-nikitin.pdf (letzter Zugriff: 20. Februar 2016) (zit.: *Kühling*, Geleitwort Nikitin)
Kürzinger, Josef	Private Strafanzeige und polizeiliche Reaktion Berlin 1978 (zit.: *Kürzinger*, Private Strafanzeige und polizeiliche Reaktion)
Küttner, Wolfdieter	Personalbuch 2014 – Arbeitsrecht – Lohnsteuerrecht – Sozialversicherungsrecht 21. Auflage, München 2014 (zit.: Küttner/*Bearbeiter*, Personalbuch 2014, Stichwort)
Lackner, Karl *Kühl, Kristian*	Strafgesetzbuch Kommentar 28. Auflage, München 2014 (zit.: Lackner/Kühl/*Bearbeiter*, StGB)
Leipold, Klaus *Tsambikakis, Michael* *Zöller, Mark A.*	AnwaltKommentar StGB 2. Auflage, Heidelberg, München, Landsberg, Frechen, Hamburg 2015 (zit.: AnwK-StGB/*Bearbeiter*)

Leipziger Kommentar Strafgesetzbuch Leipziger Kommentar
Zweiter Band – §§ 32 bis 55
12. Auflage, Berlin 2006
Vierter Band – §§ 80 bis 109 k
12. Auflage, Berlin 2007
Dreizehnter Band – §§ 331 bis 358
12. Auflage, Berlin 2009
Sechster Band – §§ 146 bis 210
12. Auflage, Berlin 2010
(zit.: LK-StGB/*Bearbeiter*)

Leisinger, Klaus Whistleblowing und Corporate Reputation Management
München/ Mering 2003
(zit.: *Leisinger*, Whistleblowing und Corporate Reputation Management)

Lenckner, Theodor Die Wahrnehmung berechtigter Interessen, ein „übergesetzlicher“ Rechtfertigungsgrund?
in: Gedächtnisschrift für Peter Noll, S. 243 – 256
Zürich 1984
(zit.: *Lenckner*, GS-Noll, 243)

von Leszczynski, Ulrike „Whistleblower“-Prozess: Gefeuerte Altenpflegerin bekommt Abfindung
Süddeutsche Zeitung Online vom 25. Mai 2012
URL: www.sueddeutsche.de/karriere/whistleblower-prozess-gefeuerte-altenpflegerin-bekommt-abfindung-1.1366171
(letzter Zugriff: 20. Februar 2016)
(zit.: *von Leszczynski*, Süddeutsche Zeitung Online)

Lettl, Tobias Wettbewerbsrecht
2. Auflage, München 2013
(zit.: *Lettl*, Wettbewerbsrecht)

Leuchten, Alexius	Der gesetzliche Schutz für Whistleblower rückt näher Zeitschrift für Rechtspolitik 2012, S. 142 ff. (zit.: *Leuchten*, ZRP 2012, 142)
Löhr, Albert *Burkatzki, Eckhard (Hrsg.)*	Wirtschaftskriminalität und Ethik München/ Mering 2008 (zit.: Löhr/Burkatzki/*Bearbeiter*, Wirtschaftskriminalität und Ethik)
Lopacki, Helmut	Verletzung der Verschwiegenheitspflicht und ihre Folgen für Whistleblower in der öffentlichen Verwaltung – unter Berücksichtigung beamten-, disziplinar-, arbeits-, und strafrechtlicher Aspekte Zeitschrift für Beamtenrecht 2016, S. 329 ff. (zit.: *Lopacki*, ZBR 2016, 329)
Löw, Hans-Peter	Der größte Lump im ganzen Land, das ist und bleibt der Denunziant Betriebs-Berater 2008, S. 1449 (zit.: *Löw*, BB 2008, 1449)
Erb, Volker *Esser, Robert* *Franke, Ulrich* *Graalmann-Scheerer, Kirsten* *Hilger, Hans* *Ignor, Alexander (Hrsg.)*	Löwe-Rosenberg Die Strafprozessordnung und das Gerichtsverfassungsgesetz Großkommentar Fünfter Band, §§ 151 – 212 b StPO 26. Auflage, Berlin 2008 (zit.: Löwe-Rosenberg/*Bearbeiter*, StPO)
Lutter, Marcus *Hommelhoff, Peter (Hrsg.)*	GmbH-Gesetz – Kommentar 18. Auflage, Köln 2012 (zit.: Lutter/Hommelhoff/*Bearbeiter* – GmbHG)
Lutterbach, Carolin	Die strafrechtliche Würdigung des Whistleblowings Dissertation Bremen 2010 (zit.: *Lutterbach*, Whistleblowing)

MacAskill, Ewen	Edward Snowden, NSA files source: „If they want to get you, in time they will" The Guardian Online vom 10. Juni 2013 URL: www.theguardian.com/world/2013/jun/09/nsa-whistleblower-edward-snowden-why (letzter Zugriff: 20. Februar 2016) (zit.: *MacAskill*, The Guardian Online)
Mahnhold, Thilo	"Global Whistle" oder "deutsche Pfeife" – Whistleblowing-Systeme im Jurisdiktionskonflikt Neue Zeitschrift für Arbeitsrecht 2008, S. 737 ff. (zit.: *Mahnhold*, NZA 2008, 737)
v. Mangoldt, Herrmann *Klein, Friedrich* *Starck, Christian*	Kommentar zum Grundgesetz Band 1: Präambel, Artikel 1 bis 19 GG 6. Auflage, München 2010 (zit.: v. Mangoldt/Klein/Starck/*Bearbeiter*, GG)
Martinek, Michael *Semler, Franz-Jörg* *Habermeier, Stefan* *Flohr, Eckhard (Hrsg.)*	Handbuch des Vertriebsrechts 3. Auflage, München 2010 (zit.: Martinek/Semler/Habermeier/Flohr/*Bearbeiter*, Vertriebsrecht)
Matt, Holger *Renzikowski, Joachim*	Strafgesetzbuch Kommentar 1. Auflage, München 2013 (zit.: Matt/Renzikowski/*Bearbeiter*)

Maunz, Theodor *Dürig, Günter*	Grundgesetz – Kommentar Band I – Art. 1 – 5 GG 74. Ergänzungslieferung Mai 2015, München 2015 Band IV – Art. 23 – 53 a GG 74. Ergänzungslieferung Mai 2015, München 2015 Band VI – Art. 86 – 106 b GG 74. Ergänzungslieferung Mai 2015, München 2015 (zit.: Maunz/Dürig/*Bearbeiter*, GG)
Maurach, Reinhart *Schroeder, Friedrich-Christian* *Maiwald, Manfred*	Strafrecht – Besonderer Teil Teilband 2 – Straftaten gegen Gemeinschaftswerte 10. Auflage, Heidelberg, München, Landsberg, Frechen, Hamburg 2012 (zit.: *Maurach/Schroeder/Maiwald*, BT2)
Mayer, Markus A.	Geschäfts- und Betriebsgeheimnis oder Geheimniskrämerei Gewerblicher Rechtsschutz und Urheberrecht 2011, S. 884 ff. (zit.: *Mayer*, GRUR 2011, 884)
Mengel, Anja	Compliance und Arbeitsrecht 1. Auflage, München 2009 (zit.: *Mengel*, Compliance und Arbeitsrecht)
Mengel, Anja	Der Gesetzentwurf der SPD-Fraktion zum Whistleblowing Corporate Compliance Zeitschrift 2012, S. 146 ff. (zit.: *Mengel*, CCZ 2012, 146)

Meschkutat, Bärbel
Stackelbeck, Martina
Langenhoff, Georg
Der Mobbing-Report
Eine Repräsentativstudie für die Bundesrepublik Deutschland
2. Auflage, Dortmund/Berlin/Dresden 2002
(zit.: *Meschkutat/Stackelbeck/Langenhoff*, Mobbing-Report)

Metzler-Müller, Karin
Rieger, Reinhard
Seeck, Erich
Zentgraf, Renate
Beamtenstatusgesetz
Kommentar
4. Auflage, Wiesbaden 2016
(zit.: Metzler-Müller/Rieger/Seeck/Zentgraf/*Bearbeiter*, BeamtStG)

Meyer-Goßner, Lutz
Schmitt, Bertram
Strafprozessordnung
mit GVG und Nebengesetzen
60. Auflage, München 2017
(zit.: Meyer-Goßner/Schmitt/*Bearbeiter*, StPO)

Möller, Manuela
Sigillo, Francesco
Der Enron-Andersen-Skandal und dessen Einfluss auf das Reputationskapitel der Institution Wirtschaftsprüfung
Zeitschrift für Gesellschafts- und Kapitalmarktrecht
Online-Beitrag 1/2010, S. 1 ff.
URL: www.wiwi.uni-passau.de/fileadmin/dokumente/lehrstuehle/moeller/Sonstiges/Moeller_Sigillo_Online.pdf
(letzter Zugriff: 20. Februar 2016)
(zit.: *Möller/Sigillo*, Der Enron-Andersen-Skandal, 1)

Momsen, Carsten
Grützner, Thomas
Wirtschaftsstrafrecht
Handbuch für die Unternehmens- und Anwaltspraxis
1. Auflage, München 2013
(zit.: Momsen/Grützner/*Bearbeiter*, WStR)

Müller, Michael	Whistleblowing – Ein Kündigungsgrund? Neue Zeitschrift für Arbeitsrecht 2002, S. 424 ff. (zit.: *Müller*, NZA 2002, 424)
Müller-Neuhof, Jost	Erfolg für Brigitte Heinisch – Altenpflegerin erhält 90.000 Euro Der Tagesspiegel Online vom 25. Mai 2012 URL: www.tagesspiegel.de/weltspiegel/erfolg-fuer-brigitte-heinisch-altenpflegerin-erhaelt-90-000euro-/6672302.html (letzter Zugriff: 20. Februar 2016) (zit.: *Müller-Neuhof*, Der Tagesspiegel Online)
Münchener Anwaltshandbuch *Moll, Wilhelm (Hrsg.)*	Arbeitsrecht 3. Auflage, München 2012 (zit.: Moll/*Bearbeiter*-MAH-Arbeitsrecht)
Münchener Handbuch *Richardi, Reinhard* *Wißmann, Hellmut* *Wlotzke, Otfried* *Oetker, Hartmut (Hrsg.)*	Münchener Handbuch Arbeitsrecht Band 1 – Individualarbeitsrecht 3. Auflage, München 2009 (zit.: MünchArbR/*Bearbeiter*)
Münchener Kommentar *Goette, Wulf* *Habersack, Mathias (Hrsg.)*	Münchener Kommentar zum Aktiengesetz Band 2 – §§ 76 – 117 AktG 3. Auflage, München 2008 Band 6 – §§ 329 – 410 AktG 3. Auflage, München 2011 (zit.: MüKo-AktG/*Bearbeiter*)
Münchener Kommentar *Schmidt, Karsten* *Ebke, Werner F. (Hrsg.)*	Münchener Kommentar zum Handelsgesetzbuch Band 4 – §§ 238 – 342 e HGB 3. Auflage, München 2013 (zit.: MüKo-HGB/*Bearbeiter*)

Münchener Kommentar *Heermann, Peter W.* *Schlingloff, Jochen (Hrsg.)*	Münchener Kommentar zum Lauterkeitsrecht Band 2 – §§ 5 – 20 UWG 2. Auflage, München 2014 (zit.: MüKo-UWG/*Bearbeiter*)
Münchener Kommentar *Joecks, Wolfgang* *Miebach, Klaus (Hrsg.)*	Münchener Kommentar zum Strafgesetzbuch Band 1 – §§ 1 – 37 StGB 2. Auflage, München 2011 Band 2 – §§ 38 – 79 b 3. Auflage, München 2016 Band 3 – §§ 80 – 184 j StGB 3. Auflage, München 2017 Band 4 – §§ 185 – 262 StGB 2. Auflage, München 2012 Band 5 – §§ 263 – 358 StGB 2. Auflage, München 2014 Band 7 – Nebenstrafrecht II 2. Auflage, München 2015 (zit.: MüKo-StGB/*Bearbeiter*)
Near, Janet P. *Miceli, Marcia P.*	Effective Whistle-Blowing The Academy of Management Review 1995, S. 679 ff. (zit.: *Near/Miceli*, The Academy of Management Review 1995, 679)
Near, Janet P. *Miceli, Marcia P.*	Organizational Dissidence: The Case of Whistle-Blowing Journal of Business Ethics 1985, S. 1 ff. (zit.: *Near/Miceli*, Journal of Business Ethics 1985, 1)
Nordmann, Christine	Whistleblowing gesellschaftlich erwünscht – juristisch nicht abgesichert Polizei Heute 2006, S. 49 ff. (zit.: *Nordmann*, PH 2006, 49)

Ogorek, Regina	Whistleblowing – oder vom Verpfeifen im Arbeitsrecht und anderswo in: Arbeitnehmermitwirkung in einer sich globalisierenden Arbeitswelt – Employee Involvement in a Globalising World – Liber Amicorum Manfred Weiss herausgegeben von Armin Höland, Christine Hohmann-Dennhardt, Marlene Schmidt und Achim Seifert, S. 539 – 555 Berlin 2005 (zit.: *Ogorek*, FS-Weiss, 539)
Ohly, Ansgar *Sosnitza, Olaf*	Gesetz gegen den unlauteren Wettbewerb mit Preisangabeverordnung – Kommentar 6. Auflage, München 2014 (zit.: Ohly/Sosnitza/*Bearbeiter*, UWG)
Ostendorf, Heribert	Die Strafbarkeit des Erwerbs von „geklauten" Steuerdaten und ihre Beweisverwertung Zeitschrift für Internationale Strafrechtsdogmatik 2010, S. 301 ff. (zit.: *Ostendorf*, ZIS 2010, 301)
Otto, Harro	Verrat von Betriebs- und Geschäftsgeheimnissen, § 17 UWG Zeitschrift für Wirtschaft – Steuer – Strafrecht 1988, S. 125 ff. (zit.: *Otto*, wistra 1988, 125)
Otto, Harro	Der Wegnahmebegriff in §§ 242, 289, 168, 274 Abs. 1 Nr. 3 StGB, § 17 Abs. 2 Nr. 1 c UWG Juristische Ausbildung 1992, S. 666 ff. (zit.: *Otto*, Jura 1992, 666)

Otto, Harro
Falsch verdächtigen – Zur Bedeutung des geschützten Rechtsguts für die Auslegung der einzelnen Merkmale eines Tatbestandes – Juristische Ausbildung 2000, S. 217 f.
(zit.: *Otto*, Jura 2000, 217)

Peglau, Jens
Neues zur „Kronzeugenregelung" – Beschränkung auf Zusammenhangstaten
Neue Juristische Wochenschrift 2013, S. 1910 ff.
(zit.: *Peglau*, NJW 2013, 1910)

von Pelchrzim, Gero
Whistleblowing und der strafrechtliche Geheimnisschutz nach § 17 UWG
Corporate Compliance Zeitschrift 2009, S. 25 ff.
(zit.: *von Pelchrzim*, CCZ 2009, 25)

Pellegrini, Frank
Person of the Week: 'Enron Whistleblower' Sherron Watkins
TIME Magazine Online vom 18. Februar 2002
URL: http://content.time.com/time/printout/0,8816,194927,00.html
(letzter Zugriff: 20. Februar 2016)
(zit.: *Pellegrini*, TIME Magazine Online)

Pennisi, Elizabeth
Challenger's Whistle-Blower: Hero And Outcast
The Scientist Online vom 20. Januar 1990
URL: www.the-scientist.com/?articles.view/articleNo/10849/title/Challenger-s-Whistle-Blower-Hero-And-Outcast/
(letzter Zugriff: 20. Februar 2016)
(zit.: *Pennisi*, The Scientist Online)

Pham, Khue *Musharbash, Yassin* *Wiedmann-Schmidt, Wolf* *Buchter, Heike* *Aden, Mareike* *Fischermann, Thomas*	Acht Menschen, die zu Whistleblowern wurden Zeit Online vom 15. Februar 2014 URL: www.zeit.de/digital/2014-02/whistleblower-skandale-geschichten (letzter Zugriff: 20. Februar 2016) (zit.: *Pham* u.a., Zeit Online)
Pieroth, Bodo *Schlink, Bernhard*	Grundrechte – Staatsrecht II 21. Auflage, Heidelberg 2005 (zit.: *Pieroth/Schlink*, Grundrechte)
Pittroff, Esther	Whistle-Blowing-Systeme in deutschen Unternehmen – Eine Untersuchung zur Wahrnehmung und Implementierung 1. Auflage, Wiesbaden 2011 (zit.: *Pittroff*, Whistle-Blowing-Systeme)
Pöhlmann, Peter *Fandrich, Andreas* *Bloehs, Joachim*	Genossenschaftsgesetz – Gesetz betreffend die Erwerbs- und Wirtschaftsgenossenschaften nebst umwandlungsrechtlichen Vorschriften – Kommentar 4. Auflage, München 2012 (zit.: Pöhlmann/Fandrich/Bloehs/*Bearbeiter*, GenG)
Polizeiliche Kriminalstatistik 2013	Polizeiliche Kriminalstatistik – Bundesrepublik Deutschland – Jahrbuch 2013 herausgegeben vom Bundeskriminalamt 61. Ausgabe (zit.: Polizeiliche Kriminalstatistik 2013)

Prantl, Heribert	Pfeifen verboten – Whistleblower im öffentlichen Dienst Süddeutsche Zeitung Online vom 12. August 2014 URL: http://www.sueddeutsche.de/politik/whistleblower-im-oeffentlichen-dienst-pfeifenverboten-1.2085623 (letzter Zugriff: 20. Februar 2016) (zit.: *Prantl*, Süddeutsche Zeitung Online)
Radtke, Henning	Überlegungen zum Verhältnis von „zivilem Ungehorsam" zur „Gewissenstat" Goltdammer's Archiv für Strafrecht 2000, S. 19 ff. (zit.: *Radtke*, GA 2000, 19)
Rebmann, Georg Friedrich	Die Wächter der Burg Zion – Nachricht von einem geheimen Bunde gegen Regenten- und Völkerglück und Enthüllung der einzigen wahren Propaganda in Deutschland; S. 57 – 88 in: Georg Friedrich Rebmann, Werke und Briefe in drei Bänden, Zweiter Band 1. Auflage, Berlin 1990 (zit.: *Rebmann*, Die Wächter der Burg Zion)
Reich, Andreas	Beamtenstatusgesetz – Kommentar 2. Auflage, München 2012 (zit.: *Reich*, BeamtStG)
Rengier, Rudolf	Strafrecht – Allgemeiner Teil 7. Auflage, München 2015 (zit.: *Rengier*, Strafrecht AT)
Rengier, Rudolf	Strafrecht – Besonderer Teil I Vermögensdelikte 17. Auflage, München 2015 (zit.: *Rengier*, Strafrecht BT I)

Rengier, Rudolf	Strafrecht – Besonderer Teil II Delikte gegen die Person und die Allgemeinheit 16. Auflage, München 2015 (zit.: *Rengier*, Strafrecht BT II)
Reufels, Martin *Deviard, Katja*	Die Implementierung von Whistleblower-Hotlines aus US-amerikanischer, europäischer und deutscher Sicht Corporate Compliance Zeitschrift 2009, 201 ff. (zit.: *Reufels/Deviard*, CCZ 2009, 201)
Richters, Swantje *Wodtke, Carolina*	Schutz von Betriebsgeheimnissen aus Unternehmenssicht „Verhinderung von Know-how Abfluss durch eigene Mitarbeiter" Neue Zeitschrift für Arbeitsrecht-Rechtsprechungs-Report 2003, S. 281 ff. (zit.: *Richters/Wodtke*, NZA-RR 2003, 281)
Rosbach, Thorsten	Ethik in einem Wirtschaftsunternehmen – nützlich oder überflüssige Förmelei? Corporate Compliance Zeitschrift 2008, 101 ff. (zit.: *Rosbach*, CCZ 2008, 101)
Ross, Andreas	Prozess gegen Bradley Manning – Ein Leck fürs Leben Frankfurter Allgemeine Zeitung Online vom 20. August 2013 URL: www.faz.net/aktuell/politik/ausland/amerika/prozess-gegen-bradley-manning-ein-leck-fürs-leben-12540142.html (letzter Zugriff: 7. April 2015) (zit.: *Ross*, FAZ Online)

Roth, Günter H. *Altmeppen, Holger*	GmbHG – Gesetz betreffend die Gesellschaften mit beschränkter Haftung – Kommentar 8. Auflage, München 2015 (zit.: Roth/Altmeppen/*Bearbeiter*, GmbHG)
Rotsch, Thomas (Hrsg.)	Criminal Compliance 1. Auflage, Baden-Baden 2015 (zit.: Rotsch/*Bearbeiter*, Criminal Compliance)
Rottmann, Frank	Grundrechte und Rechtsschutz im Beamtenverhältnis Zeitschrift für Beamtenrecht 1983, S. 77 ff. (zit.: *Rottmann*, ZBR 1983, 77)
Rowedder, Heinz *Schmidt-Leithoff, Christian (Hrsg.)*	Gesetz betreffend die Gesellschaften mit beschränkter Haftung (GmbHG) – Kommentar 5. Auflage, München 2013 (zit.: Rowedder/Schmidt-Leithoff/*Bearbeiter* – GmbHG)
Rudkowski, Lena	Kernprobleme einer gesetzlichen Regelung zum Schutz von Whistleblowern Corporate Compliance Zeitschrift 2013, 204 ff. (zit.: *Rudkowski*, CCZ 2013, 204)
Rützel, Stefan	Illegale Unternehmensgeheimnisse? GRUR 1995, 557 (zit.: *Rützel*, GRUR 1995, 557)
Sachs, Michael (Hrsg.)	Grundgesetz – Kommentar 7. Auflage, München 2014 (zit.: Sachs/*Bearbeiter*, GG)
Salg, Björn	Whistle-Blowing Forum Wirtschaftsethik 2008, S. 53 f. (zit.: *Salg*, Forum Wirtschaftsethik 2008, 53)

Salger, Carsten
Breitfeld, Anja
Regelungen zum Schutz von betrieblichem Know-how – die Sicherung von Geschäfts- und Betriebsgeheimnissen
Betriebs-Berater 2005, S. 154 ff.
(zit.: *Salger/Breitfeld*, BB 2005, 154)

Salvenmoser, Steffen
Hauschka, Christoph
Korruption, Datenschutz und Compliance
Neue Juristische Wochenschrift 2010, S. 331 ff.
(zit.: *Salvenmoser/Hauschka*, NJW 2010, 331)

Sasse, Stefan
Hilfspolizist Arbeitnehmer – oder sinnvolle Neuregelung?
Neue Zeitschrift für Arbeitsrecht 2008, 990 ff.
(zit.: *Sasse*, NZA 2008, 990)

Satzger, Helmut
Der Staat als „Hehler"? – Zur Strafbarkeit des Ankaufs rechtswidrig erlangter Bankdaten durch deutsche Behörden
in: Festschrift für Hans Achenbach zum 70. Geburtstag am 13. Oktober 2011, S. 447 – 462
Heidelberg/ München/ Landsberg/ Frechen/ Hamburg 2011
(zit.: *Satzger*, FS-Achenbach, 447)

Satzger, Helmut
Schluckebier, Wilhelm
Widmaier, Gunter
Strafgesetzbuch – Kommentar
2. Auflage, Köln 2014
(zit.: SSW-StGB/*Bearbeiter*)

Satzger, Helmut
Schluckebier, Wilhelm
Widmaier, Gunter
Strafprozessordnung – Kommentar
2. Auflage, Köln 2016
(zit.: SSW-StPO/*Bearbeiter*)

Sauerland, Karol
Dreißig Silberlinge. Das Phänomen Denunziation
Frankfurt am Main 2012
(zit.: *Sauerland*, Dreißig Silberlinge)

Schaub, Günter
Arbeitsrechts-Handbuch – Systematische Darstellung und Nachschlagewerk für die Praxis
12. Auflage, München 2007
(zit.: Schaub/*Bearbeiter*, Arbeitsrechtshandbuch)

Scheele, Michael
Das jüngste Gerücht: – Wie Gerüchte entstehen – Warum wir sie glauben und verbreiten – Welchen Schaden sie anrichten – Wie man sich wehren kann
5. Auflage, Heidelberg 2006
(zit.: *Scheele*, Das jüngste Gerücht)

Schemmel, Alexander
Ruhmannseder, Felix
Witzigmann, Tobias
Hinweisgebersysteme
Implementierung im Unternehmen
Heidelberg/ München/ Landsberg/ Frechen/ Hamburg 2012
(zit.: *Schemmel/Ruhmannseder/Witzigmann*, Hinweisgebersysteme)

Schlachter, Monika
Kündigung wegen „Whistleblowing"? – Der Schutz der Meinungsfreiheit vor dem EGMR – Besprechung des Urteils EGMR v. 21. 7. 2011 – 28274/08
Recht der Arbeit 2012, 108 ff.
(zit.: *Schlachter*, RdA 2012, 108)

Schmid, Richard
Anmerkung zum Beschluss des Bundesverfassungsgerichts vom 28. April 1970 – AZ.: 1 BvR 690/65
Juristenzeitung 1970, S. 686 ff.
(zit.: *Schmid*, JZ 1970, 686)

Schmidt-Bleibtreu, Bruno *Hofmann, Hans* *Henneke, Hans-Günter (Hrsg.)*	Grundgesetz – Kommentar 13. Auflage, Köln 2014 (zit.: Schmidt-Bleibtreu/Hofmann/Henneke/*Bearbeiter*, GG)
Schnellenbach, Helmut	Beamtenrecht in der Praxis 8. Auflage, München 2013 (zit.: *Schnellenbach*, Beamtenrecht)
Scholz, Franz (Hrsg.)	GmbH-Gesetz – Kommentar 11. Auflage, Köln 2015 (zit.: Scholz/*Bearbeiter*, GmbHG)
Schönke, Adolf *Schröder, Horst*	Strafgesetzbuch – Kommentar 29. Auflage, München 2014 (zit.: Schönke/Schröder/*Bearbeiter*)
Schrag, Wolfram	Korruption in Deutschland – der Fall Siemens Deutsche Welle Online vom 9. Dezember 2009 URL: www.dw.de/korruption-in-deutschland-der-fall-siemens/a-4996892 (letzter Zugriff: 20. Februar 2016) (zit.: *Schrag*, Deutsche Welle Online)
Schuldt, Lasse	Geheimnisverrat – Die Beteiligung von Journalisten an der Verletzung von Dienstgeheimnissen Berlin 2011 (zit.: *Schuldt*, Geheimnisverrat)

Schulte von Drach, Markus | Prozess gegen WikiLeaks-Informanten: Vereinigte Staaten gegen Bradley Manning
Süddeutsche Zeitung Online vom 4. Juni 2013
URL: www.sueddeutsche.de/politik/prozess-gegen-wikileaks-informanten-vereinigte-staaten-gegen-bradley-manning-1.1686902
(letzter Zugriff: 20. Februar 2016)
(zit.: *Schulte von Drach*, Süddeutsche Zeitung Online)

Schulz, Corinna Nadine | Whistleblowing in der Wissenschaft – Rechtliche Aspekte im Umgang mit wissenschaftlichem Fehlverhalten
1. Auflage, Baden-Baden 2008
(zit.: *Schulz*, Whistleblowing)

Schulz, Mike | Compliance – Internes Whistleblowing
Betriebs-Berater 2011, S. 629 ff.
(zit.: *Schulz*, BB 2011, 629)

Schwind, Hans-Dieter | Kriminologie – Eine praxisorientierte Einführung mit Beispielen
22. Auflage, Heidelberg, München, Landsberg, Frechen, Hamburg, 2013
(zit.: *Schwind*, Kriminologie)

Sieber, Ulrich | Ermittlungen in Sachen Liechtenstein – Fragen und erste Antworten
Neue Juristische Wochenschrift 2008, S. 881 ff.
(zit.: *Sieber*, NJW 2008, 881)

Simonet, Michael | Notwendigkeit eines Gesetzes zum Schutz von Whistleblowern
Recht der Arbeit 2013, 236 ff.
(zit. *Simonet*, RdA 2013, 236)

Sodan, Helge (Hrsg.)
Grundgesetz
3. Auflage, München 2015
(zit.: Sodan/*Bearbeiter*, GG)

Sodan, Helge
Ziekow, Jan
Grundkurs Öffentliches Recht – Staats- und Verwaltungsrecht
6. Auflage, München 2014
(zit.: *Sodan/Ziekow*, Öffentliches Recht)

Sosalla, Ulrike
Der Worldcom-Skandal
Capital Online vom 14. Mai 2013
URL: www.capital.de/themen/der-worldcom-skandal.html
(letzter Zugriff: 20. Februar 2016)
(zit.: *Sosalla*, Capital Online)

Stein, Peter
Die rechtsmissbräuchliche Strafanzeige
Zugleich Anmerkung zu BAG, 3.7.2003 – 2 AZR 235/02, BB 2004, 1964
Betriebs-Berater 2004, S. 1961 ff.
(zit.: *Stein*, BB 2004, 1961)

Stern, Klaus
Das Staatsrecht der Bundesrepublik Deutschland
Band III – Allgemeine Lehren der Grundrechte
1. Halbband
München 1988
(zit.: *Stern*, Staatsrecht Band III/1)

Stoffels, Markus
Whistleblowing – Änderung des § 612 a BGB geplant
Beck Community Online vom 16. Mai 2008
URL: http://blog.beck.de/2008/05/16/whistleblowing-anderung-des-§-612a-bgb-geplant
(letzter Zugriff: 20. Februar 2016)
(zit.: *Stoffels*, Beck Community Online I)

Stoffels. Markus | Whistleblowing – Gesetzesänderung auf Eis gelegt
Beck Community Online vom 27. Januar 2009
URL: http://blog.beck.de/2009/01/27/whistleblowing-gesetzesanderung-auf-eis-gelegt
(letzter Zugriff: 20. Februar 2016)
(zit.: *Stoffels*, Beck Community Online II)

Stoffels, Markus | Whistleblowing – Was ist eigentlich aus dem Fall Heinisch geworden?
Beck Community Online vom 28. Mai 2012
URL: blog.beck.de/2012/05/28/whistleblowing-was-ist-eigentlich-aus-dem-fall-heinisch-geworden
(letzter Zugriff: 20. Februar 2016)
(zit.: *Stoffels*, Beck Community Online III)

Strack, Guido | Stellungnahme als Sachverständiger anlässlich der Öffentlichen Anhörung des Ausschuss [sic] für Arbeit und Soziales des Deutschen Bundestages, am 5. März 2012, zum Thema: Die Bedeutung von Whistleblowing für die Gesellschaft anerkennen – Hinweisgeberinnen und Hinweisgeber schützen – Drucksache 17/649
URL: whistleblower-net.de/pdf/Stellung-nahme_GS_BT_20120305_endg.pdf
(letzter Zugriff: 7. September 2015)
(zit.: *Strack*, Stellungnahme zu BT-Drucks. 17/649)

Strack, Guido — Whistleblowing in Deutschland
URL: http://whistleblower-net.de/pdf/WB_in_Deutschland.pdf
(letzter Zugriff: 20. Februar 2016)
(zit.: *Strack*, Whistleblowing in Deutschland)

Sydow, Christoph — Whistleblower Snowden und Manning – Die neuen Weltverbesserer
Spiegel Online vom 10. Juni 2013
URL: www.spiegel.de/politik/ausland/whistleblower-edward-snowden-und-bradley-manning-decken-skandale-auf-a-904815.html
(letzter Zugriff: 20. Februar 2016)
(zit.: *Sydow*, Spiegel Online)

Sydow, Christoph — Deutsche Geheimdienste setzen US-Spähprogramm ein
Spiegel Online vom 20. Juli 2013
URL: http://www.spiegel.de/politik/deutschland/bnd-und-bfv-setzen-nsa-spaehprogramm-xkeyscore-ein-a-912196.html
(letzter Zugriff: 25. September 2017)
(zit.: *Sydow*, Spiegel Online)

Tate, Julie — Bradley Manning sentenced to 35 years in Wiki-Leaks case
The Washington Post Online vom 21. August 2013
URL: http://www.washingtonpost.com/world/national-security/judge-to-sentence-bradley-manning-today/2013/08/20/85bee184-09d0-11e3-b87c-476db8ac34cd_story.html
(letzter Zugriff: 20. Februar 2016)
(zit.: *Tate*, Washington Post Online)

Temming, Dieter — Der Geheimnisverrat eines Gesellschaftsorgans
in: Festschrift für Hans Achenbach zum 70. Geburtstag am 13. Oktober 2011, S. 545 – 561
Heidelberg/ München/ Landsberg/ Frechen/ Hamburg 2011
(zit.: *Temming*, FS-Achenbach, 545)

Teplitzky, Otto
Peifer, Karl-Nikolaus
Leistner, Matthias (Hrsg.) — Gesetz gegen den unlauteren Wettbewerb
Großkommentar
2. Auflage, Berlin/ München/ Boston 2015
(zit.: GK-UWG/*Bearbeiter*)

Teufel, Wolfgang — Die Umsetzung – Zum Rechtsschutz gegen Verwaltungsakte und innerbetriebliche Weisungen im Beamtenverhältnis
Zeitschrift für Beamtenrecht 1981, S. 20 ff.
(zit.: *Teufel*, ZBR 1981, 20)

Thüsing, Gregor — Beschäftigtendatenschutz und Compliance – Effektive Compliance im Spannungsfeld von BDSG, Persönlichkeitsschutz und betrieblicher Mitbestimmung
2. Auflage, München 2014
(zit.: Thüsing/*Bearbeiter*, Beschäftigtendatenschutz)

Tiedemann, Klaus — Verfassungsrecht und Strafrecht
Vortrag vom 8. März 1990
Heidelberg 1991
(zit.: *Tiedemann*, Verfassungsrecht und Strafrecht)

Tiedemann, Klaus	Wirtschaftsstrafrecht – Besonderer Teil mit wichtigen Rechtstexten 3. Auflage, München 2011 (zit.: *Tiedemann*, Wirtschaftsstrafrecht BT)
Többens, Hans	Die Straftaten nach dem Gesetz gegen den unlauteren Wettbewerb (§§ 16 – 19 UWG) Wettbewerb in Recht und Praxis 2005, S. 552 ff. (zit.: *Többens*, WRP 2005, 552)
Többens, Hans	Wirtschaftsspionage und Konkurrenzausspähung in Deutschland Neue Zeitschrift für Strafrecht 2000, S. 505 ff. (zit.: *Többens*, NStZ 2000, 505)
Transparency International	Providing an Alternative to Silence: Towards Greater Protection and Support for Whistleblowers in the EU Länderbericht: Deutschland, 2012 (zit.: *Transparency International*, Länderbericht Deutschland)
Trüg, Gerson *Habetha, Jörg*	"Liechtensteiner Steueraffäre" – Strafverfolgung durch Begehung von Straftaten? Neue Juristische Wochenschrift 2008, 887 ff. (zit.: *Trüg/Habetha*, NJW 2008, 887)
Ullmann, Eike (Hrsg.)	Ullmann Juris Praxiskommentar UWG – Gesetz gegen den unlauteren Wettbewerb 3. Auflage, Saarbrücken 2013 (zit.: JurisPK-UWG/*Bearbeiter*)

Vogels, Tim — Anmerkung zum Urteil des OLG Frankfurt vom 8. Juli 1999, Az.: 8 U 67/99
Monatszeitschrift für Deutsches Recht 1999, S. 1444 ff.
(zit.: *Vogels*, MDR 1999, 1444)

Volk, Klaus — Kronzeugen praeter legem?
Neue Juristische Wochenschrift 1996, S. 879 ff.
(zit.: *Volk*, NJW 1996, 879)

Wabnitz, Heinz-Bernd
Janovsky, Thomas (Hrsg.) — Handbuch des Wirtschafts- und Steuerstrafrechts
4. Auflage, München 2014
(zit.: Wabnitz/Janovsky/*Bearbeiter*, WStR)

Wahrig, Gerhard — Deutsches Wörterbuch
7. Auflage, Gütersloh/München 2000
(zit.: *Wahrig*, Deutsches Wörterbuch)

Wallraff, Günter — Der Aufmacher – Der Mann, der bei Bild Hans Esser war
2. Auflage, Köln 1982
(zit.: *Wallraff*, Der Aufmacher)

Walters, Kenneth D. — Your employees' right to blow the whistle
Harvard Business Review 1975, Vol. 53, S. 26 ff. sowie 161 f.
(zit.: *Walters*, Harvard Business Review (Vol. 53) 1975, 26)

Weber-Rey, Daniela — Whistleblowing zwischen Corporate Governance und Better Regulation
Die Aktiengesellschaft 2006, S. 406 ff.
(zit.: *Weber-Rey*, AG 2006, 406)

Wendeling-Schröder, Ulrike	Autonomie im Arbeitsrecht – Möglichkeiten und Grenzen eigenverantwortlichen Handelns in der abhängigen Arbeit Frankfurt am Main 1994 (zit.: *Wendeling-Schröder*, Autonomie im Arbeitsrecht)
Wessels, Johannes *Beulke, Werner* *Satzger, Helmut*	Strafrecht Allgemeiner Teil Die Straftat und ihr Aufbau 45. Auflage, Heidelberg 2015 (zit.: *Wessels/Beulke/Satzger*, Strafrecht AT)
Wessels, Johannes *Hettinger, Michael*	Strafrecht Besonderer Teil 1 Straftaten gegen Persönlichkeits- und Gemeinschaftswerte 38. Auflage, Heidelberg/ München/ Landsberg/ Frechen/ Hamburg 2014 (zit.: *Wessels/Hettinger*, Strafrecht BT 1)
Westermann, Ingo	Handbuch Know-how-Schutz 1. Auflage, München 2007 (zit.: *Westermann*, Handbuch Know-how-Schutz)
Wichmann, Manfred *Langer, Karl-Ulrich*	Öffentliches Dienstrecht Das Beamten- und Arbeitsrecht für den öffentlichen Dienst 7. Auflage, Stuttgart 2014 (zit.: Wichmann/Langer/*Bearbeiter*, Öffentliches Dienstrecht)
Wisskirchen, Gerlind *Körber, Anke* *Bissels, Alexander*	„Whistleblowing“ und „Ethikhotlines“ Betriebs-Berater 2006, S. 1567 ff. (zit.: *Wisskirchen/Körber/Bissels*, BB 2006, 1567)
Wittig, Petra	Wirtschaftsstrafrecht 3. Auflage, München 2014 (zit.: *Wittig*, Wirtschaftsstrafrecht)

Wolter, Jürgen (Hrsg.)	Systematischer Kommentar zum Strafgesetzbuch Band II – §§ 38 – 79 b StGB 9. Auflage, Köln 2016 Band III – §§ 123 – 211 StGB Stand: 148. Ergänzungslieferung, Dezember 2014 8. Auflage, Köln 2014 Band VI – §§ 303 – 358 StGB 9. Auflage, Köln 2016 (zit.: SK-StGB/*Bearbeiter*)
Worth, Mark *Transparency International (Hrsg.)*	Transparency International: Whistleblowing in Europe – Legal Protections for Whistleblowers in the EU, 2013 (zit.: *Worth*, Whistleblowing in Europe)
Zimmer, Mark *Seebacher, Krikor*	Whistleblowing – Wichtige Erkenntnisquelle oder gefährliches Pflaster? Corporate Compliance Zeitschrift 2013, 31 ff. (zit.: *Zimmer/Seebacher*, CCZ 2013, 31)
von Zimmermann, Georg	„Whistleblowing“ – Anforderungen des Sarbanes-Oxley-Acts Zeitschrift für Wirtschafts- und Bankrecht 2007, S. 1060 ff. (zit.: *von Zimmermann*, WM 2007, 1060)
Zimmermann, Gernot	Strafrechtliche Risiken des „Whistleblowing“ Arbeitsrecht Aktuell 2012, S. 58 ff. (zit.: *Zimmermann*, ArbRAktuell 2012, 58)
Zöller, Richard	Zivilprozessordnung Kommentar 31. Auflage, Köln 2016 (zit.: Zöller/*Bearbeiter*, ZPO)

MIX
Papier | Fördert
gute Waldnutzung
FSC® C083411

Kolibri 360 GmbH
Ferdinand-Jühlke-Straße 7
99095 Erfurt, Deutschland
produktsicherheit@kolibri360.de